WEDEL
EINE STADTGESCHICHTE

Diese Publikation wurde ermöglicht
durch die
KULTURSTIFTUNG DER STADTSPARKASSE WEDEL

ISBN 3-923457-52-9

©
Pinneberg: A. Beig Druckerei und Verlag
Wedel-Schulauer Tageblatt
Carsten Dürkob

Gesamtherstellung:
Struve's Buchdruckerei und Verlag, Eutin
2000

WEDEL

Eine Stadtgeschichte

Carsten Dürkob

Inhaltsverzeichnis

Grußworte 7
Vorbemerkung 9
Eine Region entsteht 11
    Notizen zur Vor- und Frühgeschichte 11
    Die Jahrhunderte nach der Zeitenwende 18
    Fränkische Zeit und Christianisierung 21
    Die Schauenburger regieren die Grafschaft 22
Vom hohen Mittelalter zum Dreißigjährigen Krieg 24
    Die Familie von Wedel 24
    Die Hatzburg 29
    Die Herrschaft Pinneberg 33
    Der Roland und der Ochsenmarkt 37
    Der Dreißigjährige Krieg 47
Johann Rist: Ländliche Idylle und welthaltige Literatur 51
    Die Kirchen von Wedel 59
Von der Handelsstation zum eigenständigen Ort 62
    Ein Jahrhundert der Katastrophen 62
    Wedel lebt von der Landwirtschaft 66
    Alltagsszenen aus dem 18. Jahrhundert 67
    Ein Handwerk der Küste: Reepschlägerei 70
    Wedel bekommt die Fleckensgerechtigkeit 74
    Spitzerdorf und Lieth 76
    Wedel und die anderen Dörfer im Jahr 1803 80
    Wedel im frühen 19. Jahrhundert 83
    Die Erhebung von 1848 85
    Die Jahre nach 1848 87
    Johann Diedrich Möller 89
Wedel unter preußischer Herrschaft: 1867–1932 91
    Neue Herausforderungen für Wedel 91
    Die Gründung der Freiwilligen Feuerwehr 96
    Schiffbau in Schulau 99
    Wedel wird an das Eisenbahn-Netz angeschlossen 101
    Aus Spitzerdorf und Schulau wird eine Gemeinde 104
    In den Mußestunden ging es an die Elbe 105
    Wedel um 1900 110
    Wedel braucht einen besoldeten Bürgermeister 118
    Schulau um 1900 124
    Geselliges Leben um 1900 131
    Offen für die neue Technik 138
    Künstler in der Krise: Ernst Barlach in Wedel 139
    Aus Wedel und Schulau wird eine Stadt 143
    Ein Arzt wird Ehrenbürger 147
    Die Jahre vor dem Ersten Weltkrieg 148
    Der Erste Weltkrieg und die Folgen 151
    Ein Kraftwerk und ein Krankenhaus für Wedel 157
    Die Republik stürzt in die Krise 160

Wedel zwischen 1933 und 1945 ... 167
Alltag im Dritten Reich ... 169
Ein neues Rathaus für Wedel ... 174
Auf der Suche nach der verlorenen Kindheit: Rudolf Höckner ... 178
Soll Wedel Hamburg zugeschlagen werden? ... 181
Strandfeste – die trügerische Idylle ... 183
Der Zweite Weltkrieg in Wedel ... 187
„Wenzel" – ein Beispiel für den Größenwahn ... 191
Die Opfer ... 192
Die Befreiung: 3. Mai 1945 ... 192

25 Jahre für den Wiederaufbau ... 194
Notunterkünfte ... 197
Neue Häuser, neue Parteien ... 201
Bilanz nach fünf Jahren Aufbauarbeit ... 204
Heinrich Gau ... 207
Einsatz für die Jugend ... 208
Am Elbhochufer entsteht eine Gartenstadt ... 210
Schulen haben oberste Priorität ... 212
Auch die Wirtschaft wächst ... 214
Zehn Jahre nach Kriegsende ... 215
„Völkerverständigung bedeutet Frieden..." ... 219
Politische Prominenz zu Gast in Wedel ... 219
16. Februar 1962: Sturmflut-Alarm auch in Wedel ... 221
750 Jahre Wedel – ein Grund zum Feiern ... 225
„Europoint" erhitzt die Gemüter ... 226
Diskussionen um eine Umgehungsstraße ... 228
Ein Gymnasium und ein Hallenbad für Wedel ... 230
„Er lebte ein Leben für seine Stadt..." ... 232

Wedel 1970 – 2000: Vom Umgang mit der Geschichte ... 234
Neuerungen bei der Feuerwehr ... 234
Die „Computer-Affäre" und ihre Opfer ... 235
Auf der Suche nach einem neuen Bürgermeister ... 237
Die Stadt entwickelt sich weiter ... 238
„Jörg Bürgermeister" ... 245
Ehrenbürgerwürde für Hanna Lucas ... 249
775 Jahre Wedel – keine Besinnung auf die Geschichte ... 250
Das Jahr 2000 fest im Blick ... 254

Wedel im Schnelldurchgang ... 258

Anmerkungen ... 262

Literaturverzeichnis ... 276

Grußwort

Liebe Wedelerinnen und Wedeler,
bisher gibt es über die Entwicklung unserer Stadt kaum umfassende Darstellungen. Es war der Wunsch vieler Wedeler, nach der regelmäßig veröffentlichten Serie im Wedel-Schulauer Tageblatt einmal eine Zusammenfassung zur Hand zu haben. Mit dem vorliegenden Buch geht dieser Wunsch erfreulicherweise in Erfüllung.
Solche Darstellungen der Stadtgeschichte können uns helfen, zu begreifen, welche Einflüsse zum Entstehen der Stadt geführt haben. Sie werden darüber hinaus, weil die Geschehnisse in der Stadt zumeist eingebettet sind in die Entwicklung des Umlandes, der Region, ja des ganzen Landes, etwas aussagen über die Zeit und über das Land.
Fragen, die sich bei der Lektüre solcher Darstellungen ergeben, führen zu der Überlegung, ob das Wiederauflebenlassen alter Zeiten nicht doch mehr ist als nur das Hervorrufen von Erinnerungen. Wir können, im Zusammenhang betrachtet, erkennen, was zwangsläufig hatte kommen müssen und auf welche Entwicklung durch Menschen Einfluss genommen wurde - obwohl beides manchmal nicht eindeutig zu trennen ist.
Sind das nun nur Erzählungen aus schlimmen oder auch schönen Zeiten, ist das Vergangenheit, die uns nicht mehr berührt, oder können wir daraus auch für die Zukunft Schlüsse ziehen, können wir daraus lernen, Fehler der Vergangenheit in Zukunft zu vermeiden, können wir unsere Zukunft besser gestalten? Einmal davon abgesehen, dass die Schwierigkeit darin besteht, immer richtig zu erkennen, was Fehler gewesen sind - nicht immer sind sich nachfolgende Generationen einig in der Beurteilung -, so werden Nachgeborene auch Situationen gegenüberstehen, die nicht eindeutig mit der Vergangenheit vergleichbar sind.
Ein Hemmnis für die Umsetzung der Erkenntnisse, die wir aus der Darstellung der Vergangenheit gewinnen könnten, ist sicherlich der menschliche Drang nach eigenständig erarbeiteten Erfahrungen. Nicht selten steht am Schluss die Erkenntnis, den gleichen Fehler noch einmal gemacht zu haben. Es kann also offensichtlich nicht erwartet werden, die Vergangenheit nahtlos auf die Zukunft zu projizieren. Die Schlüsse müssen wir selbst für uns in die Gegenwart übersetzen. Wir müssen die Lehren unter Beachtung unserer demokratischen Grundregeln und der Regeln der Menschlichkeit, die ja auch Ergebnisse unseres Lernprozesses sind, für unsere Gegenwart und Zukunftsplanung anwenden. Dies müsste uns in die Lage versetzen, die Wiederholung von Fehlern aus der Geschichte zu vermeiden. Dazu ist es erforderlich, Geschichte im Zusammenhang zu beschreiben und einem interessierten lesenden Publikum zugänglich zu machen.
Dieses interessierte Publikum wünsche ich der vorliegenden Veröffentlichung.

Joachim Reinke
Bürgervorsteher

Grußwort

Als Wedel vor 125 Jahren den kommunalrechtlichen Rang einer Stadt zuerkannt bekam, hatte der Ort gerade einmal 1669 Einwohner. Der heutige Ortsteil Schulau war noch ein selbstständiges Dorf, das erst 1909 mit Wedel zusammengeführt wurde. Über nennenswerte Industrie verfügte keiner der drei Orte. Der (Bahn-)Anschluss an die weite Welt - Voraussetzung für die Entwicklung der Wirtschaft - wurde erst 1883 geschaffen.

Wie der vorliegende Abriss der Stadtgeschichte zeigt, ist Wedel spät in die Industriegesellschaft gestartet, aber kaum später als vergleichbare Orte. Um 1910 hatte die Stadt Anschluss an die Moderne gefunden, und seither hat sie eine stetige Aufwärtsentwicklung erlebt, unterbrochen nur durch die Zerstörungen im Laufe des Zweiten Weltkrieges. Seit einigen Jahren steckt sie nun wieder in einer Phase tiefgreifender Veränderungen. 125 Jahre nach der Stadtwerdung sind es nicht mehr die großen und mitarbeiterstarken Produktionsfirmen, die das Bild prägen. Neben einigen großen Betrieben sind es vor allem kleine, hochspezialisierte Dienstleister, die sich von der Stadt, ihren vielfältigen Angeboten, ihrer reizvollen landschaftlichen Lage und nicht zuletzt ihrer Nähe zur Weltstadt Hamburg angezogen fühlen.

Eine solche Entwicklung hat Auswirkungen auf die gesamte Infrastruktur einer Stadt. Die Verwaltung der Stadt Wedel wird diese zukunftsorientierte Entwicklung unterstützen, und ich wünsche mir persönlich dadurch eine positive Resonanz für unsere Stadt.

Diethart Kahlert
Bürgermeister

Vorbemerkung

Erstmals überhaupt wird mit diesem Buch der Versuch unternommen, eine größere zusammenhängende Darstellung von Wedels Geschichte vorzulegen. Auch das längst vergriffene letzte Heimatbuch von 1962 leistete diese Aufgabe nicht und wollte sie nicht leisten. Bücher und Broschüren, die seither erschienen sind, beschäftigen sich lediglich mit einzelnen Kapiteln oder Zeitabschnitten der Historie.
Der Versuch wird unternommen in Kenntnis der Risiken, die damit verbunden sind; datierbare Nachweise über das Leben der Menschen der Vor- und Frühgeschichte in unserem Raum sind ebenso rar wie solche noch aus den ersten Jahrhunderten unserer Zeitrechnung. Schriftliche Zeugnisse mit einem spezifischen Bezug auf Wedel liegen erst ab dem hohen Mittelalter vor. Das erste derzeit bekannte Dokument ist ein Vertrag aus dem Jahr 1212. Durch ihn ist die Existenz der Familie „de Wedele" belegt. Vom späten Mittelalter an gibt es eine ständig wachsende Zahl von Dokumenten und anderen Quellen, die eine - mehr oder weniger gesicherte - Rekonstruktion der Geschichte erlauben.
Das vorliegende Buch fasst das bekannte Wissen zusammen und erweitert es um die Ergebnisse eigener intensiver Recherchen während der vergangenen 15 Jahre. Ihm ist zu wünschen, dass es bei dem einen oder anderen Leser den Wunsch weckt, selbst in die Erforschung der Geschichte einzusteigen und auf diese Weise das Wissen über Wedel weiter zu vertiefen.

Carsten Dürkob

Eine Region entsteht

Notizen zur Vor- und Frühgeschichte

Wer die Entwicklungsgeschichte einer Region oder einer Stadt von Anfang an verstehen will, muss sich zunächst mit ihren erdgeschichtlichen Grundlagen beschäftigen. Welche Qualität der Boden hat, welche Geländeerhebungen es gibt und ob ein Fluss, ein Bach oder ein See vorhanden ist, ist ausschlaggebend für die früheste Besiedlungsgeschichte. Sekundäre, vom Menschen geschaffene Landschaftsmerkmale wie beispielsweise Handelswege und ihre Kreuzungen, gewinnen erst seit der Zeit um 2000 vor Christus Bedeutung.
Wedel ist dabei im Zusammenhang mit der Entstehung Schleswig-Holsteins oder enger gefasst des alten Stormerlandes zu betrachten. Wenn heute von Stormarn gesprochen wird, ist damit der Landkreis um Bad Oldesloe gemeint. Demgegenüber wurde unter Stormarn vor allem seit dem 18. Jahrhundert der Großraum um Hamburg mit großen Teilen des heutigen Kreises Stormarn, der Stadt Hamburg, des Kreises Pinneberg und des südlichen Kreises Segeberg verstanden. Die vier Eckpunkte wären etwa markiert durch Geesthacht, Bad Segeberg, Bad Bramstedt und Wedel. Bereits in einer Kirchengeschichte aus dem 11. Jahrhundert werden die Einwohner dieser Region Sturmarii genannt.
Die heutigen Landschaften des Landes sind erdgeschichtlich sehr jung; die ältesten „geologischen Fenster" Schleswig-Holsteins sind mit der Kalkgrube von Lieth (Elmshorn) und der Insel Helgoland im Kreis Pinneberg zu finden. Vor 250 Millionen Jahren senkte sich die Erdkruste im heutigen Nordseeraum, und das ursprüngliche Grundgebirge wurde von immer neuen Ablagerungen überdeckt. Die heutige Oberfläche des Landes wurde geformt von den letzten drei Eiszeiten, die Eis- und Gesteinsmassen über 1000 oder 1500 Kilometer hinweg von Norden her mitbrachten und ablagerten. Während der Elster-Eiszeit (vor 450 000 bis 340 000 Jahren) und der Saale-Eiszeit (vor 325 000 bis 117 000 Jahren) war Schleswig-Holstein vollständig von Eis bedeckt. Die Saale-Eiszeit drang bis an die Linie Düsseldorf - Krefeld - Kleve vor.

Eiszeiten

Entscheidend für die heutige Gestalt des Landes ist die Tatsache, dass die letzte, die Weichsel-Eiszeit (etwa 105 000 bis 115 000 v. Chr.), etwa auf der Linie Ahrensburg - Quickborn - Rendsburg - Flensburg zum Stehen kam. Nachdem in der Saale-Eiszeit bereits die „Hohe Geest" aufgeschüttet worden war, wurde nun die ostholsteinische Landschaft noch einmal völlig umgeformt. Außerdem sorgte das Schmelzwasser der Gletscher für die Anlegung der sogenannten Sandergeest: Kiesel, Sande und Tone wurden vom Wasser vor den Eisrand getragen. Mit wachsender Entfernung vom Eis ließ die Fließgeschwindigkeit nach, und das Material lagerte sich ab. So entstanden Sanderflächen.
In Wedel und im Umland der Stadt sind grundsätzlich drei verschiedene Landschaftstypen zu unterscheiden: die Geest - eine Altmoränenlandschaft, die von der

Weichsel-Eiszeit geformt wurde -, die Marsch und die Außendeichslande. Das von der Saale-Eiszeit hinterlassene Hügelland wurde während der Weichsel-Eiszeit durch Bodenfließen weitflächig eingeebnet, weil das Schneeschmelzwasser aufgrund des ganzjährigen Frostes nicht versickern konnte. Weil das Land fast keine Vegetation aufwies, konnten Wind und Wetter den Boden mit sich forttragen. Er lagerte sich in Senken und Seen wieder an.

In Ostholstein hinterließen die Gletscher nach der letzten Eiszeit Süßwasserseen, die ihren Wasserüberschuss durch Urstromtäler in westlicher und südlicher Richtung an die Nordsee und die Elbe abgaben. Der Oberlauf der Elbe wurde in dieser Zeit auch durch Havel, Spree, Oder und Warthe gespeist. Mit dem Abtauen des Eises über der heutigen Ostsee wurde die Entwässerung Nordostdeutschlands in die entstehende Ostsee möglich. Die Elbe wurde wasserärmer und träger. Die mitgeführten Sedimente lagerten sich ab und schufen eine fächerförmige Deltamündung, doch durch die Jahrhunderte versandeten die Nebenarme. Der regelmäßige Gezeitenwechsel sorgte für eine Ablagerung von Sinkstoffen an den Uferrändern. Auf diese Weise entstanden das Marschland und das heutige Flussbett der Elbe.

Im Großraum von Wedel werden einige dieser erdgeschichtlichen Prozesse unmittelbar sichtbar. Wer beispielsweise die Höbüschentwiete oder den Schloßkamp befährt, erlebt den Wechsel des Landschaftstyps ganz unmittelbar: Die Bahnhofstraße liegt auf der Geest, und wer zur Schulauer Straße will, überquert den vom Gletschereis geschaffenen letzten Ausläufer der Moräne. Dieser Übergang ist als Höhendiffe-

1 An Straßen wie der Höbüschentwiete wird der Übergang von der Geest zur Marsch für das bloße Auge deutlich. Derzeit offen ist, ob es sich bei dem Höhenunterschied um einen Moränenausläufer handelt.

renz wahrzunehmen. Möglich ist allerdings auch, dass es sich dabei um die Kante eines Meeresvorstoßes handelt, der in der Zeit zwischen 5500 und 3000 vor unserer Zeitrechnung stattgefunden haben könnte. Für die These vom Meeresvorstoß wurden erst jüngst beim Bau des Heinrich-Gau-Heims mögliche Belege in Form von Nordseemuscheln gefunden. Weitere Forschungen sollen darüber in nächster Zeit Aufschluss geben. Und in den Kiesgruben zwischen der Holmer und der Pinneberger Straße lassen sich die vom Schmelzwasser geschaffenen Materialschichtungen studieren.[1] Diese Kiesgruben sind für den Vorgeschichtsforscher auch noch aus einem anderen Grund interessant. Dort sind immer wieder Gebrauchsgegenstände zu Tage getreten, die Rückschlüsse auf die Besiedlung der Gegend in früheren Zeiten erlauben. Insgesamt ließen sich gerade auf Wedeler Gebiet aber nur wenige vorgeschichtliche Bodenfunde machen; zu nennen sind ein möglicherweise auf die Saale-Eiszeit zu datierender Fundplatz bei Wittenbergen/Tinsdal und ein Stirnbein, das im Bereich des Hahnöfersand gefunden wurde und schätzungsweise 36 000 Jahre alt ist. Um eine Vorstellung vom Leben der Menschen zu bekommen, die um 15 000 oder 10 000 vor Christus in der Gegend lebten, muss Wedel wiederum im Zusammenhang mit der Umgebung betrachtet werden. In der älteren Steinzeit, 12 000 Jahre vor unserer Zeitrechnung, zogen kleine Familienverbände von Nomaden durch die Region. Sie folgten den Rentieren und Mammuts, die am Eisrand lebten und sich von Flechten ernährten. Im Sommer errichteten die Nomaden Zelte aus Renfellen, im Winter zogen sie sich zurück in Höhlen. Unter anderem in Hamburg wurden einige ihrer Lagerplätze ausgegraben; ihre Hinterlassenschaften - Knochen, Flintwerkzeuge und Reste von Behausungen - werden in der Archäologie „Hamburger Kultur" genannt.

Grab- und Lagerplätze

Dass die Menschen, die vor 15 000 Jahren in unsere Region kamen, jagende Nomaden waren, weiß man aus der Untersuchung ihrer Grab- und Lagerplätze. In aller Regel lagerten die Sippen der ausgehenden Altsteinzeit in der Nähe von Teichen, die in den Glaubensvorstellungen der Vorzeit eine besondere Rolle einnahmen. Sie dienten nicht nur als Wasserreservoir und Opferstätten, sondern vermutlich auch zur kühlen Konservierung von Fleischteilen. Bei Ausgrabungen im Ahrensburger Raum wurden bereits Mitte der 1930er Jahre Werkzeuge aus Geweihstücken und Feuersteinen gefunden.

Vor etwa 12 000 Jahren begann in Schleswig-Holstein eine vorübergehende Wärmeperiode (Alleröd-Interstadial), die ein weitflächiges Zurückschmelzen der Eismassen zur Folge hatte. In der bisher nur von zwerghaften Gewächsen besiedelten tundraähnlichen Landschaft fassten nun Birken und Kiefern Fuß, die sich vereinzelt sogar zu Wäldern verdichteten. Die Jäger, die bisher in der Region gelebt hatten, folgten dem Ren. Eine neue Einwanderung von Jägern aus dem Süden, die andere als die bisher bekannten Werkzeuge mit sich brachten, folgte nach. Nach den gehäuft bei Rissen aufgetretenen Funden heißt die norddeutsche Ausprägung auch „Rissener Gruppe"; ihre charakteristischen lanzettförmigen Feuerstein-Pfeilspitzen gaben der Rissener Gruppe den zweiten Namen „Federmesser-Gruppe".[2]

„Rissener Gruppe"

Die neuen Bewohner des Landes siedelten gern auf den zahlreichen flachen Dünenplätzen. Im Gegensatz zu den Zelten der Hamburger Jäger, die nur einen Raum zu ebener Erde aufwiesen, bestanden die Zelte der Magdalénien-Kultur aus zwei großen Räumen mit je etwa vier Metern Durchmesser und einem gedeckten Zwischenraum. Das Vorratszelt stand zu ebener Erde, das gepflasterte Wohnzelt wurde über einem Steinsockel errichtet. Man kann vermuten, dass die Rissener Dünen ein günstiges Siedlungsgebiet darstellten, weil sie sich weit in das Niederungsgebiet von Wedeler Au und Schnakenmoor erstreckten und insofern einen guten Beobachtungsposten für Jäger boten, die auf der Jagd nach Wassergeflügel und Wild waren, und weil sie Wärme speicherten.

Nach etwa 1000 Jahren begann eine neue kurze Kälteperiode, und das Ren kehrte zurück. Die jetzt in der Region lebenden Jäger suchten anders als die Menschen der Hamburger Kultur einen guten Wohnplatz nicht nur einmal auf, und sie wussten mehr über die Geweihbearbeitung. Nach einer ausgedehnten Lagerplatz-Gegend wird diese Kulturstufe der Zeit vor etwa 10 700 bis 10 000 Jahren auch „Ahrensburger Kultur" genannt.

Nach diesem Kälteeinbruch veränderte sich das Klima nachhaltig. Die Tundra verschwand, und mit der Erwärmung verdichtete sich die Pflanzendecke. Die zuneh-

Mittlere Steinzeit

mende Bewaldung bot Elchen, Rothirschen, Urochsen und Wildschweinen günstige Lebensbedingungen. In dieser mittleren Steinzeit (Mesolithikum) begann der Mensch mit dem Bau von Booten aus Baumstämmen. Voraussetzung dafür und für den Bau von verhältnismäßig aufwendigen Behausungen war die Erfindung des Beiles. Die beiden typischen Formen sind das Kern- und das Scheibenbeil. Kernbeile galten als wertvoll, weil sich mit ihrer Hilfe kleinere Bäume fällen ließen; wegen dieses Wertes wurden sie auch als Grabbeigaben verwendet. Scheibenbeile, früher Spalter genannt, waren keilförmig zugespitzte Feuersteingeräte. 1957 wurde ein solches Beil in der Nähe einer Sandkoppel im Norden von Wedel gefunden.[3]

Mit der jüngeren Steinzeit (Neolithikum) begann vor 6500 Jahren eine langanhaltende Periode der ökonomischen Neuorientierung. Das Klima ermöglichte die dauerhafte Sesshaftwerdung des

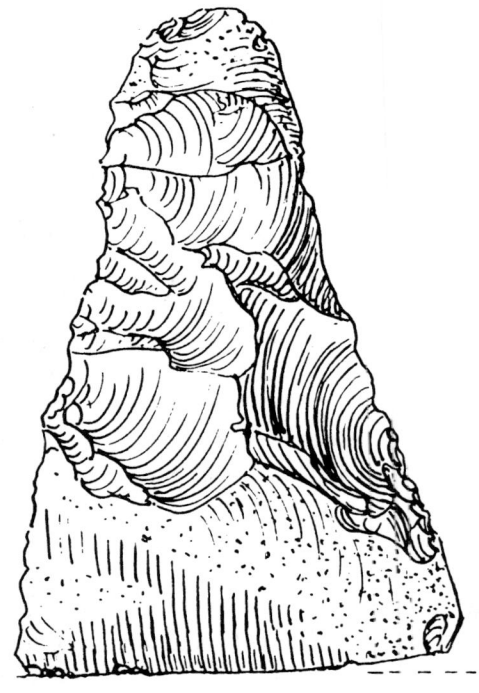

2 Dieses Scheibenbeil, zu datieren auf die mittlere oder die Jungsteinzeit, wurde 1957 im Wedeler Stadtgebiet gefunden.

3 Diesen Feuerstein-Dolch fand der Wedeler Rolf Hübner im Herbst 1997 im Wedeler Stadtgebiet. Er datiert ihn auf die jüngere Steinzeit.

Menschen und damit den systematischen Ackerbau. Bekannt waren Gerste, Weizen und Hirse. Nachgewiesen ist auch, dass die Menschen sich Hunde, Rinder, Schweine und Schafe hielten. Bereits in der mittleren Steinzeit hatte sich der Mensch die Verarbeitung von Tonen und Lehmen zu ersten keramischen Arbeiten angeeignet. In der Jungsteinzeit werden verschiedene keramische Techniken unterschieden; zugleich wird die Technik der Feuerstein-Werkzeuge zu höchster Vollendung gebracht. Vor allem in der Dörnerschen Kiesgrube östlich der Holmer Straße sind wiederholt Feuersteinbeile aus der Jungsteinzeit ausgegraben worden; kleinere Dolche und Dolchspitzen lassen sich mit Glück und Instinkt bis heute dort und an anderen Stellen des Stadtgebiets finden. So stieß der Wedeler Rolf Hübner, der seit mehr als 30 Jahren gezielt nach Resten von Gebrauchsgegenständen aus der Vor- und Frühgeschichte sucht, 1997 auf einen etwa 15 Zentimeter langen Feuerstein-Dolch, der vermutlich aus der Endzeit der Jungsteinzeit stammt.

Jungsteinzeit

Zu den eindrucksvollsten Denkmälern der Jungsteinzeit gehören die Großsteingräber. Üblich war bis dahin die Bestattung in einem einfachen Erdgrab. Diese Variante blieb im alten Stormerland bis in die mittlere Jungsteinzeit üblich. Aus Skandinavien kam die Sitte der Errichtung von Steinkammern, die nach keltischem Vorbild Dolmen genannt werden. Es handelt sich um rechteckige Kammern aus bearbeiteten Steinplatten, die mit einem weiteren großen Stein bedeckt wurden. Darüber wurde ein Erdhügel aufgeschichtet. Die Decksteine dieser Gräber sind häufig mit kreisförmigen künstlichen Vertiefungen versehen, weshalb

Großstein-Gräber

sie auch Schalensteine genannt werden; es wird angenommen, dass diese Vertiefungen zu bestimmten Anlässen mit Opferspeisen oder Blut gefüllt wurden.
Aus diesen Dolmen entwickelten sich in der mittleren Jungsteinzeit die großen Ganggräber, künstliche Grabhöhlen, in denen die Toten familienweise geborgen und nach den mythischen Vorstellungen der Menschen auf diese Weise der Erde zurückgegeben wurden. In der späten Jungsteinzeit änderten sich die Bestattungsriten nochmals. Es herrschen wieder einfache, deutlich kleinere Steinkisten vor, die jeweils einzelne Tote aufnehmen. Für diesen Wandel könnte wiederum der Zuzug von Vertretern einer anderen Kultur verantwortlich sein. Entsprechende Unterschiede lassen sich auch an der Keramik erkennen.
Großsteingräber kommen im Bereich des Kreises Pinneberg und im Hamburger Raum nur selten vor. Im Gebiet um Wedel waren allerdings einige zu finden. Der Dichter und Pastor Johann Rist (1607-1667) erwähnt in seinem posthum veröffentlichten Text „Die alleredelste Zeit-Verkürtzung" (1668) die Existenz mehrerer solcher Gräber und beschreibt im besonderen eine Anlage im Wäldchen Wyde:

> ... hinter diesem Wäldlein / war noch für etlichen Jahren ein ziemlich grosser / runder Platz / der Riesenkampf genennet / wobey dieses zu mercken / daß ein Kampf so viel heisset / als ein mit Hecken / oder Steinen / oder Bäumen umgebener oder befreyeter Acker. Dieser Riesenkampf war rund umher besetzet mit grossen Steinen / welche / wie eine starcke Maur waren anzusehen. (...) Fast in der Mitte dieses Riesenkampfes / lag ein überauß grosser Stein / fast wie ein kleines Hauß / er lag aber mehr nach dem Niedergang als Auffgang der Sonnen; Dieser erschreckliche grosse Stein / hatte vier Absätze oder Stiegen, die gleichwol nur grob waren außgehauen / man nennete ihn der Riesen Opferstein / und sahe er recht oben / (woselbst ohne Zweiffel der Opfer Platz gewesen) nicht anders auß / als wan er natürlich mit Blut und Gehirn durch einander wäre bestrichen oder besprenget / und / dieweil dieses eine so treffliche Antiquität / habe ich in Sommerzeiten / mit den Meinigen / manche Abendmahlzeit auff diesem Heydnischen Altar gehalten... Es war dazumahl einer an diesem Orte / der ziemlich viel zu sagen hatte: Dieser verwüstete die Holtzung über die masse sehr... [und] hat er den jenigen / welche nahe bey dem Risen-Kampe / ihre Acker liegen hatten / den Anschlag gegeben / sie solten die grosse Steine alle unter die Erde sencken... blieb also von dieser fürtrefflichen Antiquität nichts übrig...[4]

Soweit Johann Rist. Untersuchungsergebnisse über Gräber auf Wedeler Boden liegen bislang kaum vor; am Rande des Butterbargsmoors wurde 1963 eine Steinkiste untersucht.
Beide Bestattungsriten haben sich nebeneinander bis weit in die Bronzezeit, deren Beginn für unsere Region auf etwa 1800 v. Chr. anzusetzen ist, gehalten. Auf einen Wandel der Götter- und Jenseitsvorstellungen am Ende der älteren Bronzezeit scheint ein neuerlicher Ritenwandel zu deuten: Die Skelett- wich der Brandbestattung. Welcher Epoche ein vorzeitliches Grab im Sandbargsmoor an der nordöstli-

4 Ob das vorzeitliche Grab im Sandbargsmoor aus der älteren oder aus der mittleren Bronzezeit stammt, lässt sich ohne Untersuchung nicht sagen.

chen Stadtgrenze angehören könnte, wäre erst nach einer eingehenden Untersuchung zu sagen. Handelte es sich um ein Grab der älteren Bronzezeit, so wären unter dem Erdhügel eine Steinkiste und eventuell Skelettreste zu finden; stammte das Grab hingegen aus der mittleren oder jüngeren Bronzezeit, so müssten eine keramische Urne und eventuell Reste des Leichenbrands zu finden sein.

Bronzezeit

Es ist jedoch nicht so, dass für jedes einzelne Urnengrab ein Grabhügel errichtet wurde. Üblich wurde statt dessen die Beisetzung auf eigens hergerichteten Feldern. Bei Sülldorf und im Tinsdal am östlichen Stadtrand von Wedel sind solche Urnenfelder ausgegraben worden. Einzelstücke sind auch in Wedel gefunden worden, so eine Urne mit kurzem, steilem Rand, die vor 1947 im alten Wedeler Heimatmuseum aufgehoben wurde. Seit der Auflösung der Sammlung ist das Stück verschollen. Einzelne Scherben solcher Urnen lassen sich auch heute noch auf Feldern oder in Baugruben finden.

Bronzegeräte waren anfangs ausschließlich als Einfuhrgüter bekannt; so wies ein bei Tinsdal gemachter Fund Formen der süddeutschen Frühbronzezeit auf. Erst um 1500 v. Chr. wurde der Bronzeguss im Holsteinischen heimisch. Waffen und Schmuckgegenstände tauchten bei den Steinkisten als Grabbeigaben auf und wiesen den Toten als vornehme oder wohlhabende Person aus. Solche Funde sind in Wedel allerdings nicht gemacht worden. Hinweise auf die Besiedlung unserer Gegend erlauben erst

wieder einige Bodenfunde aus der Eisenzeit, deren Beginn in Norddeutschland etwa auf die Zeit um 500 v. Chr. zu datieren ist. Es handelt sich um Rückstände der Eisenverhüttung - sogenannte Ofensauen. Aus ihnen schließt die Wissenschaft, dass der Wedeler Raum zu Beginn der neuen Zeitrechnung kontinuierlich besiedelt gewesen sein muss.
Bislang wurden in der Wedeler Marsch mindestens zweimal Ofensauen gefunden.[5] Dabei handelt es sich um Schlackenklötze, die bei der Eisenverhüttung entstehen. Eisen wurde im sogenannten Rennverfahren gewonnen. Als Raseneisenerz war es im Bereich des sandigen Geestrückens oder auch am Rande von Feuchtgebieten dicht unter der Erdoberfläche zu finden. Das Erz wurde im Rennfeuerofen gemeinsam mit Holzkohle verhüttet. Die flüssige Schlacke floß aus dem Ofen in eine Erdgrube, darüber bildeten sich sogenannte Barren oder Luppen mit einem hohen Anteil metallischen Eisens, die dann weiterbearbeitet werden konnten. Auf die Eisenzeit sind auch zahlreiche Funde zu datieren, die Hübner vor der Neuerrichtung des Heinrich-Gau-Heims an der Austraße gemacht hat.

Die Jahrhunderte nach der Zeitenwende

Aus den zahlreichen Bodenfunden, die sich durch ihre Charakteristika den Jahrhunderten um die Zeitenwende zuordnen lassen, lässt sich schließen, dass der Raum zwischen der Alster und dem Entwässerungsnetz der Pinnau besonders dicht besiedelt war. Die Menschen orientierten sich, wie aus dieser Gebietsbeschreibung bereits hervorgeht, vor allem an Flüssen oder kleineren Wasserläufen. In den Jahrhunderten um die Zeitenwende wuchs zudem die Zahl der Kommunikations- und Handelsbeziehungen. Grabbeigaben deuten darauf hin, dass die westgermanischen Kultverbände dieser Region im Austausch standen mit den westlich des Rheins lebenden Kelten.
Was über die einzelnen Stämme der Ingävonen und der Herminonen bekannt ist, die beide zu der großen Gruppe der den Großteil Germaniens bewohnenden Sueben gehörten, hat die Archäologie aus Gräbern und Siedlungsresten herausgelesen. Hinweise zum Alltag der Menschen gibt die „Germania", die der römische Verwaltungsbeamte und Schriftsteller Cornelius Tacitus (55 bis etwa 119 n. Chr.) im Jahr 98 veröffentlicht hat. Einerseits handelt es sich dabei um eine völkerkundliche Monografie, andererseits muss bei ihrer Lektüre stets berücksichtigt werden, dass Tacitus mit ihr auch der römischen Welt einen Spiegel vorhalten wollte. Im 35. Abschnitt erwähnt Tacitus die Chauken, die zu beiden Seiten der unteren Weser und ostwärts bis zur Elbe hin wohnten, und von deren Macht und Ansehen er ein eher unzutreffendes Bild zeichnet. Im 37. Abschnitt berichtet er von den Kimbern von der jütischen Halbinsel. Im Zusammenhang mit den Sueben erwähnt er im 40. Abschnitt als einen Stamm die Langobarden, die an der unteren Elbe lebten. Weiterhin führt er für den norddeutschen Raum unter anderem noch die Semnonen (im Havel-Spree-Raum), die Reudigner (Holstein), die Avionen (Westküste und Nordfriesische Inseln) und

5 Dieses tassenförmige Gefäß hat Rolf Hübner auf dem Grundstück des Heinrich-Gau-Heims gefunden. Es dürfte - mit einem Durchmesser von etwas mehr als 13 Zentimetern - zum Anrühren von Speisen gedient haben. Es stammt aus dem 1. Jahrhundert der neuen Zeitrechnung.

die Angeln (zwischen Schlei und Flensburger Förde) an. Insgesamt zählt er am Ende des 1. Jahrhunderts der neuen Zeitrechnung mehr als 40 Stämme, ohne damit alle erwähnt zu haben.
Gemeinsam ist diesen und weiteren bis nach Jütland verbreiteten Stämmen der Sueben laut Tacitus die Ausübung des Nerthuskultes. Er gibt an, dass sich das zentrale Heiligtum „auf einer Insel im Ozean" befinde. Unter dem Ozean ist die Ostsee zu verstehen; die Forschung nimmt an, dass die heute dänische Insel Seeland gemeint war. Auf dieser Insel lokalisiert Tacitus den heiligen Hain, von dem alles Leben ausgegangen ist und den die Priester und die unentbehrlichen Helfer nur gefesselt betreten durften. In ihm wohnte die Fruchtbarkeitsgöttin Nerthus, die mit einem Umzug auf einem geweihten Wagen geehrt wurde. Wenn die Göttin des Umgangs mit den Sterblichen müde war, wurde der Wagen einer rituellen Waschung unterzogen. Die Sklaven, die dabei Hilfsdienste leisteten, wurden in eben dem See, in dem die Waschung vorgenommen wurde, anschließend ertränkt.
Von den anderen Germanen-Stämmen unterschieden sich die Sueben darüber hinaus durch ihre besondere Haartracht: Sie kämmten das Haar nach hinten und banden es zu einem Knoten hoch. Diese Eigenheit lässt sich als Ausdruck eines besonderen Ansehens interpretieren.

In seinem Buch geht Tacitus auch auf die Kriege der Römer gegen verschiedene germanische Völker ein und erwähnt zugleich die Uneinigkeit der Stämme untereinander. Indirekt gibt er damit zu verstehen, dass die vermeintliche römische Überlegenheit eben nicht auf den Grad der römischen Zivilisation zurückzuführen sei. Dahinter stand die Befürchtung, dass eine Vereinigung der Stämme eine Machtkonzentration schaffen könnte, die Rom gefährlich würde.

Tatsächlich entstanden in den ersten nachchristlichen Jahrhunderten die germanischen Großstämme. Die Siedler des norddeutschen Raums wurden Teil der Sachsen. Diese fielen mehrfach in die römischen Provinzen Galliens ein, und vor allem besetzten sie im Laufe des 5. Jahrhunderts Teile von Britannien. Italien musste im 6. Jahrhundert nacheinander eine Besetzung erst durch die Ostgoten und dann durch die Langobarden hinnehmen. Für diese Jahrhunderte gibt es über den Niederelbe-Raum keine historischen Zeugnisse. Geographischen Büchern römischer Schriftsteller ist zu entnehmen, dass die Elbe in den ersten nachchristlichen Jahrhunderten noch mehrere Mündungen aufwies. Gaius Plinius (23-79 n. Chr.) berichtet in seiner 37bändigen „Naturalis historia" vom Alltag der Küstenbewohner im Gezeitenrhythmus, die auf hohen Wurten lebten und sich vom Fischfang ernährten. Der Anstieg des Meeresspiegels im 2. und 3. Jahrhundert machte küstennahe Siedler wiederholt heimatlos; sie schlossen sich den eben erwähnten Wanderbewegungen an. Im Marsch- und Geestbereich verödete früheres Ackerland. Während für den Hamburger Raum durch Bodenfunde eine kontinuierliche Besiedlung belegt ist, scheinen der Elbmarschen-Raum und das Gebiet nördlich der Krückau vorübergehend nahezu aufgegeben worden zu sein. Diese Vertreibung aus den angestammten Gebieten steht am Anfang der großen Völkerwanderungen. Bald spielte aber auch die gezielte kriegerische Landnahme eine Rolle bei diesen Wanderungen. Welcher Grund auch immer das auslösende Moment war: Die Sachsen, ursprünglich beheimatet an der Westküste und im Dithmarscher Raum, erweiterten nach 200 n. Chr. ihr Siedlungsgebiet zunächst in südwestlicher, nach 500 dann auch in südöstlicher Richtung. Dabei kamen Holstein und Stormarn in ihre Hand. Ortsnamen, die auf -stedt enden, deuten in der Regel auf sächsische Gründungen.[6]

Im 7. Jahrhundert drangen slawische Völker in den siedlungsarm gewordenen norddeutschen Raum. Mecklenburg wurde von den Abodriten eingenommen, und einer ihrer Unterstämme ließ sich in Ostholstein nieder. Über die Besiedlung und die naturräumliche Gliederung der Elbmarschen während dieser Jahrhunderte gibt es keine Zeugnisse. Aus Bodenuntersuchungen lässt sich schließen, dass die Region reich an Mooren, Hölzungen und kleinen Wäldern gewesen sein muss. Die Elbe wies in dieser Zeit noch viele Nebenarme, Sande und kleine Inseln auf. Obwohl der Meeresspiegel nicht weiter anstieg, wurden die küstennahen Gebiete und die Ufersäume immer wieder überschwemmt. Die Schäden hielten sich aber offenbar in Grenzen; ein kontinuierlicher Deichbau ist für Schleswig-Holstein erst seit dem hohen Mittelalter belegt.

Völkerwanderung

Fränkische Zeit und Christianisierung

Auseinandersetzungen zwischen den Sachsen und den Franken hat es in diesen Jahrhunderten immer wieder gegeben. Aber erst Karl der Große (742-814), seit 768 König der Franken, unternahm den Versuch, eine dauerhafte Lösung zu etablieren. Mit den fränkischen Kriegszügen, die zunächst nur der Grenzsicherung dienen sollten, kam die südholsteinische Region wieder in den Kontakt mit der Geschichte des Großraums.

Im Jahr 772 zog Karl erstmals gegen die südelbischen Sachsen, um seine Macht zu demonstrieren. Das Kapitel der sächsisch-fränkischen Auseinandersetzungen im nordelbischen Raum steht im Zusammenhang mit den ersten Wellen der Christianisierung. Nach ersten Versuchen seit Ende des 7. Jahrhunderts war es Willehad aus dem Northumbria, der nach 770 mit seinen Schülern in Dithmarschen und im Stormerland tätig wurde. Laut Chronik des Adam von Bremen scheint in Meldorf die erste christliche Gemeinde entstanden zu sein.[7] Als Sachsenherzog Widukind 778 zur Christenverfolgung aufrief, befand sich Karl gerade auf einem Spanien-Feldzug, von dem aus anderen Gründen hier noch zu reden sein wird. Zwar unterwarf der herbeigerufene Frankenherrscher Widukind 780, aber in die Region zog kein dauerhafter Friede ein.

In den Abodriten suchte Karl Verbündete gegen die nordelbischen Sachsen. Teilsiege festigten zeitweise seine Stellung, aber hinter den Sachsen standen die heidnischen Dänen als mächtige Verbündete. Ein Vorrücken König Godofrieds, auch Göttrik genannt, eines Schwagers von Widukind, an die Elbe wäre ein schwere Bedrohung für das Frankenreich. Karl musste sich daher für eine lange Auseinandersetzung entscheiden, um die Region dauerhaft dem fränkischen Reich eingliedern und die Christianisierung voranbringen zu können. Im Laufe von 30 Jahren musste er immer wieder Feldzüge unternehmen. Mit Stadt- und Burggründungen versuchte er seine Macht zu sichern. So ließ er durch den fränkischen Grafen Egbert auf dem Esesfeld an der Stör im Frühjahr 809 die Burg Esesfeld anlegen. Aus ihr ist die Stadt Itzehoe (= 'Eichenwald') hervorgegangen. Erst nach dem Tod Godofrieds 810 kehrte Ruhe in die Region ein; die Eider wurde die Grenzlinie zwischen den beiden Reichen.

Die Hammaburg, Keimzelle der Stadt Hamburg, wurde zum Stützpunkt der Missionstätigkeit. Karls Sohn und Nachfolger Ludwig der Fromme, Frankenherrscher seit 814, ordnete das spätere Dithmarschen dem Bistum Bremen zu, Holstein und Stormarn wurden Verden zugeschlagen. Im Jahr 831 wurden Bremen und die Hammaburg zum Erzbistum Hamburg-Bremen zusammengeschlossen. Erster Bischof des neuen Missionssprengels Hamburg wurde Ansgar.[8] Das Erzbistum reichte von der Eider als nördlicher Grenze über Kehdingen und Hadeln tief in das heutige Niedersachsen hinein. Langer Bestand war dieser Konstellation allerdings nicht vergönnt: Nach dem Überfall der Wikinger auf Hamburg 845 wurde die Residenz der Erzbischöfe 847 nach Bremen verlegt.

Erzbistum Hamburg-Bremen

Zur Eingliederung gehörte aber auch die räumliche Neuordnung. Die meisten Siedlungen waren in den Kriegen völlig verheert worden. Die Franken ordneten eine Landvermessung und -neuverteilung sowie die Anlage von Dörfern nach festen Vorgaben an. Die neuen Siedlungen wurden Söldnerführern oder Beamten unterstellt. Eine ganze Reihe fränkischer Neugründungen endet auf -thorp (= -dorf). Dieses Grundwort wird durch ein Bestimmungswort ergänzt, das auf ein Gewässer, eine Eigenart des Geländes, eine Himmelsrichtung oder in späteren Jahrhunderten auch auf einen Personennamen verweist. In der Region um Wedel ist an das 1190 zuerst erwähnte Haseldorf (= Dorf an der Hasel) zu erinnern. Die Franken errichteten zunächst Rundlingsdörfer, bei denen die Häuser im Kreis und die Felder jeweils hinter den Häusern angeordnet waren; mit der wachsenden wirtschaftlichen Bedeutung des Ackerbaus entstanden die Angerdörfer entlang einer Straße.[9]

Schicksal der Grenzregion

Mit der Bildung des Fränkischen Reiches in den beiden Jahrzehnten vor 800 wurde Noldelbingen, also der nordelbische Raum, in die Auseinandersetzungen der territorialstaatlichen Machtpolitik hineingerissen - Boden wurde ebenso wie Macht erobert und wieder verloren. Die Eingliederung des ehemals sächsischen Landes nördlich der Elbe in das Frankenreich Karls des Großen war nur eine Episode. Die schmale Landbrücke zwischen Nord- und Ostsee wurde immer öfter Schauplatz erbitterter Kämpfe um ihren Besitz. Aber Besitz bedeutete nur dann etwas, wenn das Land auch wirklich in Besitz genommen werden konnte. Vor diesem Hintergrund erscheint die Christianisierung auch als eine Technik der Machtfestigung gegenüber den heidnischen Dänen, indem das Christentum die Bewohner des Landes fester an die neuen Herrscher binden sollte. Allerdings kam sie nur langsam voran. In seiner Slawenchronik, einer der wichtigsten Quellen für die Frühgeschichte des Landes, berichtet Pfarrer Helmold von Bosau um 1170, dass die Verehrung von Hainen und Quellen, also der erwähnte Nerthuskult, und anderer Aberglaube zu Beginn des Jahrhunderts noch weit verbreitet waren.

Eine andere Technik der Machtfestigung stellt die Übertragung von mehr oder minder fest umrissenen Landstrichen durch den König an untergebene Herzöge oder Grafen dar. Sie erhielten das Land entweder zum Besitz oder wurden als Verwalter eingesetzt. Nach dem Zerfall des Frankenreiches und der Rückkehr der Sachsen an die Macht im Jahr 919 wurde dieser Weg zunehmend konsequent beschritten. Otto I. war es, der 961 - im Jahr vor seiner Krönung zum deutschen Kaiser - Holstein und Stormarn unmittelbar dem Herzogtum Sachsen unterstellte. Für die kommenden 150 Jahre waren das westliche und südliche Schleswig-Holstein damit in der Hand der Herzogsfamilie Billung.

Die Schauenburger regieren die Grafschaft

Obwohl im hohen Mittelalter die Zahl der schriftlichen Dokumente rasch zunimmt, ist kaum etwas darüber überliefert, wie die Billunger ihr Land verwalteten. In die Zeit ihrer Herrschaft fielen wiederholte Überfälle durch die Wenden. Die Wenden verwüsteten nicht nur das Land, sondern vernichteten auch einmal mehr die spärlichen Erfolge der Missionspolitik. Zudem ließen innenpolitische Wirren die Politik des Reiches an die Grenzen ihrer Wirkung stoßen. Mitte des 11. Jahrhunderts brach die politische und kirchliche Organisation Nordelbingens noch einmal völlig zusammen. Während sich der Landesteil Schleswig in dänischer Hand befand, ging Holstein nach dem Tod des letzten Billungers 1106 an Lothar von Supplinburg über. Lothar, seit 1106 Herzog von Sachsen, damit Herr über den norddeutschen Raum, und 1125 zum deutschen König gewählt, musste etwas tun, um ein Machtvakuum in Norddeutschland zu verhindern. Zu Beginn des Jahres 1111 ernannte er Adolf Graf von Schauenburg zum Grafen von Holstein und Stormarn. Die Herrschaft des niedersächsischen Geschlechtes sollte ziemlich genau 350 Jahre währen.

Mit den Schauenburgern begann eine kontinuierliche Entwicklung von Holstein und Stormarn. Sie drückte sich zu Beginn des 12. Jahrhunderts in der Missionstätigkeit des Slawenapostels Vicelin und in der forcierten Urbarmachung der Elbmarschen unter der Beteiligung holländischer Kolonisatoren aus. Die Holländer, lange vorher zum Christentum bekehrt, stärkten nicht nur die Mission, sondern brachten vor allem den Deichbau voran und nutzten ihre Kenntnisse für eine geregelte Entwässerung der Marsch. Graf Adolf II. von Schauenburg erkannte die Bedeutung der Urbarmachung als Element der eigenen Machtfestigung und unterstützte die Ansiedlung der Holländer nach 1142 konsequent.[10]

Die Haseldorfer Marsch scheint im Rahmen von Vicelins Missionstätigkeit eine besondere Rolle gespielt zu haben. Noch immer war das Land vor Überfällen durch die Wenden nicht sicher. So kam der Kirche von Bishorst eine besondere Funktion zu: Beim Wendenaufstand von 1139 flüchteten die Mönche des Klosters Neumünster unter Mitnahme von dessen wertvollem Besitz in die Haseldorfer Marsch, weil die Bishorster Kirche von Land her gegen Angriffe durch Seitenarme der Elbe und Schilfgürtel gut gesichert war. An die 1532 zerstörte und 1745 endgültig untergegangene Ortschaft Bishorst erinnern heute nur noch der Bishorster Sand und eine Wurt in unmittelbarer Nähe der Pinnau-Mündung.

Vom hohen Mittelalter zum Dreißigjährigen Krieg

Die Familie von Wedel

Im 12. und 13. Jahrhundert wird eine ganze Reihe von Ortschaften in der Haseldorfer Marsch erstmals urkundlich erwähnt: 1141 das eben erwähnte Bishorst und das benachbarte Seestermühe, 1190 Haseldorf, 1224 Haselau und 1239 Hetlingen. Von Wedel ist erstmals in einer Urkunde aus dem Jahre 1212 die Rede. Darin geht es um die Stiftung einer Messe an der Marienkirche zu Hamburg durch den Ritter Reiner von Pinov. Gegen eine Kornrente ließ er sich zum Laienbruder aufnehmen. Zu ihrer Beglaubigung bedurften solche Urkunden der Unterzeichnung durch Zeugen. Unter diesen finden sich Hasso, Heinrich und Reimbern „de Wedele".

Der erste Beleg für Wedel ist also ein Hamburgisches Dokument. Unklar ist demnach, seit wann der Ort Wedel tatsächlich existiert hat. Denn die Frage, ob zuerst die Familie „von Wedel" oder der Ort Wedel da war, lässt sich auf diese Weise nicht beantworten. Nahe liegend scheint immerhin, dass die drei Männer beziehungsweise

6 Als Ritter Reiner von Pinov 1212 in der Marienkirche zu Hamburg eine Messe stiftete, beglaubigten Hasso, Heinrich und Reimbern „de Wedele" diesen Vorgang. Die Urkunde gilt als erster Beleg für die Existenz des Ortes Wedel.

die Familienmitglieder sich nach dem vorhandenen Ort benannt haben, denn Familiennamen im heutigen Sinne waren damals noch unbekannt. Zur Individualisierung wurde dem Vornamen eine Erläuterung hinzugefügt, beispielsweise die Herkunft - Hasso aus Wedel - oder später auch der Beruf. Auf diesem Wege wurde angedeutet, wo eine Sippe ihren Machtschwerpunkt hatte. Insofern stellen sich die Fragen nach der Wortbedeutung von Wedel und der Bedeutung der gleichnamigen Familie.

Einer vorläufigen Klärung kommt man bereits näher, wenn man nach Herkunft und Bedeutung der Bezeichnung Wedel fragt. In der Forschung herrscht weitgehend Einigkeit darüber, dass Wedel sich vom althochdeutschen „wadal" beziehungsweise dem altnordischen „vadtill" oder dem altdänischen „waethil" herleitet, was soviel wie „Furt" bedeutet. Gemeint ist damit eine Stelle, an der sich ein Wasserlauf ohne Hilfsmittel durchqueren, durchwaten lässt.[1] Im Neudänischen steht der Name „Vejle" dafür. Einige Forscher gehen davon aus, dass die vor allem im nordniedersächsischen Raum vielfach anzutreffenden Namen auf -wedel - Großburgwedel, Salzwedel oder Langwedel, allein im Raum Hannover Burgwedel, Blickwedel, Lindwedel und Barwedel - auf alte nordische Handelswege schließen lassen. Pelze und Bernstein wurden gegen Salz eingetauscht.[2] Bei der Betrachtung des Ochsenhandels in Wedel wird darauf zurückzukommen sein.

Woher der Ortsname stammt

Der Vollständigkeit halber seien auch noch andere Deutungsversuche für den Namen Wedel angegeben. Johann Adrian Bolten erwähnt in seinem „Auszug aus den historischen Kirchen-Nachrichten" (1790) Rists Erzählung von dem Wäldchen Wyde hinter dessen Norder-Garten. Einige Forscher glaubten in diesem Hain Wyde eine Kultstätte für die mythologische Figur Weda sehen zu können. Auch eine Ableitung von „Welanao", dem Aufenthaltsort des Missionars Ebo von Rheims um das Jahr 825, gelegen beim heutigen Münsterdorf bei Itzehoe, ist versucht worden.[3]

In seiner Chronik der Kirchengemeinde bietet Thode - etwas naiv aus eigener Anschauung - auch eine Erklärungsmöglichkeit für die Entstehung der Furt an:

„Noch jetzt ist der sog. Mühlendamm, über den jetzt die Chaussee führt [= d.h. die Mühlenstraße, C.D.], der einzige Übergang über das Tal der Wedeler Aue. In alter Zeit ist das Auetal gewiss noch sumpfiger und schwerer zu überschreiten gewesen als jetzt. (...) Dass aber eine Furt gerade an der Stelle des jetzigen Mühlendammes sich bilden konnte, ist leicht zu erklären. Wie noch jetzt bei Hochwasser, wenn die Fluten der Elbe den ganzen Außendeich bedecken, zu sehen ist, begegnen sich die Fluten der Elbe mit dem Wasser der Aue an die Stelle, wo die Au aus der Geest heraustritt und das ist da, wo jetzt der Mühlendamm ist. Die Fluten der Elbe lassen aber stets Sand etc. als Niederschlag zurück, und so wird allmählich sich eine Furt gebildet haben, die später gewiss von Menschen erhöht und befestigt ist."[4]

Eine ganz andere Deutung findet sich in der Familiengeschichte der Wedels. Seit dem 13. Jahrhundert ist der Familie als Wappensymbol ein schwarzes Rad mit 16 Zacken und acht blattartigen Speichen auf gelbem Grund eigen. Erstmals belegt wird

Wappen der Wedels

dieses Bild in einer Urkunde vom 2. Februar 1324, die von den Gebrüdern Ritter Heinrich, Ludwig und Ludekin sowie den Knappen Otto und Johannes von Wedele ausgestellt ist. Offen bleibt aber die Frage, ob die Familie das Rad aufgrund des ähnlichen Klanges - Wedel und „wel", wie es im Niederdeutschen heißt, „wheel" im Englischen - wählt, und welche Symbolik dem Rad beigelegt wird. Der Familienhistoriker Heinrich von Wedel trat um 1885 dafür ein, dass es sich dabei um ein Wit- oder Weterad, also ein Richtrad, ein mittelalterliches Folterinstrument gehandelt habe. Das Bild des Rades enthielte demnach einen symbolischen Hinweis auf den Namen des Wappenführers.

7 *Die ursprüngliche Form des Wedelschen Familienwappens weist ein Rad mit 16 Zacken und acht Speichen auf.*

Regionale Ausprägungen des Wappens weisen mehr als nur 16 Zacken auf, so dass auch eine Deutung als Sonnenrad nahe liegt. Nach dem 14. Jahrhundert taucht eine Variante auf. Aus der Nabe des Rades entwickelt sich in immer deutlicherem Umriss ein Kopf. Belegt ist diese Darstellung durch Siegel an einer Urkunde vom 28. Mai 1374. Noch später entwickelt sich aus dem Kopf ein vollständiger Oberkörper mit Armstümpfen.

Immer noch nicht beantwortet ist damit die Frage, ob zuerst der Ort oder die Familie den Namen Wedel trug. Aufgrund des Mangels an Dokumenten ist Vorsicht geboten; immerhin kann die Version, nach der die Familie sich nach dem Ort benannte, die wortgeschichtliche Herleitung für sich in Anspruch nehmen. Die Namensgleichheit könnte aber zugleich auch auf eine gewisse Bedeutung der Familie in dem Ort hindeuten; darauf wird noch einzugehen sein.

Im Frühjahr 1997 ist eine Familienmatrikel erschienen. Sie führt die ersten 28 Generationen der Familie in allen Zweigen auf.[5] Der erste bekannte Namensträger ist

demnach ein Heinrich von Wedel, der als Vogt des Klosters Neumünster tätig war und dort am 13. September 1149 verstarb. Benannt wird dieser erste Wedel in einem Dokument, das Hasso von Wedel - einer der drei in der Urkunde von 1212 erwähnten Zeugen einer Messestiftung - erwähnt.
Von diesem ersten Heinrich auf die Existenz des Ortes Wedel zu schließen, erscheint aufgrund der beschriebenen Beziehungen zwischen dem Kloster Neumünster und der Haseldorfer Marsch nicht ganz abwegig, bleibt aber problematisch. Wenngleich auch die Urkunde von 1212 nur einen indirekten Beleg für die Existenz des Ortes bietet, so bleibt sie doch der zuverlässigere Anhaltspunkt für eine Datierung. Nicht geklärt ist auch, ob dieser Heinrich der Vater der drei „de Wedele" aus der Urkunde von 1212 ist.
Es ist nicht möglich, sich ein Bild von der Persönlichkeit eines jener Namensträger zu machen. Ein Brief aus dem Jahre 1312 legt aber nahe, dass die Herren von Wedel gelegentlich zum Raubrittertum neigten. Junker Heinrich von Holstein beschwert sich in diesem Brief darüber, dass ein Johan Wedele zusammen mit zwei Spießgesellen Bauern in der Marsch beraubt habe. Das Ende der Angelegenheit: „Herr Johan Wedele wird gefangen nach Segeberg geführt und gegen Lösegeld freigelassen."[6]
Vermutlich werden sich also die Herren von Wedel in ihren Lebensgewohnheiten nicht sehr von den anderen Bewohnern des Ortes unterschieden haben. Im Gegensatz zu jenen waren die Wedels allerdings vollfreier Abkunft. Diese Stellung als alteingesessenes Geschlecht haben sie früh genutzt, um ihren Machtbereich über Wedel hinaus zu erweitern und zu festigen. Belegt ist, dass sie die Gerichtsbarkeit in mehreren Dörfern - darunter in Spitzerdorf und Lieth (beide heute Teil von Wedel), Sprenge und Todendorf sowie für einige Ansiedlungen bei Rahlstedt - als gräfliches Lehen inne hatten. Auch diese Tatsache könnte ein Beleg für die Deutung des Rades im Wappen als Richtrad sein. Kornrenten bezogen die Herren von Wedel unter anderem aus den Dörfern Sasel, Bergstedt und Tremsbüttel, die Mühlengerechtigkeit stand ihnen zu in Tonndorf, Barsbüttel und Bramfeld.[7] Im Hamburger Dom besaßen sie eine eigene Kapelle mit einem Geistlichen. Eine Urkunde unterrichtet darüber, dass Ritter Lambert von Wedel 1255/56 einen kleinen Teil des Familienbesitzes, vor allem Boden in Wedel, Spitzerdorf und Tinsdal, an das Hamburger Domkapitel verkauft hat. Zu Beginn des 14. Jahrhunderts gingen weitere Rechte und Grundstücke in den Besitz des Domkapitels oder des Klosters von Harvestehude über. Im Jahre 1302 verkaufte beispielsweise Heinrich von Wedel, der Ältere, Spitzerdorf an das Domkapitel. Am 14. April 1307 genehmigte Graf Adolf V. von Holstein den Verkauf von Land, zwei Hofstellen und einem Krug in Bramfeld durch Reymbern und Hasso von Wedel an das Kloster Harvestehude. Aber es gab auch Besitzzugänge: Einer weiteren Urkunde aus dem Jahre 1307 ist zu entnehmen, dass Graf Adolf V. dem Ritter Johann von Wedel 24 Morgen Land in Billwerder übereignet hat.[8] Der geographisch weit ausgreifende und lebhafte Handel mit Land, Gebäuden und Einkünften sowie die Tatsache, dass sie häufig für Beglaubigungen herangezogen werden, belegt den Einfluss und das Ansehen der Wedels um 1300.

Landkauf und -verkauf

Eine Burg oder ein Familienstammsitz ist nicht nachzuweisen.

> *„Die so nahe liegende Vermutung, dass die Hatzburg der Stammsitz war - 'gewesen sein muss' -, ist nicht belegbar, aber auch in keiner Weise auszuschließen. Die erste Erwähnung der Hatzburg im Jahr 1311 besagt, dass sie von den Grafen von Holstein zu einer Festung ausgebaut wurde. Diese Formulierung setzt voraus, dass die Burg schon vorher existiert haben muss",*

schreibt die Kunsthistorikerin Vita von Wedel. Thode leitet aus der Formulierung ab, dass die Burg erst kurz zuvor in den Besitz der holsteinischen Grafen gekommen sei. Er vermutet, dass die Herren von Wedel sie verloren haben infolge der Schlacht bei Uetersen im Jahre 1306, als eine Reihe von Adligen sich gegen die Grafen auflehnte. Thode kommt daher zu dem Schluss:

> *„1302 waren die Herren von Wedel noch Vögte des Grafen, 1311 traten die Grafen als unmittelbare Besitzer der Hatzburg auf... Da von diesem Wechsel keine Urkunden vorhanden sind, so ist er wahrscheinlich auf gewaltsame Weise geschehen."* [9]

Diese Schlussfolgerungen bleiben aber Vermutungen. Als ebenso wahrscheinlich oder unwahrscheinlich ließe sich annehmen, dass die Herren eben nicht auf der Hatzburg saßen, sondern den namengebenden Übergang über die Au beaufsichtigten. Ebenfalls nur vermuten lässt sich, warum die Herren von Wedel im Laufe des 14. Jahrhunderts allmählich aus Wedel verschwanden. Schon im Laufe des 13. Jahrhunderts hatten sich einige Familienmitglieder der Kolonisierung der märkischen und pommerschen Region durch den Deutschen Orden angeschlossen. Machttaktik dürfte eine große Rolle gespielt haben - schließlich wurden Vasallen mit großen Besitzungen in dieser menschenarmen Gegend bedacht. Der erste urkundliche Beleg stammt aus dem Jahr 1269: Ein Ludwig von Wedel wird als bei Stargard in Pommern ansässig genannt. Diese Landschaft mit der Burg Kremzow als Mittelpunkt erlangte große Bedeutung für die Familie. Während die Nachkommen der in Stormarn zurückgebliebenen Wedel etwa um die Mitte des 14. Jahrhunderts ausgestorben waren, begann für das Geschlecht im Osten eine erfolgreiche Zeit. Um 1375 gehörten ihnen allein in Brandenburg zwölf Schlösser oder „feste Häuser" und zehn Städte als Lehen. Zusammen mit weiterem Besitz jenseits der Oder kamen sie an der Wende zum 15. Jahrhundert auf den Besitz von 23 Städten, sieben Flecken und 78 Dörfern sowie ausgedehnten Wald-, Heide- und Seengebieten. Auf diese Weise erlangten sie fast landesherrliches Ansehen.

Eine weitere Glanzzeit erlebten die diversen Zweige der weit verbreiteten Familie im Dienste Friedrichs des Großen im 18. Jahrhundert. Eine Familienanekdote berichtet, dass der Preußenkönig einen besonderen Gefallen an einem Husarenleutnant Wedell gefunden habe. Nach der Schlacht bei Thein sei Friedrich der Große über das Schlachtfeld geritten und habe gerufen: „Wo ist Wedell?" Da habe sich einer der Ver-

wundeten aufgerichtet und vorwurfsvoll geantwortet: „Majestät, hier liegen lauter Wedell", und der König habe daraufhin tief betroffen die Suche eingestellt.[10]
Aber nicht nur nach Osten sind die Wedel gegangen. Im 17. Jahrhundert verkauften einige Familienmitglieder ihren Besitz, um in Dänemark oder Norwegen neu zu beginnen. Ein Friedrich Wilhelm Wedel aus der Neumark ging nach Dänemark und gründete das Geschlecht der Wedel-Wedellsborg,[11] und Friedrich Wilhelms Bruder Gustav ging nach Norwegen, wo er Stammvater der Grafen und Freiherren von Wedel-Jarlsberg wurde.

Der Herkunftsort scheint in der Familie zunächst vergessen worden zu sein. „Als im 16. Jahrhundert Lupold Wedel, der Verfasser eines damals bekannten Reisebuches, auf einer Reise von Hamburg elbabwärts fuhr, wusste er offenbar nicht, dass am rechten Ufer das Ursprungsland seiner Väter war. Er fragte nach dem Namen der Ortschaft, verstand ihn nicht und trug 'Wel' in sein Tagebuch ein",

berichtet Vita von Wedel. Übrigens regten die Reiseerlebnisse Lupolds den erfolgreichen Unterhaltungsschriftsteller Albert Emil Brachvogel um 1870 zu dem Roman „Ritter Lupolds von Wedel Abenteuer" an.

Die Hatzburg

Ein wichtiges Stichwort für die mittelalterliche Geschichte Wedels ist an dieser Stelle bereits gefallen: die Hatzburg. Wer nun seiner Phantasie freien Lauf lässt und sich darunter eine ehrfurchtgebietende mittelalterliche Zwingburg mit rasselnder Zugbrücke, breitem Wehrgang mit Schießscharten, großen Stallungen und einem mindestens ebenso großen Weinkeller vorstellt, liegt allerdings völlig falsch. Nach heutigen Maßstäben wäre es genauer, von einem befestigten Haus zu sprechen.
Erstmals erwähnt wurde die Hatzburg in einer Urkunde aus dem Jahr 1311. Der Hamburger Jurist Adam Tratziger berichtete in seiner „Chronica der Stadt Hamburg" von 1557, dass die Schauenburger Grafen die Burg in jenem Jahr 1311 hatten befestigen lassen. Spätere Autoren veranlasste diese Aussage zu der Vermutung, dass die Burg schon vor diesem Datum existiert habe. Eine Beschreibung der Anlage gibt Tratziger allerdings nicht.
Die frühesten bildlichen Darstellungen stammen aus dem 16. Jahrhundert. Melchior Lorichs bildete die Burg auf seiner Elbkarte aus dem Jahr 1568 als Hof mit einem mehrstöckigen Gebäude auf viereckigem Grundriss ab. Zu erkennen sind ferner ein niedrigerer, vermutlich zweistöckiger Anbau und ein diesem vorgelagertes einstöckiges Gebäude, das von vier quadratischen Türmen untergliedert wird. Aus der Zeichnung geht nicht eindeutig hervor, ob es sich bei letzterem tatsächlich um ein Gebäude oder aber eine überdachte Umfassungsmauer handelt. Im westlichen Teil des Hofes steht ein runder Turm, in der Mitte des Richtung Elbe weisenden Gebäude- oder Mauerteils befindet sich der Eingang. Die Burg

Bildliche Darstellungen

wird deutlich größer dargestellt als die übrigen sie umgebenden Häuser. Diese verschachtelte Bauweise ist in der Literatur wiederholt falsch interpretiert worden. Mitte des 19. Jahrhunderts wurde die Burg fälschlich als eine Anlage mit einem turmartigen Rundgebäude, das von runden Mauern und sechs kleineren Türmen umgeben war, beschrieben. Auf diese Fehlinterpretation ist die Zeichnung der Hatzburg zurückzuführen, die Detlefsen 1891 in seiner „Geschichte der holsteinischen Elbmarschen" veröffentlichte.[12]

Anders sieht die Hatzburg auf der Landtafel von Daniel Frese aus dem Jahr 1588 aus. Leider ist die Karte gerade im Bereich der Hatzburg beschädigt; zu erkennen ist aber ein zwei- oder dreistöckiges Fachwerkhaus mit Vor- und Anbauten auf einem erhöhten ovalen Platz. Umgeben ist das Haus von einem Graben und einer Palisadenreihe. Zu erkennen sind auch zwei parallel zueinander stehende selbstständige einstöckige Häuser. Möglicherweise handelte es sich dabei um Wirtschaftsgebäude auf einer zeittypischen Vorburg.

Wie die Hatzburg ausgesehen hat und wie groß die gesamte Burganlage tatsächlich war, wurde mit letzter Gewissheit auch nicht bei der Ausgrabung der Reste in den Jahren 1987 bis 1989 deutlich, zumal aus finanziellen Gründen nur Teile ausgegraben werden konnten. Immerhin konnten aber einige wichtige Aufschlüsse gewonnen werden. Dabei stellte sich heraus, dass beide bildlichen Darstellungen auf Realitätskernen beruhen.

Seit der Grabung durch das Schleswiger Landesamt für Vor- und Frühgeschichte wird unterschieden zwischen einer älteren und einer jüngeren Burg. Die ältere Burg stand auf einem künstlich aufgeworfenen Hügel, in der Fachsprache Motte genannt. Im Zentrum des Hügels befand sich ein vermutlich turmartiges Gebäude. Um diesem Gebäude auf dem weichen Marschuntergrund Halt zu geben, wurde zunächst eine Schicht aus sogenannten Substruktionshölzern ausgelegt.

Ausgrabung 1987/89

Im Zentrum des Hügels fanden die Archäologen einen radial ausgelegten Ring aus Rundhölzern, der von einem viereckigen Rahmen wiederum aus Rundhölzern umschlossen wurde. Auf dem inneren Ring aus Rundhölzern lag ein nahezu quadratischer Schwellenkranz mit einer Seitenlänge von etwa neun Metern. Diese 26 bis 38 Zentimeter dicken Balken enthielten 16 größere Zapfenlöcher, die Rückschlüsse auf die Konstruktion des Turms erlauben. In 14 der 16 Löcher steckte noch jeweils ein Ständer. Die Stabilität dieses Fundamentes lässt auf ein mehrstöckiges Gebäude schließen. Befestigt war das Gebäude mit einem durchschnittlich 1,60 Meter hohen Sodenwall und einer zwei- bis dreifachen Palisadenreihe aus senkrecht gestellten Rundhölzern.

In einer späteren Bauphase wurde der Holzturm abgerissen und östlich davon ein Steinturm neu errichtet. Bei der Ausgrabung trat ein aufwendiges Fundament zu Tage. In der Nordwest-Ecke dieses Gebäudes wurden Reste eines später errichteten Anbaus gefunden.

Westlich dieses Hügels wurden drei in Nord-Süd-Richtung verlegte Pfostenreihen gefunden, die auf ein zweischiffiges Gebäude schließen lassen. Die Lage dieser Reihen beweist, dass das Haus erst nach Abriss des Holzturms errichtet worden sein

8 Bei der Ausgrabung der Hatzburg zwischen 1987 und 1989 wurde unter anderem dieses aufwendig konstruierte Turm-Fundament entdeckt. Den ersten Abschnitt der Grabung leitete die Archäologin Christiane Bennemann (rechts im Bild).

kann. Nach Lage dieser Pfosten war das Gebäude etwa sieben Meter lang und 6,50 Meter breit. Östlich des Hügels fanden die Archäologen sieben Pfosten, die zu einer knapp elf Meter langen Brücke gehört haben dürften. Sie dürfte um die gleiche Zeit erbaut worden sein wie der Steinturm und diente als Zufahrt zum Haupthaus aus Richtung Geest. Weiterhin wurden Feldsteinpflasterungen und Reste einer 1,20 mal 0,90 Meter großen Herdstelle gefunden.

Labor-Untersuchungen zur Datierung der Hölzer haben ergeben, dass die ältesten verwendeten Bäume um 1342 gefällt worden sein dürften. Dabei handelte es sich um Pfosten des Hauses, das nach dem Abriss des Holzturms errichtet wurde. Der Holzturm selbst wird von den Archäologen etwa auf das Jahr 1430 datiert. Das bedeutet, dass die Materialien beim Bau des Hauses zum zweiten Mal verwendet worden sein dürften, wie es im Mittelalter durchaus üblich war. Die Ständer des Zentralgebäudes wurden ebenfalls auf das Jahr 1430 datiert. Holz, das im Zusammenhang mit der Brücke, dem Steinturm und dem nördlichen Anbau verwendet wurde, stammt offenbar aus Bäumen, die um 1500 gefällt wurden.[13]

Bei ihrer Arbeit mussten die Archäologen des Landesamtes berücksichtigen, dass die Befunde an mehreren Stellen gestört waren. Um die Jahrhundertwende und noch einmal in den 60er Jahren haben heimatkundlich interessierte Wedeler Raubgrabungen unternommen. Thode berichtet in seiner Chronik, dass der damalige Besitzer der Carstenfelder Baumschulen 1901 eine Neuerrichtung der Hatzburg in kleinerem

9   Die Hatzburg-Ausgrabung förderte hunderte von Scherben von mittelalterlichen Gebrauchsgegenständen zu Tage.

10   Diese beiden vasenartigen keramischen Gefäße konnten bei der Hatzburg-Ausgrabung fast unbeschädigt geborgen werden.

Maßstab auf seinem Grundstück plante. Dafür wollte er Fundstücke aus der Grabung nutzen. Der Plan wurde aber nicht umgesetzt.[14]
Die Grabungsbefunde und die (sehr zahlreichen) Fundstücke erlauben nur bescheidene Rückschlüsse auf das Leben auf der Hatzburg. Für die Tatsache, dass es sich um eine herrschaftliche Burg handelte, haben die Grabungen indirekte Belege zu Tage gefördert. Gefunden wurde beispielsweise eine größere Zahl von Bruchstücken oder vollständigen Teilen von Siegburger Steinzeug, darunter Teller, Kannen und kleinere Gefäße. Dieses Material war im Mittelalter sehr wertvoll. Bessere Auskünfte geben die zahlreich auf der Burg ausgestellten Urkunden.

Die Herrschaft Pinneberg

Wie bereits erwähnt, hatte Graf Adolf I. aus dem niedersächsischen Geschlecht der Schauenburger im Jahre 1111 von Lothar von Supplinburg die Grafschaft Holstein zum Lehen erhalten. Sie umfasste zu diesem Zeitpunkt die Landesteile Holstein und Stormarn - den Raum von der Haseldorfer Marsch etwa über Albersdorf, Rendsburg, Neumünster und Ahrensburg. Ihre Südgrenze bildete die Elbe. Nach 1143 gelang es Graf Adolf II., den Landesteil Wagrien - etwa der Bereich zwischen Schwarzenbek, Lübeck und Kiel - seinem Herrschaftsgebiet einzugliedern. Der gräfliche Grundbesitz lag hernach sogar größerenteils in Wagrien; die Burgen Segeberg und Plön gehörten zu den Zentren der Macht. Der Grundbesitz in Holstein konzentrierte sich in bestimmten Regionen; für die Vermutung, dass die Elbmarschen ein Machtzentrum waren, gibt es bislang keine Belege. Das Geschlecht festigte seine landesherrliche Position durch den Ausbau von Burgen und die Gründung von Städten und Klöstern sowie durch die Kolonisation bislang fast unbesiedelter Gebiete. So gelang es den holsteinischen Grafen auch, sich nach und nach von ihrem sächsischen Lehnsherren zu lösen und eine eigene Territorialmacht aufzubauen.
Weil die Herrschaft im Mittelalter aber stark von der Handlungsfähigkeit der jeweiligen Inhaber abhing, war die Macht nie ganz gesichert. Schleswig und Holstein gerieten im 12. Jahrhundert endgültig in das Getriebe der großen Politik, und die Landesherren mussten versuchen, sich zwischen Dänemark und Deutschland einigermaßen zu behaupten. Aus der Schlacht bei Bornhöved im Jahr 1227 gingen die fürstlichen und gräflichen Territorien gestärkt hervor: Der Kampf zwischen dem dänischen König Waldemar auf der einen und einer norddeutschen Fürstenkoalition auf der anderen Seite beendete vorläufig die dänische Herrschaft in Nordelbien und sicherte die Rückkehr der zwischenzeitlich vertriebenen Schauenburger.
Aber die Schauenburger mussten auch untereinander für klare Verhältnisse sorgen. Einer Legende zufolge schwor Adolf IV. im Laufe der Schlacht bei Bornhöved, dass er im Falle eines Sieges Geistlicher werden wolle. Tatsächlich trat er zwölf Jahre danach in ein Hamburger Kloster ein und übergab seinen Söhnen Johann I. und Gerhard I. die Regierungsgeschäfte. Sie verwalteten das Land gemeinsam bis zum Tod Johanns I. 1263. Es wird allerdings angenommen, dass es zu einer Teilung der Ein-

flussbereiche kam. Demnach könnten die Haseldorfer Marsch und die Richtung Hamburg angrenzenden Elbufer zum Einflussbereich von Johann I. gehört haben.

Aus Urkunden ergibt sich, dass es im Jahr 1273 zu einer Teilung des Landes zwischen Gerhard I. und seinen Neffen Adolf V. und Johann II. gekommen sein muss.

Landesteilung von 1273

Einen förmlichen Teilungsbeschluss gibt es nicht, doch traten alle drei Schauenburger als Urkundenverfasser auf. Wedel kam dabei mit Billwerder, Rahlstedt, Rellingen und etlichen anderen Orten in den Besitz von Adolf, dem Begründer der Segeberger Linie der Schauenburger. Auf dieser Erbregulierung von 1273 basierte die zweite Landesteilung von 1295 zwischen Gerhard II., Adolf VI. und Heinrich I. Dabei kamen die Stammgrafschaft Schauenburg sowie eine Reihe von Kirchspielen in Holstein, darunter Wedel und Pinneberg, an Adolf VI., den Begründer der Pinneberger Linie der Schauenburger. Mit dieser Teilung begann die Herausbildung der Grafschaft Holstein-Pinneberg, die im 14. Jahrhundert große Teile des heutigen Kreises Pinneberg und Hamburg umfasste.

Aufgrund von Familienstreitigkeiten nahm Gerhard II. 1310 und 1311 sehr einseitig eine Teilung des Landes vor, die Adolf VI. drastisch benachteiligte. Gerhard II. behielt sich den größten Teil der ehemals gemeinsam verwalteten Segeberger Erbschaft vor, darunter Wedel und Rellingen. Adolf VI. versuchte erfolglos, eine Koalition gegen Gerhard II. aufzubauen. Auch nach dessen Tod 1312 blieb er der Schwächere im Machtringen, konnte aber seine territoriale Position im südlichen Holstein durch Neuverteilung abrunden. Wedel und Rellingen gelangten nach 1314 wieder in den Besitz Adolfs VI. Mit dem Vertrag von 1322 zwischen Adolf VII. - der die Grafschaft 1315 nach dem Tod von Adolf VI. übernommen hatte - und Johann III. erhielt die Grafschaft ihre bis 1640 weitgehend bestehende Form. Adolf VII. konzentrierte sich danach ganz auf die Ausübung der Macht in Holstein-Pinneberg. An den überregionalen Machterweiterungsversuchen seiner Vettern Johann III. und Gerhard III. beteiligte er sich nicht.[15]

Um auf die Hatzburg zurückzukommen: Sie wurde erstmals in einer Urkunde aus dem Jahr 1311 erwähnt. Darin versprach Adolf VI. den Hamburger und den anderen Kaufleuten, ihnen von seiner Burg aus, „Hatesborch" im Dokument genannt, keinen Schaden zufügen zu wollen. Ein anderes Dokument aus dem gleichen Jahr spricht davon, dass die Burg befestigt wurde. Wie erwähnt, ließ diese Bemerkung einige Historiker und Heimatforscher darauf schließen, dass die Burg nicht erst von den Grafen erbaut wurde, sondern schon im 13. Jahrhundert entstanden sein könnte. Unter den Grabungsergebnissen fanden sich aber keine Belege für diese Vermutungen. Hinweise könnten sich nur ergeben aus der Vorburg, die bei der Grabung nicht berücksichtigt worden konnte. Derzeit wird in der Forschung die These vertreten, dass die Hatzburg ursprünglich eine bremische Burg war, die schon vor 1314 an Adolf VI. kam. Zu diesem Zeitpunkt gehörte das Kirchspiel Wedel noch Gerhard II.[16]

Andererseits belegen die beiden erwähnten und die Vielzahl der darüber hinaus auf der Burg ausgestellten Urkunden, dass die Grafen von Holstein-Pinneberg zumindest zeitweilig auf der Hatzburg residierten. Das gilt insbesondere für die Zeit von

Adolf VII. Verwaltet wurde die Grafschaft Holstein-Pinneberg von der Hatzburg aus durch einen von den Landesherren eingesetzten Vogt. Für das 14. Jahrhundert lässt sich eine Reihe von Vögten namentlich nachweisen; die exakte Dauer ihrer Amtszeiten geht allerdings nur näherungsweise aus den von ihnen mitunterzeichneten Urkunden hervor.[17] Zur unmittelbaren Vogtei Hatzburg gehörten in dieser Zeit die Kirchspiele Wedel (mit Holm, Hetlingen und dem nicht mehr lokalisierbaren Ghemedeshude), Nienstedten (unter anderem mit Blankenese, Sülldorf, Rissen und Tinsdal), Ottensen (unter anderem mit Othmarschen und Bahrenfeld) und zwölf Elbinseln.

Vogtei Hatzburg

Ende des 14. Jahrhunderts löste Schloss Pinneberg die Hatzburg als Verwaltungszentrum der Grafschaft ab, doch wurde die Burg immer noch als zeitweilige Residenz der Grafen diente. Wie lange sie noch in dieser Funktion genutzt wurde, ist nur ungefähr zu ermitteln. Der Bedeutungsverlust korrespondiert mit einer Verkleinerung des Vogteibereichs: Im 15. und 16. Jahrhundert gehörten das Kirchspiel Ottensen und die Elbinseln nicht mehr dazu. Aus einer Urkunde von 1602 geht hervor, dass die Burg zu diesem Zeitpunkt nicht mehr gräfliche Residenz war. Von diesem Zeitpunkt an mehren sich Unterlagen, die von Reparaturen am Haus Hatzburg berichten. Beispielsweise wurden in den Jahren 1633 bis 1635 Schäden beseitigt, die vermutlich im Laufe des Dreißigjährigen Krieges (1618-1648) entstanden sind. Damit ist auch die Annahme älterer Heimatforscher widerlegt, dass die Burg im Krieg völlig zerstört wurde. Nach dem Aussterben der Schauenburger 1640 gingen die Ämter Pinneberg und Hatzburg an den dänischen König über; dieser verpachtete das Haus 1646 an Johann Georg Hartz, den Verwalter der Burg. Aus dem Jahr 1688 ist ein Bericht über den schlechten baulichen Zustand der Burg überliefert. 1710 brannte das Amtshaus der Burg ab; von da an scheint die Burg sich selbst überlassen worden zu sein.[18]

Nicht eindeutig geklärt ist die Herkunft der Bezeichnung Hatzburg. Die ältere Forschung interpretierte den Namen als „Kampfburg"; neuere Untersuchungen deuten ihn wortgeschichtlich als „Hassburg" und damit als eine von der Bevölkerung gehasste Befestigungsanlage.

Um 1300 wird Wedel also erstmals als Herrschaftssitz erkennbar, und zwar vor allem durch Erwähnungen in den Hamburger Urkundenbüchern und vergleichbaren Dokumentensammlungen. Die meisten Verträge in den Urkundenbüchern beziehen sich in dieser Zeit wie erwähnt auf Land- und Besitzverkäufe oder - seltener - Landerwerb der Familie von Wedel. Als Ortschaft wird Wedel hingegen noch kaum erkennbar. Über die räumliche Größe der Siedlung in dieser Zeit ist ebenso wenig bekannt wie über die Einwohnerzahl oder die Zahl der Höfe. Zu den ersten Nachrichten über Wedel als Ortschaft gehört die Erwähnung des Pfarrers Alardus de Scilsten in einer Urkunde vom 26. Oktober 1315.[19] Jedoch ist nichts zu erfahren über die Kirche und ihre Lage oder die Größe der Gemeinde. In Boltens „Auszug aus den historischen Kirchen-Nachrichten" findet sich der Satz: „Gegen Ausgang des vierzehnten Jahrhunderts hielt hier [= auf der Hatzburg, C.D.] Bernhard, Graf von Schauenburg und Dompropst zu Hamburg, Hof; so wie derselbe auch

Die erste Kirche

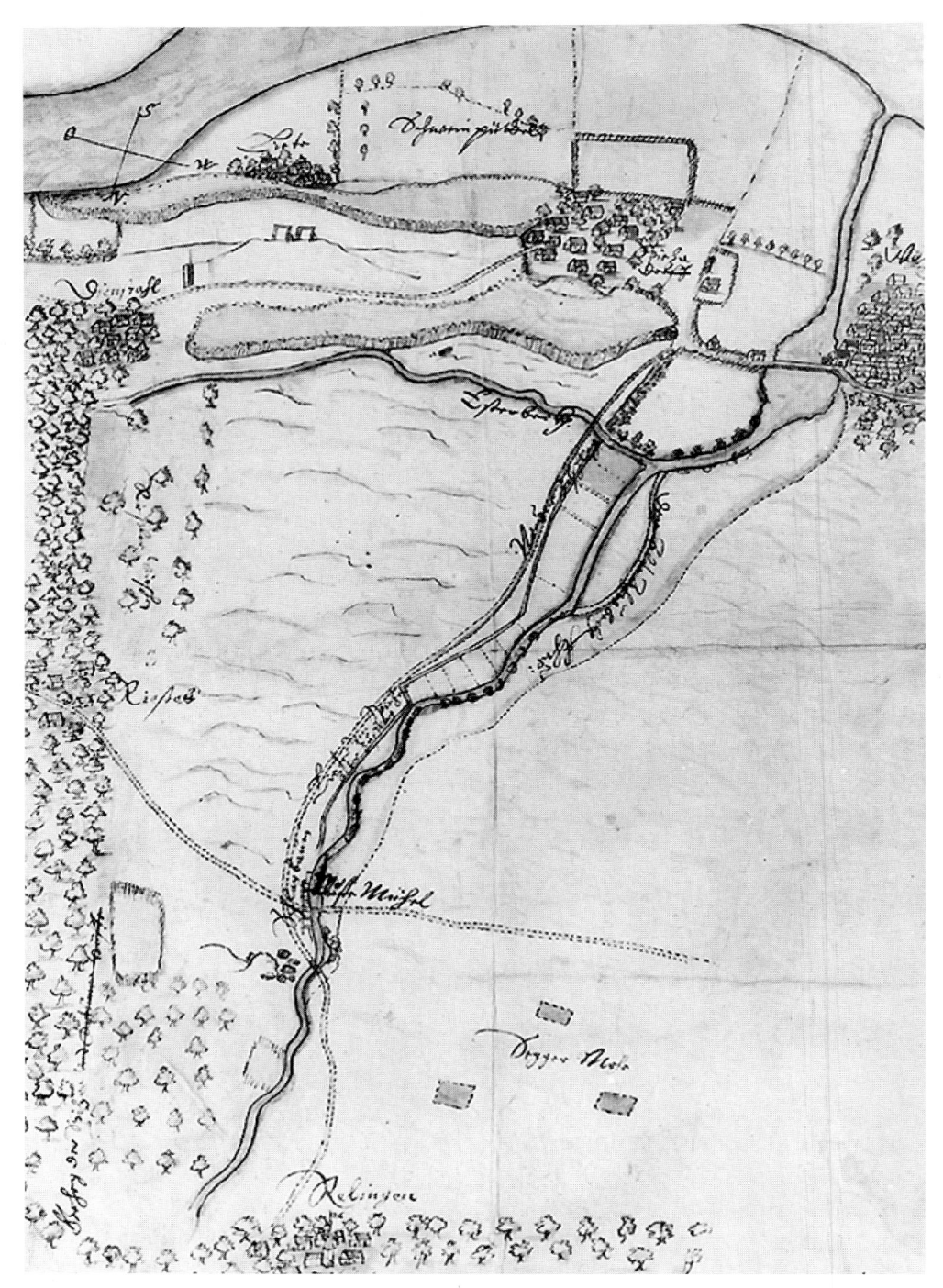

11 Diese Karte aus dem Jahr 1597 verzeichnet auf halbem Weg nach Rissen eine „wüste Mühle".

auf diesem Schlosse sowol, wie zu Pinneberg, eine Kapelle stiftete und mit Einkünften versah."

Ältere Heimatforscher haben die Errichtung dieser dem heiligen Ansgar geweihten Kapelle auf die Befestigung der Hatzburg im Jahr 1311 bezogen. Das bleibt allerdings reine Spekulation. Sie ließe sich stützen einzig durch die Tatsache, dass Burg und Kirchspiel wie erwähnt immer mal wieder nicht zum gleichen Herrschaftsbereich gehörten. Bislang ist jedenfalls kein Dokument bekannt, wonach diese Kapelle die erste Kirche für den gesamten Ort oder überhaupt die erste Kirche war und dass berichtet wann sie errichtet wurde.

Ein anderes Wedeler Gebäude taucht allerdings im Jahr 1314 erstmals in den Urkunden auf, und zwar die Wassermühle. Sie hatte zunächst den Herren von Wedel und dann den Grafen von Schauenburg gehört. Graf Adolf VI. verkaufte die Mühle zusammen mit dem Hoophof 1314 an das Kloster Harvestehude. Die Wassermühle ist ursprünglich wohl nicht an ihrem heutigen Standort errichtet worden. Aus einer Karte aus dem Jahr 1597 geht hervor, dass die erste Mühle vielmehr auf halber Strecke nach Rissen gelegen haben könnte. Eingetragen sind unter anderem die Ortschaft Wedel, die Wassermühle am Mühlenteich, der Hoophof und Spitzerdorf. Auf halbem Weg nach Rissen findet sich die Eintragung „Wüste Mühle". Hier wird die Aue von einem Weg überquert, der mit einem Gitter übermalt ist. Daneben steht das Wort „Schlagbaum". Aus diesen Eintragungen lässt sich mit aller Vorsicht schließen, dass die Mühle ursprünglich auf heutigem Rissener Gebiet gelegen haben könnte. Der Schlagbaum an der Aue könnte auf einen älteren Übergang für Vieh und Waren hindeuten. Eventuell war die Aue an der heutigen Mühlenstraße im 14. Jahrhundert wegen ihrer Breite und Tiefe noch gar nicht als Furt passierbar. Denkbar ist auch, dass dieser Übergang ohne vorhandene Furt und mit einer verbesserten Gezeitenmühle entstanden ist. Begreift man die Bezeichnung „wüste Mühle" als Altersangabe, ließe das deutlich auf eine zum Zeitpunkt der Entstehung der Karte aufgegebene Mühle schließen. Vermutlich wechselte die Mühle also im Laufe des 16. Jahrhunderts an den Wedeler Mühlenteich.[20]

Die Wassermühle

Der Roland und der Ochsenmarkt

Auf den Marktplätzen oder vor den Rathäusern vieler Städte des nord- und nordmitteldeutschen Raumes stehen seit dem Mittelalter überlebensgroße Bildsäulen. Ursprung und Bedeutung dieser Rolande sind nach wie vor Gegenstand der historischen und der volkskundlichen Forschung. In der Mehrzahl handelt es sich um Sinnbilder des Königsbanns, des Marktrechtes oder der Gerichtsbarkeit.

In Hessen, Schwaben oder Bayern gibt es keine Rolande. Ihre Verbreitung ist im wesentlichen beschränkt auf den Bereich, in dem im Mittelalter sächsisches Recht gesprochen wurde. Eine wortgeschichtliche Deutung, nach der „Roland" sich von „dat rode Land", also der Stätte der Blutgerichtsbarkeit, herleiten soll[21], trifft so allgemein nicht zu; sie würde voraussetzen, dass sich die Bezeichnung vom niederdeutschen Sprachraum aus ausgebreitet hätte. Vielmehr hat jede Säule eine individuelle Bedeutung, die zumeist eng mit der Geschichte des Ortes verknüpft ist.

Gemeinsam ist all diesen Säulen außer der Bezeichnung Roland die fast überall auftauchende Ausstattung der Standbilder mit Schwert und Rüstung. Diese Details - das Auftauchen im sächsischen Rechtsraum und die Ausstattung - weisen zurück auf die Zeit Kaiser Karls des Großen (742-814), den Begründer des Fränkischen Reiches. In seiner unmittelbaren Umgebung gab es den Ritter Roland. Einige mittelalterliche Texte behaupten sogar, Roland sei ein Neffe von Karl gewesen, aber dafür gibt es keine Belege. Fest steht, dass Roland als einer der zwölf Paladine in einem besonderen Vertrauensverhältnis zum späteren Kaiser Karl stand.

Ritter Roland

Bis zum Beginn des 14. Jahrhunderts war bereits ein großer Sagenkreis um die Gestalt Karls des Großen und seine Umgebung entstanden. Der historische Kern wird erzählt in der „Vita Caroli Magni", verfasst von Karls Historiker Einhard. Das „Rolandslied", im 12. Jahrhundert von Konrad dem Pfaffen aus dem Altfranzösischen ins Deutsche übertragen, bereitet den Stoff auf. Konrad berichtet von Karls spanischem Feldzug im Jahr 778 - genau in dem Jahr, als Sachsenherzog Widukind in Norddeutschland zur Christenverfolgung aufrief; König Karl war ja weit weg - und davon, wie der historische Graf Hruotland aus der Bretonischen Mark im Verlaufe des Rückzugs bei Roncesvalles in einen Hinterhalt geriet und im Kampf fiel.

Einer neueren wissenschaftlichen Theorie zufolge muss es diese religiös-politische Doppelfunktion von Roland - gefallen als Märtyrer im Kampf gegen die Heiden und als Vertrauter Karls ein Vertreter der weltlichen Macht - gewesen sein, die Karl selbst auf den Gedanken der Rolandstandbilder brachte. Um sich gegen die überall präsente Kirche durchzusetzen, brauchte Karl für seinen weltlichen Herrscheranspruch eigene Herrschaftszeichen. In Roland verkörperten sich die christliche Mission und die fränkische Ordnung.

Roland als Herrschaftssymbol

Im bereits christianisierten Franken waren solche Stein gewordenen Symbole des Herrschaftsanspruchs hingegen überflüssig. Der Blick auf ihre Verbreitung zeigt, dass Rolandsäulen vor allem in Grenzräumen und an strategisch wichtigen Orten wie Straßenkreuzungen und Handelspunkten aufgestellt wurden. Doch gibt es einige wichtige Details, die den Wedeler Roland von allen anderen Standbildern unterscheiden. So trägt er eine kreuzgekrönte Krone und eine als Welt oder als Reichsapfel zu deutende Kugel in der linken Hand. In der neueren Forschung wird die These vertreten, dass in Wedel ein Kaiserbild errichtet wurde als Zeichen besonderer kaiserlicher Privilegien für die dänischen Kaufleute. Dieser Theorie zufolge war Wedel schon in den Zeiten der Missionierung ein wichtiger Handelsstützpunkt. Weil entsprechende Dokumente fehlen, kann diese These aber bislang nicht wirkungsvoll gestützt werden.[22]

Erste Roland-Statue um 1450

In den allermeisten Fällen haben sich keine Urkunden über die Stiftung oder Errichtung einer Roland-Figur erhalten; eine Datierung ist daher nur selten möglich. Das gilt auch für Wedel. Nach Ansicht einiger Heimatchronisten könnte der erste Roland schon um das Jahr 1450 aufgestellt worden sein.[23] In-

12 Diese Aufnahme des Rolands entstand nach der Restaurierung von 1907. Deutlich zu erkennen sind das Schwert in seiner rechten und der Reichsapfel in seiner linken Hand.

sofern wird dort zuerst ein Zusammenhang hergestellt zwischen der Aufstellungspraxis von Roland-Bildern an Handelspunkten oder Wegkreuzungen und dem Ochsenhandel, denn begründet wird diese Vermutung mit der Verlegung der Ochsen-Fährstelle nach Wedel.

Für diese verwickelte Geschichte gibt es nur indirekte Belege. Im hohen Mittelalter existierten zunächst zwei Fährstellen: in Blankenese, erstmals belegt im Jahr 1301, und in Lichte bei Haseldorf. Inwiefern das etwa zwischen der Hatzburg und Hetlingen gelegene, 1314 erwähnte Ghemedeshude als Anlegeplatz oder gar Fährstelle für diese Zeit in Frage kommt – „Hude" bedeutet soviel wie Anlegeplatz –, ist noch nicht geklärt. Ein Beleg für Lichte findet sich erst im Jahr 1653 in einer Bittschrift der Wedeler an den dänischen König um Unterstützung für die Restaurierung des Rolands. Darin erwähnen sie die Verlegung der Fähre von Lichte im damaligen dänischen Amt Haseldorf nach Wedel. Weil Amt und Burg wie die Umgebung bis 1460 den Schauenburgern gehörten und ab 1494 Gutsbezirk der Familie Ahlefeldt waren, bleiben als dänische Zeit nur die Jahre zwischen 1460 und 1494, als Schleswig und Holstein laut Ripener Vertrag in Personalunion zu Dänemark gehörten. In diesem Zeitraum muss demnach die Fähre von Lichte verlegt worden sein. Juristisch berechtigte Nachfolgerin ist eine Fähre bei Hetlingen, die aber kaum über das Jahr 1500 hinaus Bestand hatte. Zu diesem Zeitpunkt wurde das Fährgeschäft längst über Wedel abgewickelt.[24]

Nach Wedel verlegt wurde die Fähre, weil Ortschaft und Fährstelle durch eine Sturmflut zerstört worden sein sollen.[25] Einen Beleg für einen Wedeler Roland vor 1500 gibt es nicht; es sei denn, man nähme ältere Wappendarstellungen aus der Zeit um 1595 als „Beweis".

Statue von 1558

Dort wird der Roland als deutlich schmalere Figur und mit gezogenem Schwert gezeigt. Doch ist diese Vermutung unzulässig, weil Bilddarstellungen in jenen Jahrhunderten nur in seltenen Fällen auf Augenschein, sehr viel öfter hingegen auf Übermittlung und Hörensagen beruhten. Ein Argument dagegen wäre die Tatsache, dass der Roland zum Zeitpunkt dieser Abbildungen vermutlich schon sein heutiges Aussehen hatte. Bei Restaurierungsarbeiten entdeckte man 1907 die Jahreszahl 1558. Kunsthistoriker haben bestätigt, dass diese Datierung nach stilkritischen Gesichtspunkten stimmen könnte.[26]

Welche Bedeutung der Ochsenhandel in der zweiten Hälfte des 15. Jahrhunderts bereits gehabt haben muss, geht aus ei-

13 So wurde der Roland 1597 in der Landesbeschreibung von Heinrich Rantzau abgebildet.

nem Dokument des Jahres 1469 hervor. Es belegt die Bemühungen der Hamburger, die „Ummedrift der Ochsen" zu verhindern, weil sie die Händler zwingen wollten, ihre Ochsen drei Tage lang auf dem Hamburger Markt zum Verkauf anzubieten und jeden dritten Ochsen auch wirklich dort zu verkaufen. Ähnliche Klagen seitens der Hamburger wurden in der Folgezeit noch öfter laut. So erklärte Hamburg 1483 dem Herzog Friedrich von Schleswig-Holstein, es habe von König Christian I. von Dänemark, Herrscher seit 1448, den Befehl erhalten, die Umgehung des Hamburger Marktes und Zolls zu unterbinden. Als Beleg für die stetig steigende wirtschaftliche Bedeutung des Wedeler Marktes und der Fährstelle kann auch die Tatsache gelten, dass die Hälfte des in Wedel pro Ochsen erhandelten Zolls an Hamburg abgegeben werden musste.

Thode notiert, dass der Markt vermutlich gegen Ende März begonnen und bis in den April hinein gedauert haben werde.[27] Ende des 15. Jahrhunderts sollen einem Haseldorfer Gutsregister zufolge jährlich etwa 8000, Ende des 16. Jahrhunderts sogar 20 000 bis 30 000 Ochsen verschifft worden sein. Glaubt man dem Pastor Johann Rist, so waren es während seiner Wedeler Amtszeit (1635-1667) noch zwischen 15 000 und 20 000 Tiere jährlich.[28] Bei diesen Zahlen ist nicht erstaunlich, dass Graf Ernst von Schauenburg 1604 eigens eine „Marcktordnung" erlassen musste, um die Geschäfte in feste Bahnen zu lenken. In 19 Punkten schrieb er detailliert vor, wo und wie die aufgetriebenen Tiere zu melden seien, wie viel Fährgeld zu zahlen ist - für 100 Ochsen vier Goldflorint und vier Schilling -, wie die Fährleute zu entlohnen und wie Streitfälle zu schlichten sind - nämlich vor dem Roland. Darüber hinaus lässt die „Marcktordnung" indirekt erkennen, dass Graf Ernst jederzeit darauf bedacht war, die landesherrlichen Einnahmen zu erhöhen.[29]

Wie der Ochsenmarkt ablief

Als abgeschlossen galt ein Handel, wenn Käufer und Verkäufer das vereinbarte Geschäft in ihre Schreibtafeln notiert hatten. Die Bezahlung wurde bei größeren Geschäften über Mittelsmänner in Hamburg abgewickelt. Ochsen, die nicht verkauft werden konnten, wurden über die Elbe gebracht. Die Art der Verschiffung ist sich nach bisherigen Erkenntnissen über die Jahrhunderte ziemlich gleich geblieben: Die Ochsen wurden auf etwa 20 Meter lange Prahme verladen, deren jeder eine Besatzung von sieben oder acht Mann brauchte. Die störrischen Tiere überhaupt auf die Prahme zu bekommen und während der Überfahrt darauf zu halten, dem unberechenbaren Wetter ausgesetzt zu sein und den schwer beladenen Prahm auf Kurs zu halten - es muss eine harte Arbeit für die Fährknechte gewesen sein.

Unmittelbar nach dem Ende des Dreißigjährigen Krieges erneuerte der dänische König Friedrich III. als neuer Landesherr am 2. Juni 1649 die Fährordnung, damit kein Fährmann seine Kunden übervorteile. Dieser Ordnung zufolge waren für Gruppen ab sechs Personen im Sommer 8 Schilling, von kleineren Gruppen 10 Schilling pro Kopf, im Winter hingegen 12 beziehungsweise 14 Schilling zu zahlen. Ein Wagen mit vier Pferden schlug im Sommer mit 1 Reichstaler und 24 Schilling, im Winter mit 2 Reichstalern zu Buche. Ein Ochse allein kostete zur Marktzeit im Sommer 16, im Winter 24 Schilling. Sechs gesattelte Pferde wurden im Sommer für 14 Schilling das Stück übergesetzt, für ein Pferd allein waren 32 Schilling zu erlegen.[30]

Im Laufe des 17. Jahrhunderts, vor allem infolge des Dreißigjährigen Krieges nahm die Bedeutung des Ochsenmarktes rapide ab. Für den Zeitraum um die Wende zum 18. Jahrhundert sollen es nur noch etwa 5000 Tiere jährlich gewesen sein. Am 30. Juli 1731 vergab der dänische König Christian VI. eine neue Konzession für den Ochsenmarkt. Ausdrücklich ist darin von den wirtschaftlichen Vorteilen, die Wedel aufgrund des Marktes hatte, die Rede. Weil nun aber nicht mehr so viel Vieh aufgetrieben werde, solle der Markt nicht mehr von Mitte März bis Mitte April, sondern „im Frühling vom 22ten bis 26ten Aprilis, also fünf Tage jährlich, wegen magerer und zur Herbst-Zeit im Octobri wegen fetter Ochsen" abgehalten werden. Bemerkenswert ist auch die Begründung für diese Neukonzessionierung: Etwa zwei Monate vor ihrer Erteilung waren nämlich bei einem Brand 167 Wohnhäuser in Wedel vernichtet worden, und der König erkannte, dass der Markt den Wedelern beim Wiederaufbau wirtschaftlich Vorteile bringen werde.[31] Welchen Umfang der Handel zu diesem Zeitpunkt noch hatte, lässt sich nicht sagen. 1766 soll es in Wedel jedenfalls keine Fährprahme mehr gegeben haben.[32]

Zurück zum Roland, dem Zeichen der Marktgerechtigkeit. Nach 1588 belegen vereinzelte Dokumente die weitere Geschichte des Standbildes. In den letzten Jahren des Dreißigjährigen Krieges ist die Figur empfindlich in Mitleidenschaft gezogen worden, so dass sich die Wedeler wie erwähnt veranlasst sahen, den dänischen König um Unterstützung für die Wiederherstellung zu bitten. In seiner Antwort vom 22. Juni 1653 in Form einer königlichen „Resolution zu Wiederaufrichtung des Rolands im Flecken Wedel" bewilligte König Friedrich III. eine finanzielle Hilfe. In der Resolution heißt es:

> *„Wir haben Bericht erlanget, daß die Statua oder der Rolandt in Unserm Flecken Wedel herunter gefallen; Weiln nun die Bückeburger Steine, wovon derselbe zusammen gesetzet gewesen, daselbst annoch vorhanden, und unter diesem Rolandt die Streitigkeiten, so allda beym Ochsen-Kauf und auf Ochsen-Märckte vorfallen... decidiret [= entschieden] werden; Als befinden Wir gerathen, daß diese Statua auf den grossen steinernen Fuß förderlichst wieder aufgerichtet werde, massen Wir dann zu den nöthigen Spesen aus Unsern Pinnebergischen Amts-Intraden 100 Rthlr. eingewilliget, das übrige aber, so dazu nöthig, wie auch die Hand=Arbeit, werden die Eingesessene zu Wedel beytragen und verrichten müssen."*[33]

Dieser kurze Text gibt einen Hinweis auf die besondere Funktion des Wedeler Standbildes: Traditionell wurden unter dem Roland Ochsenverkäufe besiegelt oder Streitigkeiten geschlichtet. Dass den Roland kaum 30 Jahre später schon wieder „das Umfallen andräuete", ist aus der Chronik von Trogillus Arnkiel bekannt. Der Dänenkönig bewilligte diesmal 160 Taler, die zur Ausbesserung des Sockels verwendet wurden. Außerdem bekam das Standbild einen grauen Ölfarbenanstrich, der auch bei den weiteren Ausbesserungen 1846 und 1856 jeweils erneuert wurde. 1856 erhielt die Bildsäule auch den Sockel, der noch auf den Bildern aus den 30er Jahren dieses

Jahrhunderts zu sehen ist. Auf den heutigen verklinkerten Sockel wurde der Roland bei der Restaurierung 1950 gesetzt. In jenem Jahr musste der Roland auch dem zunehmenden Autoverkehr weichen und seinen angestammten Platz auf der Mitte des alten Marktplatzes zugunsten des heutigen Standorts verlassen. Die vorläufig letzte Sanierung erfolgte 1984.

Um viele Roland-Figuren hat sich im Lauf der Jahrhunderte ein Kreis von Anekdoten gebildet. Bekannt ist in Wedel die nach Mitternacht ergehende Mahnung zum Aufbruch bei Familien- und anderen Feiern: „Dat ward Tied, de Roland hett sik al ümdreiht!" Aus der Thode-Chronik sei hier noch eine weitere Geschichte zitiert:

„Einer anderen Sage nach soll in der Walpurgisnacht eine Egge schräg an die Vorderseite des Postaments der Rolandsäule gelehnt sein, und zwar so, daß die scharfen und spitzen Zinken nach einwärts, der Wand zugekehrt sind. Unterhalb dieser Egge sollen viele Hexen bis zur Mitternachtsstunde festgebannt sitzen; sobald aber die Turmuhr 12 schlägt, löst ihr Oberhaupt, der Teufel, ihren Bann und gibt ihnen völlige Freiheit, worauf sie sofort rechts und links unter der Egge herauskommen und auf Besenstielen kreuz und quer vor dem Angesicht des Rolands durch die Luft reiten. Roland aber läßt sich nicht lange necken; er schwenkt mit gewaltiger Faust sein mächtiges Schwert und hat noch vor Beendigung der Mitternachtsstunde sie alle zerhauen."

Thode kommentiert diese Sage: „Dass sich die geschichtliche Erinnerung an die Zerstörung des Heidentums im Gefolge der Besiegung der heidnischen Sachsen durch Karl den Großen an den Roland anlehnt, ist wohl unverkennbar."[34]

Aus den Jahrzehnten um 1600, als der Ochsenmarkt den größten Viehauftrieb in seiner Geschichte erlebte, sind etliche Urkunden, Dokumente und andere Quellen bekannt, die erste Einblicke in das Alltagsleben der Wedeler erlauben. Zuerst zu erwähnen ist die „Neue Landesbeschreibung", ein vom königlichen Statthalter in Schleswig und Holstein Heinrich Rantzau 1597 in lateinischer Sprache verfasstes Kompendium aller im dänischen Machtbereich und in der unmittelbaren Umgebung gelegenen Ortschaften und Städte. Obwohl noch in der Hand der Schauenburger Grafen, werden Wedel und die Hatzburg in dem 1739 erstmals veröffentlichten Buch erwähnt. Als kleines Handelsstädtchen bezeichnet, sind Heinrich Rantzau vor allem der Roland und die hohen Wegzölle, die aufgrund des Ochsenhandels an die Schauenburger gehen, eine Erwähnung wert. Dass über den Ort aus dieser Quelle nichts zu erfahren ist, kann als indirekter Beleg für die wirtschaftliche Bedeutung des Ochsenhandels gelten.[35]

Alltag um 1600

Dass Graf Ernst ein scharfer Rechner war, der das Gemeinwohl über den individuellen Vorteil der Untertanen stellte, geht hervor aus einer Urkunde vom 26. März 1603. Hans Dieterichs aus Wedel hatte sich eine Weide am Stock zu seiner persönlichen Nutzung erbeten. Dagegen hatten die Wedeler protestiert unter Hinweis auf die Nutzung der beiderseits der Au gelegenen Weiden zu Zeiten des Ochsenmarkts. Graf Ernst entschied zugunsten der Wedeler und der durchreisenden Händler, dass die

14 Zu den wertvollen Originalen im Wedeler Stadtarchiv gehört Graf Ernsts Urkunde über die Verwendung der „Kalberweide" aus dem Jahr 1603.

Weiden Allgemeinbesitz bleiben sollten.[36] Andererseits war der Graf, der die Herrschaft seit dem Jahr 1601 regierte und sie erstmals im Jahr 1602 zusammen mit seiner Frau Hedwig, einer Schwester des Landgrafen Moritz von Kassel, besuchte, mit seiner Vorliebe für eine prunkvolle Hofhaltung und dem Bewusstsein seiner Rechte ein echter Herrscher seiner Zeit. Eine anlässlich dieser Reise am 14. Juni 1602 auf der Festung Pinneberg ausgestellte Urkunde regelt seinen Zugriff auf die Wedeler Kalberweide:

> „Was aber anlangt die kalberweide so etlichen unsern Vnderthanen zu Wedel, wie die Haußhaltung zu Hatzburgk abgeschaffet locationsweise eingethan worden, die wollen wir uns hiemit außtrucklich dergestaldt reseruirt haben, das wir dern Jederzeit, wen wir Haußhaltungk zur Hatzburgk wieder anstellen werden, wollen bemechtigt sein, Inmittelst aber wir dernselbst nicht werden zu thun haben, Sollen vnd mugen vnsere Underthanen deroselben für den Zinß wie bißhero, furtan gebrauchen, wen wir sie aber wieder an uns nehmen, sollen sie den weiter nicht schuldigh sein bemelten Zinß dauon zu entrichten."[37]

Interessant sind schließlich noch einige Dokumente, die nahe zu legen scheinen, dass die Wedeler des frühen 17. Jahrhunderts außerordentlich trinkfeste Untertanen waren. In einer Urkunde aus dem Jahr 1602, die dem Amtmann Johann Gossmann die Kruggerechtigkeit zugestand, fand Graf Ernst deutliche Worte:

> *„Und alldieweil auch in unserm Flecken Wedel ist eingerissen, dass sich viele Leute heimlich und öffentlich des Krügens tun unterwinden, so von uns und unsern löblichen Vorfahren drauf keine Verschreibung haben, wodurch uns dann die gebührende Accise [= Steuer] veruntreut... Damit denn solche und dergleichen Unterschleifen mögen abgeschafft werden, so sollen hinfort keine in unserm Flecken Wedel, sie sein auch, wer sie wollen, welche weiland der wohlgeborenen Unseres Herrn Vaters, Graf Otto und Bruders, Graf Adolf zu Holstein-Schaumburg, christmilder Gedächtnisses oder Unsere Verschreibung nicht vorzulegen haben, bemächtigt sein, bei Vermeidung ernster Strafe, sich heimlich oder öffentlich des Krügens, ohne allein wenn das Ochsenmarkt gehalten, zu unterwinden."*[38]

Wohl auf Veranlassung des Grafen Ernst entstand im Jahr 1604 im Zuge einer Überprüfung der Konzessionen ein Verzeichnis der Krüge im Amt Hatzburg. Diese Bestandsaufnahme wurde zugleich für eine Neufestsetzung der Abgaben genutzt. Diese bestanden aus einer amtlich festgesetzten „Krugheuer", deren Höhe sich wohl nach dem Verzehr der Gäste bemaß, und der Accise, welche 1591 für die Tonne Hamburger Bier 4 und für die Tonne Rotbier, also selbstgebrautes Bier, 2 Schilling betrug. Für Wedel werden in dieser Liste zehn Krüge und ihre Inhaber sowie die Höhe der jeweils zu entrichtenden Krugheuer aufgezählt. Demnach zahlten Johann Bonorden, Heinrich Bornemann und Thomas Ladiges 5 Taler, Michael von Aschen, Inhaber des Fährkrugs, Annecke Dietrichs und Jobst Koch 20 Taler, Dietrich Hesterbergh 24 und Hans Koch sogar 25 Taler. Hinzu kamen noch der freie Krug von Johann Koch, dem Vater von Jobst, bei der Fähre und der erwähnte Krug von Johann Gossmann.[39] Gossmann gehörte seit 1599 der Freihof. Von Graf Adolf XIII., dem Vorgänger des Grafen Ernst, war Gossmann mit Steuerfreiheit begnadet worden. Seit 1602 war er auch berechtigt zur Führung eines Kruges. Diese Gaststätte besteht als Hotel und Restaurant auch heute noch. 1607 jedenfalls setzte Graf Ernst die Accise neu fest: Die Krugwirte der Grafschaft mussten nun für Hamburger Bier 8 und für Rotbier 4 Schilling pro Tonne entrichten. Für Lübecker Bier waren sogar 22 Schilling pro Tonne zu zahlen.[40]

Nach einem Steuerregister des Jahres 1610 gab es in Wedel 80 Bauern und Kätner und 32 „Heußlinge", Einwohner ohne eigenes Haus, insgesamt also etwa 120 Familien.[41] Daran gemessen, scheinen zehn Krüge ziemlich viel zu sein. Aber es war nicht etwa so, dass sich die Wedeler übermäßig dem Alkoholkonsum ergaben; es ist vielmehr anzunehmen, dass sich die mit geringer Krugheuer veranschlagten Gastwirte nur zeitweilig an dem Geschäft, nämlich - darauf deutete die Erwähnung in Graf Ernsts Urkunde - zu Zeiten des Ochsenmarktes beteiligten. Obwohl der Verlauf des Marktes durch die „Marcktordnung" und die Fährtarife genau festgelegt waren, dürfte es doch häufig zu Auseinandersetzungen zwischen Viehhändlern und -trei-

10 Krüge für Wedel

15 Der geschäftstüchtige Graf Ernst regierte die Grafschaft Holstein-Pinneberg von 1601 bis zu seinem Tod 1622.

bern, den Einwohnern, den Fährknechten und den gräflichen Angestellten gekommen sein. Nicht ausgeschlossen, dass manches im „Brücheregister" [= Strafregister] verzeichnete Delikt auf solche Streitigkeiten zurückzuführen ist. Das Brücheregister von 1601 führt beispielsweise an:

Reinholdt Freese hat Mutwillen zu Wedell angerichtet und sich allda gerauffet und geschlagen... Brüche 24 Mk. 12 Schilling, Johann Struckmann zu Wedell hat Otto Diedrichs Nase und maull entzwey geschlagen... Brüche 6 Mk, Friedrich Soest zu Wedell hat unter der Predigt gekrüget... Brüche 6 Mk, Hanns Dietrichs zu Wedell hat sich in der Kirchen nicht wollen wegen begangener mißhandlung diszipliniren laßen, sondern ist für [= vor] entsagung des heiligen Nachtmahls auß der Kirchen gelauffen, und hat also ein ergerlich exempell gegeben... Brüche 206 Mark 4 Schilling. . .[42]

Der Wert dieser Strafen ist erst zu ermessen, wenn man aus dem gleichen Amtsregister ersieht, dass ein Maurermeister etwa auf einen Tagesverdienst von 8 Schilling, entspricht einer halben Mark, kam.

Der Dreißigjährige Krieg

In mancherlei Hinsicht bedeutet der Dreißigjährige Krieg, der mit dem sogenannten Prager Fenstersturz im Jahre 1618 seinen Anfang nahm, einen tiefen Einschnitt in der deutschen Geschichte. Die neuere wissenschaftliche Forschung begreift ihn nicht mehr so sehr als Auseinandersetzung um die Vorherrschaft einer Religion, sondern auch als europäischen Machtkampf. Die sich seit den 1550er Jahren kontinuierlich verschärfenden Auseinandersetzungen um die Religionshoheit boten nur den äußeren Anlass. Ebensowenig darf der Dreißigjährige Krieg als eine große zusammenhängende Auseinandersetzung verstanden werden; vielmehr ist er zu interpretieren als eine Folge von mindestens 13 regionalen Kriegen und zehn Friedensschlüssen im Laufe der 30 Jahre. So ist zu erklären, dass einige Landschaften immer mal wieder für längere Zeit vom Kriegsgeschehen unberührt blieben.
Am Beginn der europäischen Krise um 1600 standen wirtschaftliche Probleme. Während sich der Bevölkerungsanstieg in Europa unvermindert fortsetzte, führte die sogenannte Kleine Eiszeit seit 1570 zu einer Verminderung der Erntemengen und zu Hungersnöten. Handwerker, Klein- und Mittelbauern gerieten aufgrund der ständig steigenden Preise für Nahrungsmittel[43] an den Rand des Existenzminimums. Weil das Geld fast ausschließlich für Nahrung ausgegeben werden musste, war zunehmende Arbeitslosigkeit in den Massenhandwerken die Folge. Grundherren und Großbauern machten hingegen gute Geschäfte. Die Schere zwischen „reich" und „arm" öffnete sich weiter. Der angestaute Unmut verschaffte sich immer wieder Luft in lokalen Revolten.

Weil ihre Unterhaltung kostspielig war, blieben die Heere des Dreißigjährigen Krieges - mit prägnanten Ausnahmen - meist klein und wurden ungern in einer Schlacht aufs Spiel gesetzt. Die Feldzugsdauer richtete sich nach der Kriegskasse. Soldrückstände entpflichteten die Landsknechte. Viel problematischer als das Kriegsgeschehen waren daher die Kleinheere, die auf der Suche nach Nahrung und Unterkunft das Land plünderten und die Bevölkerung drangsalierten, sowie die Einquartierungen. Ein Heer von 40 000 Mann benötigte pro Tag 800 Zentner Brot, 400 Zentner Fleisch ausgeschlachtet und 120 000 Liter Bier. Die Feldarmeen führten zu ihrer Frischfleischversorgung oft Herden von bis zu 25 000 Stück zusammengeraubten Viehs mit sich. Brand, Raub und Mord waren an der Tagesordnung.

Die Grafschaft Holstein-Pinneberg wurde mehrfach in die Kriegswirren verwickelt. Eine Art Vorspiel waren die Auseinandersetzungen zwischen Graf Ernst und dem dänischen König Christian IV. ab 1616. Sie begannen als hoheitsrechtlicher Streit um

Die Grafschaft im Krieg

das Kloster Uetersen, das Graf Ernst für sich zu reklamieren suchte. Im Gegenzug erhob der dänische König Ansprüche auf die Herrschaft Pinneberg. Graf Ernst holte sich für diese Auseinandersetzung 1618 die Rückendeckung seines Lehnsherrn, des Kaisers Ferdinand II. Dieser bestätigte ihm seine Rechte und verlieh ihm zugleich - gegen Zahlung von 100 000 Gulden, aus Kriegsgründen brauchte der Kaiser Geld - die Würde eines reichsunmittelbaren Fürsten. Christian IV. protestierte mehrfach gegen diese Erhebung des Grafen, Graf Ernst beharrte hingegen auf der neuerworbenen Würde.

Der dänische König nutzte den seit 1618 herrschenden Krieg und ließ seine Truppen in die Herrschaft Pinneberg einrücken, um Graf Ernst zu zeigen, dass Macht vor Recht erging. Ferdinand II. konnte dem Grafen nicht helfen, weil er seinerseits in Auseinandersetzungen verwickelt war. Die Einquartierung der dänischen Soldaten traf vor allem Nienstedten, Flottbek und Pinneberg, aber auch Wedel hatte zu leiden. Graf Ernst konnte sein Land nur retten, wenn er in dem Konflikt nachgab. Christian IV. ließ sich 50 000 Reichstaler für die Beilegung der Streitsache zahlen.

16 Gegenspieler des Grafen Ernst war der dänische König Christian IV., der von 1588 bis 1648 regierte.

Nach Abzug der dänischen Truppen ließ Jobst Hermann, Nachfolger des am 17. Januar 1622 verstorbenen Grafen Ernst, die Verwaltung der Herrschaft die von den Soldaten verursachten Schäden aufnehmen. Aus diesem Protokoll geht hervor, in welcher Weise die an dem Streit zwischen den Herrschern völlig unbeteiligte Bevölkerung unter der Einquartierung zu leiden gehabt hat. Auch in Wedel wurden Erinnerungen und Schäden aufgezeichnet. Das Protokoll führt 122 Einwohner des Kirchspiels Wedel an. Aus ihren Antworten ist zu ersehen, wie viele Soldaten sie jeweils wie lange unterbringen mussten, welche Haushaltsgegenstände diese mitgehen ließen, und was sie sich sonst noch zuschulden kommen ließen. Fast alle Wedeler beklagten Tätlichkeiten und den Raub von Lebensmitteln. Der damalige Untervogt zu Wedel Dietrich Ladigs ließ notieren, dass auf der Hatzburg alle Kisten und der Keller aufgebrochen und die eisernen Gitter von den Fenstern abgeschlagen sowie Heu, Stroh und Dörrfleisch entwendet worden seien.[44]

Dass im frühen 17. Jahrhundert immer noch die rauen Sitten herrschten, die schon zu Zeiten der Familie von Wedel die Machtverhältnisse bestimmt hatten, geht auch noch aus anderen Dokumenten der Regierungszeit des Grafen Ernst hervor. Zwischen dem Pinneberger Drosten Johann Stedingh, dem Stellvertreter des Grafen in der Herrschaft, und dem Hatzburger Amtmann Johann Gossmann war es zu einer langwierigen Auseinandersetzung gekommen, die im Frühjahr 1618 eskalierte. Gossmann, seit 1599 Besitzer des Freihofs und seit 1602 auch des dazugehörigen Kruges, hatte es verstanden, das Amt zu seinen Gunsten zu nutzen. Welchen Grund die Auseinandersetzung mit Stedingh hatte, ist nicht mehr zweifelsfrei zu rekonstruieren. Glaubt man den Angaben der Witwe, so müssen die vielfältigen und undurchsichtigen Geschäfte ihres Mannes ihr Teil dazu beigetragen haben.

Amtmann Johann Goßmann wird ermordet

Der am 30. März 1618 von Graf Ernst auf seinem Stammsitz Bückeburg ausgestellte Haftbrief schildert den Hergang der Ereignisse auf eine für das Zeitalter typische drastische Weise. Demnach griffen die aus Jena zurückgekehrten Söhne Johan Eberhart und Wilcken Stedingh in die Auseinandersetzung zwischen ihrem Vater und Gossmann ein. Die Situation hatte sich so verschärft, dass die Mutter ihre Söhne zu beruhigen und vom Ort des Streites wegzuführen versuchte. Über die folgenden Ereignisse heißt es im Haftbrief:

> „... unter deßen aber weill dickerwehnter unser Amptmann nach seinen Wagen sich begeben wollen, und Er ungefehr 8 oder 9 schritt biß an daß Gewölb in der Platz kommen, entreist sich Elter Johan Eberhart, der den deß Amptmanns ansichtig worden der Mutter, ergreift einen Bandt Degen oder halbe Cortelasche, welche Ihm der Junge nachgetragen, und springt unter dem Gewölb herfür in geschwinder eyll ohn einigeß zu Sprechen Zu dem Amptman ein, der sich doch keines Ubelß versehen, Und nachdem Er Ihm in einem strich meuchlings die Gurgell gantz wegkgehauen, bringt denselben vom Leben Zum Todte. Darauff die Thäter von ermelten Drosten nicht alleine in Kerkerhafft genommen wie Ihme solcheß ohn ansehen deß Nahen geblütts Vermüge Aydt Und pflichte abgelegen, sondern wie die entritten auch keine Nach Jagt von Ihm Zu wercke gerichtet..."[45]

Der Haftbrief warf Johann Stedingh vor, die Tat seiner Söhne nicht verhindert und seine Söhne nach der Tat nicht ordnungsgemäß verfolgt zu haben. Dass Wilcken sich noch vor dem Anschlag im Stall erkundigt habe, ob die Pferde in Bereitschaft gehalten würden, wertete Grad Ernst als Beleg für die Vorsätzlichkeit der Tat. Vater Johann Stedingh wurde aus dem Dienst entlassen.
Die Grafschaft Holstein-Pinneberg wurde wiederholt in die Kriegswirren hineingezogen. Doch wann wo welche kriegerischen Auseinandersetzungen auf dem Territorium der Grafschaft stattgefunden haben, ist außerordentlich schwierig zu rekonstruieren. Von Vorkommnissen in einem Ort Verallgemeinerungen abzuleiten, ist nicht zulässig; die Angaben in der älteren heimatgeschichtlichen Literatur müssen mit einer gewissen Skepsis betrachtet werden. Gesichert ist, dass die Grafschaft 1627 in den Strudel der Ereignisse gerissen wurde. Einquartierungen dänischer Truppen[46] in den vorangegangenen beiden Jahren hatten offenbar zu einer drastischen Verknappung der Lebensmittel geführt. Um die Truppenzusammenziehungen des dänischen Königs Christian IV. zu unterbinden, zogen kaiserliche Heere im Spätsommer in die Grafschaft ein. Kein Geringerer als Johann Tilly belagerte im September 1627 das Schloss Pinneberg. Dabei wurde er am 11. September durch einen Schuss in die linke Wade verletzt.[47] 1628 wurde Krempe von kaiserlichen Truppen belagert und schließlich eingenommen, im April 1629 setzte ein in Pinneberg stationierter Oberst Haseldorf in Brand und zerstörte die Befestigung in Haselau. Nach dem Friedensschluss von Lübeck im Mai 1629 wurden alle Einquartierungen aus der Grafschaft abgezogen. 1638 wurde sie von dänischen Truppen besetzt.
Mit dem Eintritt der Schweden wurde der norddeutsche Raum endgültig ein zentraler Kriegsschauplatz. Die Jahre zwischen 1643 und 1645 werden gelegentlich auch als Schwedenkrieg bezeichnet. Wedel wurde in dieser Zeit gebrandschatzt und geplündert. Ende April 1644 besetzten dänische Truppen Haseldorf und Haselau. Im gleichen Jahr zog General Helmold Wrangel in die Grafschaft ein, 1645 wurden nochmals die Schlösser der Haseldorfer Marsch besetzt.[48] Der Durchzug vieler etliche tausend Mann umfassenden Heere sorgte nochmals für eine anhaltende Lebensmittelknappheit. Relative Ruhe kehrte im Spätsommer 1645 nach dem Friedensschluss von Brömsebro zwischen Dänemark und Schweden ein. Der Dreißigjährige Krieg ging 1648 mit dem Westfälischen Frieden zu Ende, doch ein knappes Jahrzehnt später wurde die Grafschaft in die Nordischen Kriege hineingerissen.

Johann Rist: Ländliche Idylle und welthaltige Literatur

Mitten in den Dreißigjährigen Krieg fallen zwei Daten, die für die Wedeler Geschichte eine besondere Bedeutung haben. Zum einen ging der Großteil der Grafschaft, darunter auch das Amt Hatzburg, mit dem Tod des letzten Schauenburger Grafen Otto VI. im Jahre 1640 an den dänischen König über. Für Wedel begannen damit 224 Jahre direkter dänischer Herrschaft. Zum anderen kam 1635 ein junger Theologe als Pastor nach Wedel, der mehr als 30 Jahre die kleine Landpfarre versehen sollte, obwohl er weit über sie hinausreichende persönliche, wissenschaftliche und literarische Interessen pflegte: Johann Rist.

Johann Rist wurde am 8. März 1607 als ältester Sohn des Pastors Johann Caspar Rist in dem Bauern- und Handwerkerdorf Ottensen bei Altona geboren. Ottensen gehörte zu diesem Zeitpunkt zur Grafschaft Holstein-Pinneberg. Der Vater nahm entscheidenden Einfluss auf den Werdegang des Sohnes: Johann Rist erhielt zunächst Privatunterricht im Elternhaus und folgte seinem Vater nicht nur in der Wahl des Berufs - das Theologiestudium galt im 17. Jahrhundert noch immer als der kürzeste Weg zu einem Gelehrtendasein -, sondern profitierte auch von dessem umfangreichen weltlichen Wissen. So führte Johann Caspar, der neben dem geistlichen Amt auch die Leitung einer Krankenheilanstalt inne hatte, seinen Sohn in die Botanik ein und ließ ihn Bücher anlegen, die die lateinischen Namen und die Heilwirkungen der Pflanzen verzeichneten. Die Beschäftigung mit Heilkräutern begleitete Rist sein ganzes Leben hindurch; 50 Jahre nach den Jugenderlebnissen bildete der große Apothekergarten am Wedeler Pfarrhaus ein wiederkehrendes Motiv seiner letzten Schriften.

Rists Bildungsweg

Das vom Vater erworbene Wissen baute Johann Rist systematisch aus. Nach dem Besuch der Hamburger Gelehrtenschule und des Gymnasium Illustre in Bremen bezog er die Universität von Rostock. Er studierte dort nicht nur Theologie, sondern auch Natur- und Arzneiwissenschaften. Weil der Universitätsbetrieb infolge der Kriegsereignisse 1628 zum Erliegen kam, wechselte Rist an die Universität von Rinteln; später scheint er einige Zeit in Leyden verbracht zu haben.[1] In diesen Jahren widmete er sich auch Jura- und Sprachstudien. Zu Beginn der 1630er Jahre scheint er sich zumindest zeitweilig auch in Hamburg aufgehalten zu haben. Aus dem Jahr 1630 sind die früheste belegte Aufführung seiner Tragikomödie „Irenaromachia" und deren Drucklegung bekannt. Typisch für junge Theologen, die auf eine Anstellung warteten, war eine Tätigkeit als Hauslehrer. In dieser Eigenschaft war Rist 1633/34 in Heide/Dithmarschen tätig.

Im Jahr 1635 bewarb sich Johann Rist erfolgreich um die Stelle des Pfarrers in Wedel. Im gleichen Jahr heiratete er Elisabeth Stapel, die Schwester seines Jugendfreundes Ernst Stapel. Dessen älterer Bruder Franz wiederum war als Amtmann in Pinneberg tätig. Von ihm sind zahlreiche Briefe und Dokumente über die Folgen des Krieges in der Grafschaft bekannt.[2] In jenem Jahr war Wedel

Pastor in Wedel

ein Dorf von nicht einmal 1000 Einwohnern, dessen überregionale Bekanntheit auf den Ochsenmarkt zurückging. Für den jungen Johann Rist jedoch erwies sich der Ort als ideal: Nicht übermäßig beansprucht von der seelsorgerischen Arbeit, blieb ihm genug Zeit, seinen breit gefächerten Interessen nachzugehen. Zweckmäßig dafür war die Nähe der zu dieser Zeit schon großen Stadt Hamburg; sie bot ihm zahlreiche Anknüpfungsmöglichkeiten für politische, wirtschaftliche und kulturelle Verbindungen. In der Nähe fanden sich außerdem mit Buxtehude, Stade und Glückstadt kleinere Städte, in denen ebenfalls Gebildete und Gelehrte wohnten. Buchdrucker fand Rist in Hamburg, Glückstadt und Lüneburg. Dass er wie erwähnt mit der weltlichen und darüber hinaus auch mit der geistlichen Obrigkeit der Grafschaft auf freundschaftlichem Fuße stand, machte die Sache nur angenehmer für ihn.

So ist es nicht verwunderlich, dass Rist von 1635 an bis zu seinem Tod 1667 in Wedel blieb. Von 1636 an erschienen in schneller Folge zahlreiche Werke: Bücher mit weltlicher oder geistlicher Lyrik, Schauspiele, Sammlungen von Andachten sowie literatur- und gesellschaftskritische Werke. Beruflichen Ehrgeiz entwickelte er nicht; viel wichtiger waren ihm Ruhm und Wirkung auf literarischer Ebene.

In vielen Werken trat Rist als engagierter Gegner jeglichen Kriegs auf. Zu den bekanntesten Arbeiten gehören der „Kriegs und Friedens Spiegel" (1640) sowie die beiden Schauspiele „Das Friedewünschende Teutschland" (1647) und „Das Friedejauchtzende Teutschland" (1653), die den Dreißigjährigen Krieg und die nachfolgenden bewaffneten Auseinandersetzungen zum Hintergrund haben. Im „Friedewünschenden Teutschland" wird „Deutschland" im Gewand einer hochmütigen Fürstin portraitiert, die zuviele französische Sitten angenommen habe und sich allzu mächtig dünke. Merkur wirft ihr vor, Gott und das heilige Wort zu verachten, keinen Rat annehmen zu wollen und nur Krieg im Sinn zu haben. Als der personifizierte Friede die aufgebrachte Dame „Deutschland" darüber zu beruhigen versucht, wird er des Hofes verwiesen. Der Friede bedauert diesen Verweis bei sich mit der Bemerkung, der Umgang mit fremden Völkern werde ihm nicht gut tun. Von den anderen Nationen wird „Deutschland" verraten und besiegt. Auf Merkurs Anraten wird das erschöpfte und selbstmitleidige „Deutschland" bei Gott um Buße und Friede vorstellig. Als Gott die Bitte erhört, stimmt „Deutschland" ein Preis-Lied auf Gott an.[3]

Rist als Kriegsgegner

In der Klage des Friedens über die Vertreibung aus Deutschland klingt noch ein anderes Motiv an, das bei Rist immer wieder auftaucht, wenn es um Deutschland geht: die vehemente Kritik an ausländischen, insbesondere französischen Sitten und Zuständen. So heftig Rists Kritik an Deutschland auch immer wieder ausfiel - Frankreich ist Deutschland Rists Ansicht nach noch allemal überlegen. Die schärfste Kritik, die Deutschland sich gefallen lassen muss, ist der Vorwurf, zu viel höfisches Getue übernommen und zuviele französische Brocken in die eigene Sprache eingeführt zu haben, weil man das für vornehm gehalten habe. Besonders polemisch wird dieser Topos in „Rettung der Edlen Teutschen Hauptsprache" (1642) vorgetragen.[4]

Wegen ihrer Zeitgebundenheit und ihrer literarischen Schwächen sind diese Werke heute vergessen. In das Gedächtnis der Nachwelt ist der Dichterpastor vor allem ein-

Johann Rist: Ländliche Idylle und welthaltige Literatur 53

17   Johann Rist, geboren 1607 in Ottensen, übernahm 1635 das Amt des Pastors in Wedel.

18 *In vielen Werken zeigte sich Rist als engagierter Kriegsgegner. Das Titelkupfer des „Friedewünschenden Teutschland" spricht für sich.*

gegangen mit seinen lyrischen Arbeiten - mehr als 650 geistlichen und etwa 100 weltlichen Gedichten. Einige der geistlichen Lieder, darunter „O Ewigkeit, du Donnerwort" und „Ermuntre dich, mein schwacher Geist", finden sich bis heute in den Gesangbüchern.

Eine der bekanntesten Liedersammlungen trägt den Titel „Neuer Teutscher Parnass" (1652). Er verweist auf eine weitere Konstante in Rists Werk: An verschiedenen Stellen diente Wedel als Hintergrund oder Handlungsschauplatz. So findet sich auch der „neue Parnass" nicht etwa in Griechenland, sondern in Wedel.

Der Parnaß von Wedel

„Es ist an diesem Ohrte, woselbst Ich gegenwertiger Zeit Mein Leben zubringe, ein Berg oder vielmehr ein lustiger Hügel bei dem bekanten Haven Schulou, an das Dörfflein Lyth stossend, nahe an dem Elbefluß gelegen, welchem Ich schon für etlichen Jahren schertzweise den Namen Parnass gegeben, den Er auch biß auff diese itzige Stunde hat behalten und wird Ihme dieser Name... vielleicht auch wol verbleiben..."

In seinem Vorbericht geht der vielfältig gebildete und belesene Rist auf das griechische Vorbild ein - um gleich klarstellen zu können, dass er sich nicht etwa für den

19 Drei Freunde auf dem Wedeler Parnaß: Links Johann Schop, Hamburger Ratsgeiger und Melodist des Wedeler Pastors, in der Mitte Rist selbst und rechts der Hamburger Ratslautenist Bonaventura Füllsack.

Apoll des 17. Jahrhunderts „und folgends für das Haubt aller anderer itzlebenden teutschen Dichter" halte. Vielmehr habe er jenem „dermahssen von den Leuten abgesondert" gelegenen Hügel den Namen Parnass gegeben, weil er dort viele Anregungen bekommen und zahlreiche Lieder zu Papier gebracht habe.
Doch Rist erwähnt den Berg nicht nur, er beschreibt ihn auch ausführlich:

„Dieser Hügel scheinet mit Fleisse also aufgeworffen und erhaben sein, wie den solches seine Ründe nebenst dem gemacheten Umgange oder schmahlen Wege sattsahm bezeugen... Dieser Berg nun ist rund ümher mit schönen grossen Eichen zwischen welchen auch kleinere, als wilde Apfelbäume, Haselstürden, Erlen und dergleichen Stauden stehen, gahr fein besetzet, welche bei heissen Sommertagen einen anmüthigen Schatten machen und die Jenige so droben sitzen, für den Strahlen der Sonnen zimlichermassen befreien."[5]

Besondere Erwähnung findet die Aussicht von dem Hügel, das meiste Vergnügen scheint Rist der Schiffsverkehr auf der Elbe gewährt zu haben.
Rist beschreibt seinen Musen-Hügel so ausführlich, dass es über die Lokalisierung des Parnass eigentlich keine Zweifel geben kann. Es handelt sich um den Berg unmittelbar am Elbufer etwas östlich des Fährhauses, an dessen Fuß heute der Wanderweg einen nahezu rechten Winkel beschreibt und der hier von einer weißen Mauer eingefasst wird. Auf dem Berg steht ein mehrstöckiges Backstein-Gebäude, von alten Bäumen beschattet.
Dennoch haben sich - vor allem im 19. Jahrhundert - zwei Interpretationen nebeneinander gehalten. Zwei um die Wende vom 18. zum 19. Jahrhundert erschienene Landesbeschreibungen erwähnen den Berg, lokalisieren ihn aber nur ungefähr. In Boltens „Auszug aus den Historischen Kirchen-Nachrichten" (1790) heißt es: „Ein Hügel darneben [= neben dem Hafen] ward von Johann Rist sein teutscher Parnass genannt, weil er seine mehresten Lieder auf demselben geschrieben..." Das scheint auf die beschriebene Erhöhung zu deuten. Ganz anders liest es sich in der „Topographie der Herzogthümer Holstein und Lauenburg" (1854) von Schröder:

„Ein in Schulau an der Elbe liegender Hügel, der Rollberg (58 Fuß hoch) mit einem Landhause, von dem man eine reizende Aussicht über die Elbe hat, ward von dem Dichter Johann Rist, der 1667 in Wedel starb, der deutsche Parnaß genannt. Vormals war auf diesem Hügel ein Telegraph errichtet."[6]

Diese Interpretation wurde noch im 20. Jahrhundert wiederholt aufgegriffen. Spätestens durch die Chronik von Thode hätte man es aber besser wissen können: „An Rist erinnert der noch jetzt 'Parnaß' benannte Hügel am Elbufer in Schulau (jetzt mit einem Wirtshause bestanden), der von ihm den Namen hat." Thode berichtet weiter, der Hügel sei „vor einigen Jahren beim Bau eines Tanzsalons abgetragen" worden.[7] Gemeint war damit das Etablissement „Zum Parnass". Tatsächlich ist anzunehmen, dass der Hügel zu Rists Zeiten sehr viel ausgedehnter und vielleicht auch noch etwas

20 Um die Wende zum 20. Jahrhundert befand sich auf dem Steilufervorsprung das Restaurant und Tanzlokal „Zum Parnass".

höher war. Ansichtskarten der Jahrhundertwende lassen noch erkennen, dass das Ufer steiler und höher lag.

Der „lustige Hügel" ist bei weitem nicht die einzige Wedeler Örtlichkeit in Rists Werk. Zeitweiliger Schauplatz der „Monatsgespräche", gelehrter Unterhaltungen mit Mitgliedern des Künstlerzirkels „Elbschwanenorden", ist Rists großer Apothekergarten am Pastorat. Nach und nach werden in den Gesprächen alle Pflanzen und Blumen des Gartens und ihr jeweiliger Nutzwert dargestellt. Die Kirche selbst findet schließlich Erwähnung anlässlich eines Unwetters, in dessen Verlauf der Turm einstürzte. Das Buch „Holstein vergiss eß nicht" (1648) beginnt, wie im Barock üblich, mit einer Übereignungsschrift und einem Vorbericht an die Leser sowie einer Reihe von Widmungen von Rists Freunden und Kollegen, darunter die (heute bekannteren) Autoren Georg Philip Harsdörffer und Philip von Zesen. Das eigentliche Gedicht besteht aus 800 Versen, denen umfangreiche Sacherläuterungen folgten, wie sie schon zuvor Rists großes Vorbild Martin Opitz nach niederländischem Beispiel seinen didaktischen Gedichten beigegeben hatte.

Das Unwetter von 1648

Knapp 30 Verse berichten vom Einsturz des Wedeler Kirchturms:

Eß brauste dergestalt / alß ob das wilde Meer
Unß Menschen grimmig zu verschlingen ganß begehr

O Jämmerliche Nacht! Mein Freund der kahm mit Schrekken
Gesprungen zu mir an / dort / sprach er / auf der Ekken
Geschicht ein grosser Fall / wer sagt mir was es sei?
Ich glaube gäntzlich Herr / der Himmel brech' entzwei?

Ei / sagt' ich seid getrost / Gott wird uns wol erhalten
Ihn wollen wir allein in Nöhten lassen walten
Den seine Güth ist groß / die plötzlich helffen kan /
Auff! laßt uns abermahl Ihn kniend ruffen an

Kaum hatt' Ich dis gesagt / da komt ein Mann gelauffen /
Der schreiet liebster Herr / da liget über hauffen
Ach unser Gottes Hauß! Ach unsers Flekkens zier
Die wolerbaute Spitz! Ach gehet doch herfür.

Und seht den Jammer an! Ach Herr wir sind verlohren!
O du getreuer Gott sind wir dazu gebohren
Mit Furcht zu schauen itz den Untergang der Welt /
Wozu der höchster Gott hat diese Nacht bestelt?

Wir lieffen all hinzu den schweren Fall zu sehen /
Daß Wetter aber lies uns nicht so lange stehen /
Der Sturm war viel zu stark auch hat die finstre Nacht
Zu schauen diese Noht / uns hinderniß gebracht

In solcher Hertzensangst / in solcher Furcht und Beben
Ermahnt' Ich: Last uns Händ' und Hertz zu Gott erheben /
Vieleicht erhört Er uns in dieser SterbensNoht
Und gibt uns vätterlich das Leben für den Tod.[8]

Mit dieser und anderen dramatischen Szenen aus der Sturmnacht wollte der Autor seinen Lesern ins Gewissen reden: Sturm, Gewitter und Flut werden als Strafe Gottes für das sündhafte und unbußfertige Verhalten seiner wichtigsten Schöpfung, des Menschen, interpretiert. Die bibelfesten Menschen jener Zeit werden zweifelsohne sofort an das erste Buch Mose gedacht haben.
In die „Monatsgespräche" nahm Rist eine Vielzahl von Realien des täglichen Lebens auf, die anderen Autoren keine Erwähnung wert waren. Zugleich breitete er in ihnen vor allem sein weltliches Wissen über Pflanzenzucht, neueste Literatur, optische Ex-

perimente und zahllose andere Gegenstände aus. Aus diesem Wege sind ihnen Details aus dem Alltag des späten Rist zu entnehmen. Schon im Laufe seines Studiums hatte Rist das Experiment als Grundlage wahrer Erkenntnis kennen gelernt. Aller geistlichen Lehre zum Trotz - dazu passt Rists Neigung zum Synkretismus - ging er weiter auf diesem Weg und stellte in der heimischen Studierstube allerlei Versuche an. So berichtet er beispielsweise davon, wie er sich das Gift einer Schlange aus den Holmer Sandbergen zunutze gemacht habe, um eine Arznei gegen Tollwut herzustellen.[9] An anderer Stelle erzählt er, dass er sich eines der neuentwickelten Fieberthermometer habe anfertigen lassen, als dessen Erfinder zu Besuch in Hamburg war. Ferner berichtet er von einem Fernglas, mit dem er die Sterne beobachtet habe.[10]

Experimentierfreude

Nach den Maßstäben des 17. Jahrhunderts war Johann Rist ein außerordentlich erfolgreicher Mann: Als Pastor befand er sich in gesicherten Lebensumständen, als Dichter fand er zu Lebzeiten viel Anerkennung. Durch den Erfolg als Autor kam er in Kontakt mit Künstler-Kollegen und Fürsten aus dem ganzen deutschen Sprachraum - unter anderem waren König Friedrich III., der Komponist Heinrich Schütz und der Buchdrucker Matthäus Merian d.J. zu Gast in Wedel -, und mit dem Ruhm kam die Ehre: 1646 wurde er von Reichsgraf Hermann Czernin von Chudenitz zum Dichter gekrönt, 1653 wurde er von Kaiser Ferdinand III. zum kaiserlichen Hofpfalzgrafen erhoben. Damit erhielt er das Recht, selbst Dichter zu krönen und Doktoren zu ernennen - ein Recht, das er zum persönlichen Vorteil zu nutzen verstand.[11]

Wie erwähnt, konnten diese Auszeichnungen nicht verhindern, dass der größte Teil seines - auch für Barock-Zeiten ungewöhnlich umfangreichen - Werkes in Vergessenheit geriet. Schon im 18. Jahrhundert kam Rist in den Ruf gehaltloser Vielschreiberei. In der Musikgeschichte hat er hingegen einen festen Platz als Anreger der Hamburger Liedschule des 17. Jahrhunderts.

Aus der Ehe des Privatmannes Rist mit Elisabeth Stapel gingen fünf Kinder hervor, von denen zwei früh starben. Im August 1662 starb Elisabeth Rist. Zwei Jahre danach heiratete Rist ein zweites Mal: Anna Hagedorn, die Witwe eines Freundes. Diese zweite Ehe blieb kinderlos. Rist starb am 31. August 1667 nach längerer Krankheit. Seinem letzten literarischen Werk ist diese Todesgewissheit schon eingeschrieben. Sein Sohn Johann Caspar wurde sein Nachfolger als Seelsorger an der Wedeler Kirche.

Zweimal wurde Rist auch persönlich ein Opfer des Krieges: 1644 und 1658/59 wurde das Pastorat mit allen Manuskripten, Büchern und naturwissenschaftlichen Instrumenten verwüstet. Zerstört wurde dabei auch der erwähnte große Garten.[12]

Die Kirchen von Wedel

Wann genau die erste Kirche in Wedel errichtet wurde, ist nicht bekannt. In seinem „Auszug aus den Historischen Kirchen-Nachrichten" (1790) berichtet Johann Adrian Bolten, dass um 1311 eine Kirche mit einem hölzernen Turm gebaut worden sein soll; exakte Angaben zu seiner Quelle macht er allerdings nicht. Sie war dem heiligen Ansgar geweiht, an den bis heute die Ansgariusstraße und der Scharenberg in der Marsch erinnern. Es ist möglich, dass mit dieser Kirche die Kapelle an der Hatzburg gemeint war. Ob es schon davor oder darüber hinaus eine Kirche am heutigen Standort gab, geht aus diesen Angaben nicht eindeutig hervor. Belegt ist allerdings eine Quelle, nach der der Wedeler Pastor 1347 über ein Einkommen von 56 Lübsche Mark verfügte.[13]

Bolten berichtet, dass diese erste bekannte Kirche 1612 durch ein Feuer zerstört wurde. Schuld daran soll der Organist gewesen sein, der die aus der Orgel entwendeten Pfeifen auf dem Altar schmelzen wollte. Im folgenden Jahr wurde die Kirche errichtet, die der junge Johann Rist 1635 übernahm. Im Zuge des Unwetters, das am 14. Februar 1648 in ganz Schleswig-Holstein erhebliche Schäden anrichtete, stürzte der Turm ein. Wie erwähnt, berichtete Rist in „Holstein vergiss eß nicht" von diesem Unwetter. Der Turm wurde noch im gleichen Jahr wiedererrichtet.

Dass die Kirche an der Hatzburg zumindest im 17. Jahrhundert nicht mehr zugleich die Kirche für den Ort war, geht aus der königlichen Verordnung von 1655 hervor, nach der die Pfarrstelle „Commenda in Capella St. Anscharii in arce Hazeburg genannt, durch tödtlichen Hintritt Adolphen Johannis Langemann, zur Vacantz geraten" sei.[14] Der König ordnete an, dass der Dienst künftig von dem Pfarrer in Wedel versehen werden solle.

1684 brannte der Kirchturm erneut nieder, diesmal infolge eines Blitzschlages. Die Kirche blieb von dem Feuer verschont. Ob sofort ein neuer Turm errichtet wurde, ist nicht bekannt; einen Beleg für einen Turm gibt es erst in einem Totenprotokoll aus dem Jahr 1742. Im Jahr 1762 wurde dieses zweite Gotteshaus wegen Baufälligkeit abgerissen.

Zwischen 1762 und 1770 wurde die dritte Kirche gebaut, die größer als ihre Vorgängerinnen war. Wegen des daher vergrößerten Reinigungsaufwandes beantragte der damalige Organist und Lehrer Kölle eine Zulage, die ihm auch gewährt wurde. Während dieser Zeit wurde der Gottesdienst laut der Chronik von Thode im Haus von Johann Kleinwort abgehalten.

21 Es bleibt Vermutung, ob dieses Titelkupfer eines Buches von Johann Rist tatsächlich das Innere der Wedeler Kirche zu seinen Lebzeiten zeigt.

Anders als bei den vorangegangenen Brandkatastrophen wurde 1837 auch die Kirche ein Opfer der Flammen. Erhalten blieb nur die alte Ringmauer. Auf dieser wurde die vierte Kirche errichtet, die der Gemeinde bis 1943 diente. Thode kommentiert den Bau in seiner Chronik:

> *„Die jetzige Kirche verleugnet die Zeit ihrer Erbauung nicht, sie ist in einer Zeit gebaut, wo man von Kirchenbau wenig oder nichts verstand. Haupt sagt in seinem Buche 'Die Bau- und Kunstdenkmäler der Provinz Schleswig-Holstein': 'Sie ist ein traurig-nüchterner Bau mit hübschem gotischgehelmtem Turm', und das ist sie in der Tat: überaus nüchtern; den Altarbau nennt Haupt mit vollem Recht 'übermäßig häßlich'."* [15]

Nicht abwegig, dass Thode mit diesen Worten seinen Kirchenoberen einen deutlichen Hinweis geben wollte. Schließlich entstand die Chronik einzig aufgrund einer Konsistorialverfügung...

Von der Handelsstation zum eigenständigen Ort

Ein Jahrhundert der Katastrophen

Als ob der Dreißigjährige Krieg mit seinen Plünderungen, Brandschatzungen und Drangsalierungen nicht schon genug gewesen wäre, mussten die Menschen in den Ortschaften an der Elbe im Herbst 1634 auch noch mit einer der höchsten Sturmfluten der Geschichte fertigwerden. Die „Zweite Manndrenke" vom 11. Oktober richtete vor allem an der Nordseeküste große Schäden an und kostete vermutlich etwa 8500 Menschen und 50 000 Stück Vieh das Leben. Schon bei halber Flutzeit stieg das Wasser über die Deiche. Auch in den Elbmarschen richteten die Wassermassen große Schäden an; exakte Angaben für Wedel fehlen allerdings.

Zwei Jahre nach dieser verheerenden Flut beauftragte König Christian IV. seinen Statthalter Rantzau in der Vogtei Haseldorf mit der Wahrnehmung der Deichoberaufsicht. Aber erst 1650 konnte eine Deichordnung für den „Haseldorf-Haselauer Deichband" erlassen werden. Sie lehnte sich vor allem hinsichtlich der Pfändung im Fall der versäumten Deichunterhaltung und der Nothilfe an die Vorschriften der Süderdithmarscher Deichordnung an. Die Ordnung von 1650 gewährt einen Überblick über den Stand der Bedeichung und bestätigt die Selbstständigkeit der Marschbewohner in Deichangelegenheiten.

In dieser Zeit wurde die bedeichte Marsch des Haseldorfer Gutes nach Osten hin erweitert. Die Anregung zur Neubedeichung ging von dem damaligen Gutsherren Detlev von Ahlefeldt aus. Er schlug dem König Friedrich III. eine Deichlinie von Haseldorf über Hetlingen nach Wedel vor, die auch das zur königlichen Herrschaft Pinneberg gehörende Vorland einschließen sollte. Weil einige Einwohner von Holm und Wedel als Eigentümer eines Teils der Vorlandflächen beim Amtmann in Pinneberg gegen diesen Plan Stellung bezogen, berief der König eine Kommission zur Prüfung. Diese gab ein positives Urteil über den Plan ab, aber die Wedeler und Holmer blieben bei ihrer Ablehnung. Sie argumentierten, dass ihr Anteil am Vorland durch die Bedeichung nicht verbessert, sondern weiterhin nur zur Heugewinnung nutzbar sein werde.[1] Daraufhin wurde eine Enteignung ins Auge gefasst, aber dazu kam es nicht. Schließlich wurde nur ein Teil des Plans umgesetzt.

Mit dem Ende des Dreißigjährigen Krieges 1648 zog noch lange kein Friede in Norddeutschland ein. Dänemark und Schweden waren in den 1650er Jahren in neue Auseinandersetzungen um die Vorherrschaft in der Region verwickelt. In den Jahren 1657/58 kam es wiederum zu Einquartierungen und Plünderungen. Im August 1658 griffen die Schweden die Häuser von Haseldorf und Haselau sowie die Bauernstellen in der Marsch an.

Als Reaktion auf die schwedischen Angriffe vom Südufer der Elbe aus regte Detlev von Ahlefeldt eine Befestigung der Elbinseln vor dem Nordufer an. Feldmarschall Ernst Albrecht von Eberstein besetzte daraufhin den Hetlinger Sand und errichtete eine provisorische Verteidigungsanlage. Nach dem Friedensschluss von 1660 war sie dem Verfall preisgegeben. Jedoch bestand auch in den folgenden Jahrzehnten immer noch eine Gefahr durch die Schweden. Im Jahr 1672 erteilte König Christian V. daher Order für den Bau einer festen Verteidigungsanlage. In nur fünf Monaten errichteten 400 Soldaten auf dem Hohen Sand die Hetlinger Schanze. Kriegerische Auseinandersetzungen blieben die Regel: Im Winter 1675/76 kam es zu einer Reihe von Gefechten zwischen Dänen und Schweden; am 23. Februar 1676 gelang den Schweden sogar ein Einfall in die Haseldorfer Marsch. Noch im Nordischen Krieg von 1700 bis 1712 leistete die Schanze den Dänen gute Dienste im Kampf gegen die Schweden.

Das 17. und das 18. Jahrhundert waren darüber hinaus auch die Zeit der großen Seuchen. Johann Rist berichtet, dass während des Zweiten Schwedenkrieges 1657/60 eine Epidemie in Wedel gewütet habe, der im Laufe von zwei Monaten in seiner Gemeinde mehr als 150 Menschen erlegen seien. Es kann nur vermutet werden, dass es sich dabei um die Pest handelte. Der erste verlässliche Bericht über die Pest in Wedel stammt aus dem Jahr 1712. Er geht zurück auf eine Notiz von Johann Gottfried Rist, eines Enkels von Johann Rist. Thode vermerkt in seiner Chronik, dass das erste Todesopfer eine gewisse Lucrezia Heinß war; ihr folgten ihr Mann, die Kinder mit Ausnahme einer Tochter und die Dienstboten. Im Winter 1712/13 erlosch die Epidemie.

Die größte Katastrophe, die Wedel nach dem Dreißigjährigen Krieg erlebte, war aber wohl der Brand von 1731, der große Teile des heutigen Alt-Wedel in Schutt und Asche gelegt und viele Einwohner um ihren Besitz und ihren Beruf gebracht hat. Über die Bemühungen zum Wiederaufbau des Ortes informieren erhaltene Akten; wie das Feuer ausbrach, das 167 Wohnhäuser vernichtete und neun Menschenleben forderte, blieb bislang jedoch unbekannt.

Brand von 1731

Wenige Tage nach dem Unglück vom 16. Mai 1731 fragte die königlich-dänische Verwaltung ihren Landdrosten in Pinneberg nach dem Ausmaß des Unglücks. Die Kopenhagener Beamten wollten wissen, „wie die sämmtlichen abgebrandten mit Nahmen heißen", und wie es zu dem Feuer gekommen sei; außerdem wurde angeregt, den Geschädigten zum Wiederaufbau „ohne ruin der dortigen Höltzungen" Bäume zukommen zu lassen. Um eine Feuersbrunst für die Zukunft zu verhindern, solle der Landdrost außerdem darauf achten, dass „die Scheunen ausserhalb des Fleckens gebauet" und die übrigen Häuser in größerem Abstand voneinander errichtet würden.

Der Landdrost antwortet, dass Holz nicht verteilt werden könne, ohne dass die vorhandenen Holzungen in ganz beträchtlichem Umfang zum Wiederaufbau herangezogen würden. Auf die Anregung, Geld auszuzahlen, antwortete er am 12. Juni 1731:

„*Wenn aber denen verunglückten Wedelern es an nichts so sehr als am Benöthigten Holze mangelt, angesehen man hiesiger Orten für Geld nichts Bekommen kan; auch überdem die Zeit nicht verstattet, Von entlegenen Orten etwas Herbey zu schaffen und gleichwohl von Nöhten ist, daß der Bau ohne Anstand angefangen und mit Macht fortgesezzet werde...*",

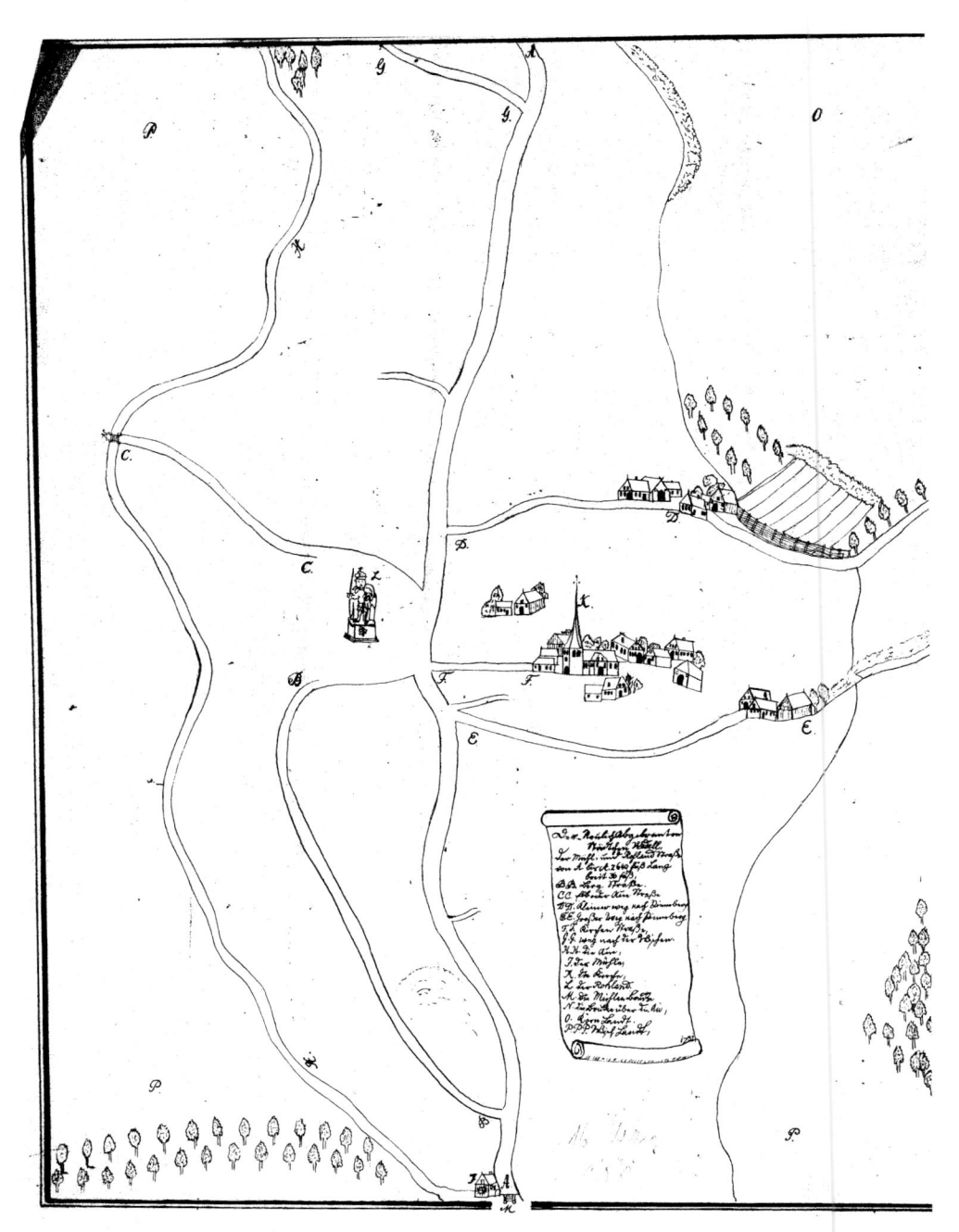

22 Zu den Unterlagen der Drostei gehörte diese Karte, die die Schäden des Brandes von 1731 verzeichnete. 167 Häuser wurden von dem Feuer vernichtet, einige Gebäude an der Kirche und das Gotteshaus selbst blieben verschont.

solle man die Wedeler doch mit Bäumen bedenken wie letzthin „die abgebrandten Lockstädter".
Beigefügt wurde zugleich eine wenige Tage zuvor von dem „hiesigen Beeydigten Zimmermeister Ernst Rechter" aufgestellte „Specification. Was zu Wiederaufbauung derer in Wedell abgebrannten Wohnhäußer (ohne derer kleinen Häußer und Scheunen) an Bäume, à Fach 1/2 Baum gerechnet, ohnumgänglich" erforderlich sei. Aufgeführt wurden darin 79 Geschädigte mit einem Gesamtbedarf von 289 1/2 Bäumen.
Bereits vom 31. August 1731 datiert eine weitere „Specificatio derer abgebrandten Einwohner in dem Flecken Wedell, welche ihre Häußer bereits würcklich aufgebauet und dahero das, von Ihro Königl. Maytt nach Größe der Höfen, statt des allerunterthänigst gebetenen Bauholtz... allergnädigst bewilligte Geld zu genießen haben..." Es ist nicht wahrscheinlich, dass die Häuser der 61 genannten Wedeler wieder vollständig standen, aber um schnellen Wiederaufbau scheint man sich doch bemüht zu haben. „Dass diese vorspecificirte Wedeler abgebrandte Eingeseßene hinwieder von neuem gebauet, und ihre Häußer würcklich aufgeführt stehen haben...", dafür verbürgte sich der Kirchspielvogt Lütjohann. Nun, Kopenhagen war weit...
Überhaupt lässt der Schriftwechsel viel taktisches Raffinement erkennen: In Pinneberg war man bestrebt, möglichst die meisten Lasten Kopenhagen tragen zu lassen, und von dort wurde der Ball zurückgespielt. Indessen scheint Kopenhagen die liberalere Haltung eingenommen zu haben. Weder wollte die königliche Verwaltung einen Aufsichtsbeamten entsenden, noch den Wedelern vorschreiben, ihre neuen Dächer mit Ziegeln statt mit Stroh zu decken.
So haben sich die Wedeler offenbar auch in der noch 1732 offenen Frage nach dem Standort ihrer Scheunen durchgesetzt. Der Landdrost übermittelte die Argumente für die traditionelle Zusammengehörigkeit nach Kopenhagen:

„1. Weil eine so weite Entfernung der Scheunen von ihren Häusern eine alzu große Unbequemlichkeit und Mühe mit sich führe. 2. Weil alles dasjenige, was sie in die Scheunen alsdann Bringen würden, denen Dieben und andern losen Leuten zu ihrem Muhtwillen exponirt stünde."

Eingesetzt hat sich der Drost auch für einen zeitweiligen Erlass aller Abgaben, und auch hier zeigte sich Kopenhagen kompromissbereit. Pinneberg fasste die dänischen Vorschläge dahingehend zusammen,

„daß ihnen [= den Wedelern] *keine andere praestanda, als die Contribution, Magazin-Korn, Heu und Stroh nebst den Erdbuchs-Herrn= auch Hatzburgischen Dienstpflichtgeldern, nachgelassen werden könten, die anderen abgifften aber, als Häuer= Zoll= Accise= Pacht= Recognitions= und Hamburgische Postirungs=Gelder it: die Fuhren und Handdienste nicht zu remittiren* [= vermindern] *stünden..."*

Die Pinneberger Beamten teilten die Brandgeschädigten in vier Klassen,

> *„... in der ersten die Brauer und Handwercker; in der 2ten diejenigen, so vor sich ohne Brauen und Handwerck in guten Stande sind; in der 3ten die von mittelmäßigem Vermögen, und in der 4ten die in ganz schlechten Etat sich befinden..."*

Während die beiden ersten Klassen mit der vereinbarten sechsjährigen Steuerstundung zurechtkämen, würden „... die dritten und 4ten aber ohne Ihro königl. Maytt kräfftigsten Beytritte nicht wohl wieder auf die Beine kommen können."
Weniger Glück hatten die Wedeler mit den Brand-Gilden, die als Versicherungsgemeinschaften auf Gegenseitigkeit zu bezeichnen wären. Sie wehrten sich lange und teilweise erfolgreich gegen eine finanzielle Hilfeleistung, denn die Regulierung eines so großen Schadens hätte sie in ihrer Existenz bedroht. So sah sich der König genötigt, in einigen Fällen die Auszahlung von Geld anzuordnen.
Der letzte erhaltene Brief, datierend vom 8. Januar 1735, erließ den Wedeler Bierbrauern für ein Jahr die Bieraccise, sicherlich sehr zur Freude der Brauer – hatte doch der hamburgische Staat ausgerechnet im Unglücksjahr den Einfuhr-Zoll für das beliebte Wedeler Bier empfindlich angehoben.[2]

Wedel lebt von der Landwirtschaft

Ein wichtiges Faktum der Wedeler Geschichte geht indirekt aus seiner Erwähnung in den Brandakten hervor. Die Tatsache, dass die dänische Verwaltung den Bau der Scheunen abseits der Wohngebäude vorschlug, lässt schon auf die rein quantitative Bedeutung der Landwirtschaft für das Dorf Wedel schließen. Übereinstimmend geht aus Unterlagen wie Schuld- und Pfandprotokollen oder Volkszählungslisten des 17., 18. und 19. Jahrhunderts hervor, dass Ackerbau und Viehwirtschaft die wichtigsten Erwerbszweige waren. Entsprechend hoch anzusiedeln ist die Bedeutung der Höfe, von denen aus die Arbeit geleistet wurde; von den Höfen her lässt sich aufgrund der genealogischen Verflechtungen sogar die Ortsgeschichte des 17. und 18. Jahrhunderts schreiben.[3] Die Hufe, der Landbesitz des Bauern, war die entsprechende Größen- und Besteuerungseinheit.
Zu den ältesten Höfen gehörte der Hoophof; das Zentrum der Hofstelle lag etwa auf dem heutigen Grundstück Bahnhofstraße 18. Sie wurde erstmals genannt in einer Urkunde des Jahres 1314 und gehörte um diese Zeit zu Wedel. In Urkunden des 17. Jahrhunderts wurde er als zu dem Dorf Lieth gehörig aufgeführt, doch sind aus dieser Zeit weder Größenangaben noch die Namen der Besitzer mit Sicherheit bekannt. Eine Eintragung im Hatzburger Amtsbuch erwähnt den Hof 1629 mit einem Wert von 1500 Mark Lübisch, was einen Rückschluss auf dessen Größe und Bedeutung erlaubt. Für 1684 werden sieben Scheffel Saatländereien, elf Fuder Wiesenland, fünf Pferde und drei Stück Rindvieh genannt. 1745 hat der Hof einen Verkaufswert von 2400 Mark.

23 Der Hoophof ist der älteste bekannte Wedeler Hof. Er wurde 1314 zuerst erwähnt. Die letzten Gebäude fielen dem Bombenabwurf von 1943 zum Opfer.

Der Hoophof und der schon in anderem Zusammenhang erwähnte Freihof waren bei weitem nicht die einzigen Hofstellen in Wedel. Allein um den Markt gruppierten sich im 16. und 17. Jahrhundert sieben Vollhöfe. Zu ihnen gehörte auch der Röttgersche Hof an der Austraße, dessen letztes Gebäude erst 1998 dem Neubau des Heinrich-Gau-Heims weichen musste. Wie viele Höfe es zu einem bestimmten Zeitpunkt in Wedel und Schulau gegeben hat, lässt sich nicht mehr sagen.
Durch ihre Lage an der Grenze von Marsch und Geest verfügten die Orte über unterschiedliche Böden mit den entsprechenden Bewirtschaftungsmöglichkeiten. Wie in der benachbarten Hetlinger Marsch wurden vor allem Roggen, Weizen und Gerste angebaut.

Alltagsszenen aus dem 18. Jahrhundert

Im 18. Jahrhundert nahm die Zahl von Dokumenten, die über die alltäglichen Verhältnisse unterrichten, kontinuierlich zu. Amtliche Protokolle und Schriftwechsel, Verordnungen oder auch Kirchenbücher gewähren einen Einblick in das Leben der Menschen.
Zu den kurioseren Unterlagen aus dem frühen 18. Jahrhundert gehört eine Entscheidung König Friedrichs IV., der einen Streit zwischen Musikern aus Altona einerseits

und den Vogteien Hatzburg und Ottensen andererseits schlichten musste. Die Entscheidung belegt, dass auch schon zu dieser Zeit handfest um materielle Interessen gerungen wurde. Der König ordnete an,

> „daß, wann und so ofte die Altonaische Stadt-Musicanten zur Aufwartung mit der Music auf denen in obbemeldeten beyden Vogtheyen, Hatzeburg und Ottensen, vorfallenden Hochzeiten, Kind-Taufen, oder anderen frölichen Zusammenkünften, gefordert und verlanget werden, sie... bey Verlust ihrer Privilegien, schuldig und gehalten seyn sollen, keine Hamburgische oder andere Fremde unter Königlicher Jurisdiction nicht gesessene Musicanten, sondern nur diejenige, welche zu Altona würcklich gesessen, zu gebrauchen, und jedesmahl, wo nicht beyde zugleich, dennoch einer von ihnen selbst dabey mit zu erscheinen, und wann etwa mehr Musicanten, als sie mitbringen, auf dem Lande verlanget werden, alsdann die Land-Spiel-Leute mit zu Hülfe zu nehmen..."[4]

Im frühen 18. Jahrhundert wurden die Reste der Hatzburg endgültig aufgegeben, nachdem Schloss Pinneberg schon mehr als 200 Jahre zuvor die Burg als Verwaltungszentrum der Grafschaft abgelöst hatte. Aus dem Jahr 1688 datiert ein Bericht von Hausvogt Carsten Grill, demzufolge sich die königlichen Gebäude in einem sehr schlechten Zustand befanden. Seit dem Jahr 1704 wurden die zur Burg gehörenden Ländereien nicht mehr langfristig an den Vogt verpachtet; ein amtliches Register belegt, dass das Saat- und Wiesenland in Erbpacht an die Einwohner von Wedel vergeben wurde.[5] Erwähnt wird in diesem Verzeichnis der „Platz hinter dem Voigteyhause", woraus geschlossen werden kann, dass die Gebäude zu dieser Zeit noch standen.[6]

Ein wichtiges Stichwort für die Alltagsgeschichte Wedels ist bei der Schilderung des Brandes von 1731 bereits gefallen. Um eine gerechte Verteilung des Holzes für den Wiederaufbau der Häuser vornehmen zu können, teilte der Pinneberger Drost die Brandgeschädigten in vier Klassen ein. In der ersten Klasse wurden die Brauer und Handwerker verzeichnet; sie, so argumentierte der Drost, seien so wohlhabend, dass die in Aussicht genommene sechsjährige Steuerstundung für die Neugründung der Existenz völlig

Brauwesen sichert den Wohlstand

24 Das Brauhaus, errichtet nach dem Brand von 1731, gehörte vor seinem Abriss 1980 zu den ältesten Gebäude der Stadt.

hinreichend sei. Bei den Unterlagen über die Brand findet sich eine Liste von 17 Bierbrauern und Krug-Pächtern; angeführt werden darin die klangvollen Wedeler Namen Heinsohn, Cordes, Breckwoldt und Oeding.

Dass das Brauwesen zu Beginn des 18. Jahrhunderts in Wedel heimisch wurde, geht aus einem Eintrag ins Totenregister aus dem Jahr 1740 hervor. Unter der laufenden Nummer 36 heißt es dort:

> *„Den 4. August ist öffentlich beerdigt: Frantz Buhrmeister, aus Wedel, welcher in Schulau, zur Lieth sonsten genannt, Anno 1675 gebohren, der Vater deßselbigen ist Marx, die Mutter Margaretha Buhrmeister gewesen. Er erlernte das Schneider-Handwerck, legte aber solches an die Seite. Er war der erste, welcher das Brau-Wesen alhier in Wedel in Schwange brachte und das Bier an andere Örter verführete, davon Wedel nachgehends so großen Nutzen gehabt."*[7]

Auch die Namen von Vater und Sohn Buhrmeister tauchen in der oben erwähnten Liste auf. Ob Frantz Buhrmeister wirklich der erste Wedeler Bierbrauer war, ist aber nicht ganz sicher; die Firmen-Chronik der „Roland-Kellereien" erwähnt, dass sich der 23jährige Brauer und Brenner Peter Heinsohn aus Horneburg im Alten Land bereits 1683 in Wedel niedergelassen und damit die 300jährige Firmengeschichte begründet habe.

Zu der Zeit, als der Ochsenhandel schon im Niedergang begriffen war, hat das Brauwesen Wedel seinen Wohlstand gesichert. Schnell erwarb sich das Bier auch außerhalb des Ortes einen guten Namen, vor allem in Hamburg. Ausgerechnet 1731, im Jahr des großen Brandes, wurde dem Begehr der Hamburger Brauer Rechnung getragen und die Einfuhr von Wedeler Bier mit einem hohen Zoll belegt. Wedel verstärkte daraufhin den Export nach Altona, und die Hamburger tranken dort ihr Bier. Als aber 1734 ein oldenburgisches Truppen-Werbekommando in Altona stationiert wurde, blieben die Hamburger aus Furcht vor der Werbung fern. Die Wedeler wandten sich nach dieser Häufung von Schicksalsschlägen an den dänischen König, der den Rückgang der Geschäfte auch selbst zu spüren bekommen hatte: Binnen kurzem waren die Einnahmen aus der Bieraccise von 9532 auf 8130 Reichstaler zurückgegangen und weiter im Sinken begriffen. In ihrer Existenz gefährdet waren von dem scharfen Vorgehen der Werber aber nicht nur die Wedeler Brauer, sondern auch die Altonaer Gastwirte.

Diese Zahlen lassen auf einen sehr umfangreichen Export schließen. Tatsächlich scheinen die Geschäfte so ertragreich gewesen zu sein, dass eigens ein sogenanntes Bierschiff zwischen Wedel und Hamburg oder Altona pendeln musste, um die Nachbarstädte mit dem Gerstegetränk zu versorgen. Parallel zum Braugewerbe wurde in Wedel auch die Branntwein-Brennerei betrieben. Hier waren nicht so sehr die nahegelegenen Städte die Abnehmer, sondern das ferne Norwegen. Außerdem scheint es einen lebhaften Schmuggel nach Niedersachsen gegeben zu haben; laut „Statistik des Handels, der Schifffahrt und der Industrie" aus dem Jahr 1835 wurden dort auf Branntwein hohe Steuern erhoben.[8]

25 An der Stelle des historischen Brauhauses wurde 1980 ein dem alten Haus nachempfundender Neubau aufgeführt.

Noch im 18. Jahrhundert scheint der Niedergang des Wedeler Brauereiwesens eingesetzt zu haben. Die eben erwähnte „Statistik" berichtet für die 1830er Jahre, dass das Bierschiff nicht mehr verkehre. Aber erst in den 30er Jahren des 20. Jahrhunderts beendete Heinrich Meyer die Tradition der Brauerei in der Rolandstadt.

Ein Handwerk der Küste: Reepschlägerei

Durch seinen Eintritt in den Dreißigjährigen Krieg hatte Schweden gehofft, bei der sich anbahnenden Neuverteilung der politischen Macht größeren Einfluss auf die Ereignisse im mitteleuropäischen Raum zu erlangen. Die Rechnung ist für Schweden nur teilweise aufgegangen: Immerhin gelang es dem Königreich, durch wiederholte Raub- und Kriegszüge den dänischen König immer wieder zu Reaktionen herauszufordern und seine Kräfte zu binden. Mehr als 70 Jahre konnte Schweden die sogenannte Gottorfer Frage - die Zugehörigkeit großer Teile Schleswig-Holsteins zu Dänemark oder ihr selbstständiger Bestand als schwedischer Bündnispartner und Aufmarschfeld von dessen Truppen gewissermaßen im Rücken Dänemarks - offen halten.
Mit wechselnden Bündnispartnern - zeitweilig standen die Schweden gemeinsam mit dem deutschen Kaiser einem dänisch-französischen Bündnis gegenüber - hatte

mal Dänemark und mal Schweden die Oberhand im Gottorfer Reststaat. Erst als nach einem Überfall auf Altona durch schwedische Truppen im Jahre 1713 das Doppelspiel Gottorfs entlarvt wurde, leisteten die Großmächte keinen Widerstand mehr gegen ein energisches Vorgehen des dänischen Königs Friedrich IV. Schleswig und Holstein wurden administrativ getrennt; Schleswig wurde 1721 Dänemark zugeschlagen, dem Herzog von Schleswig-Holstein-Gottorf blieb nur Holstein.

Im großen und ganzen gelang es Wedel, sich allmählich von den Folgen des kriegerischen 17. Jahrhunderts zu erholen. Die bereits erwähnten Unterlagen zum Brand von 1731 zeigen nicht nur, dass die Brauer zu den wohlhabenderen Geschäftsleuten im Ort gehörten. Ihnen ist auch zu entnehmen, dass Wedel im 18. Jahrhundert eine typische Bauern- und Handwerker-Gemeinde war. Ansässig waren in erster Linie Vertreter von Berufen, die den lokalen Bedarf deckten: Bäcker, Böttcher (fertigten Arbeitsgerät aus Holz an), Schmiede, Schuster, Bauern, Landarbeiter und Tagelöhner. Mit Sicherheit waren auch Seilmacher und Reepschläger am Ort tätig. Nach dem zweiten großen Brand Wedels im Jahre 1757 wurde im folgenden Jahr das Reepschlägerhaus an der Schauenburger Straße errichtet; das bedeutet aber nicht, dass sich erst zu diesem Zeitpunkt Reepschläger in Wedel niedergelassen hätten. Ob die Errichtung des Hauses mit dem verheerenden Feuer in Zusammenhang steht, lässt sich nicht mehr klären; jedenfalls gehört das heute als Teestube und Galerie genutzte Haus zu den ältesten in Wedel.

Erbaut wurde es im wesentlichen so, wie es heute noch zu sehen ist, 1758 von dem Seilmacher Hinrich Christoffer Kellermann und seiner ersten Frau Anna Margreta. Nach mehreren Besitzerwechseln kam es 1835 an den Reepschlägergesellen Nils Jürgen Petersen. Dessen Tochter Flora heiratete 1865 den mecklenburgischen Reepschläger Johann Carl Christian Warncke. Die beiden Söhne Carl (geb. 1869) und Louis (geb. 1879) blieben in dem Haus und führten das Handwerk bis zu ihrem Tod 1961 bzw. 1964 an dieser Stelle fort.

Bau des Reepschlägerhauses 1758

Das Reepschlägerhandwerk gehört zu den ältesten an der norddeutschen Küste und zu den besonders charakteristischen für die Region. Die Arbeit der Reepschläger bestand in der Herstellung schweren und langen Seilwerks für die Schifffahrt. Im Gegensatz zu ihnen waren die Seilmacher, die erst um 1700 aus dem süddeutschen Raum nach Norddeutschland kamen, mit der Herstellung der kürzeren Seile für Fischerei und Landwirtschaft beschäftigt. Erst nach dem Ersten Weltkrieg, als sich auch die Handelsschifffahrt umfassend motorisierte, verwischten sich diese Grenzen allmählich.

Der Arbeitsplatz des Reepschlägers war die Reeperbahn. Sie war auch in Wedel in einem langen schmalen Schuppen untergebracht, der an einer Längs- und einer Schmalseite offen stand. Über die offene Schmalseite hinaus setzte sich die Reeperbahn noch rund 300 Meter weit ins Freie fort.

Im ersten Arbeitsgang wurde der Hanf gehechelt: Die Hanffasern wurden auf ein kleines Brett mit spitzen Nadeln („Hechel") geworfen und davon wieder abgezogen. Dadurch legten sich die Fasern locker und in paralleler Anordnung zusammen. Mit diesem Bündel in seiner Schürze begann der Reepschläger den Spinnvorgang. Dazu wurde eine Masche aus einigen Fasern an einem drehbaren Haken des Spinnrades befestigt. Zwischen diesem Haken und der Hand des Reepschlägers bildete und verlängerte sich nun der Faden, indem der Reepschläger sich, langsam rückwärts gehend, vom Spinnrad entfernte und dabei ständig neue Fasern aus seinem Bündel in das Seil einführte, während das Spinnrad gedreht wurde. Etwa 20 solcher Fäden bildeten einen Strang. Die Fäden wurden von den Spulen abgezogen und zwischen zwei Haken zusammengedreht.

Drei solcher Stränge benötigte der Reepschläger, um aus ihnen das Seil zu schlagen. Diese drei Stränge wurden über je einen Drehhaken auf der einen Seite und alle zusammen über einen besonders schweren Haken auf der anderen Seite der Reeperbahn gelegt. Indem an den drei vorderen Haken gedreht wurde und der Reepschläger gleichzeitig eine Lehre („Höövt") - einen Holzklotz mit je einer Rille pro Strang - langsam und gleichmäßig zwischen den Strängen von hinten nach vorn schob, legten sich die Stränge hinter der Lehre zu einem Seil zusammen. Weil das Seil sich bei

26 Die Brüder Carl (links) und Louis Warncke um 1935 bei der Arbeit.

27 Carl Warncke zeigt 1956 dem Fotografen, wie das Tau mit Hilfe der „Höövt" zusammengedreht wurde.

diesem Vorgang etwas verkürzte, war der hintere schwere Haken auf einem Schlitten montiert, damit er dem Zug nachgeben konnte. Das so geschlagene Seil wurde angefeuchtet, mit Kokosfasern geglättet und auf Wunsch geteert.

Für eine Schiffstrosse war meist noch ein dritter Arbeitsgang notwendig, das sogenannte Spleißen: Ein „Auge", sozusagen die abschließende Öse, entstand, indem die einzelnen Stränge miteinander verflochten wurden. Bis zum Zweiten Weltkrieg blieb die heimische Fischerei Hauptabnehmer des Tauwerks, doch nach 1945 ließ die Nachfrage merklich nach. Die Brüder Warncke lebten von Aufträgen von Landwirten und Elbfischern.

Wedel bekommt die Fleckensgerechtigkeit

Im Laufe der Jahrzehnte nach den kriegerischen Auseinandersetzungen des 17. Jahrhunderts war Wedel trotz des Rückgangs der Ochsenmarkt-Geschäfte gerade einigermaßen gesundet, als das Feuer von 1731 große Teile des Ortes in Schutt und Asche legte. Die Wedeler hatten Glück im Unglück: Wie schon erwähnt, wurde ihnen ein Teil der Steuern und Abgaben erlassen. Auch der König selbst gewährte zwei Monate nach dem verheerenden Feuer noch eine Vergünstigung: Er erlaubte den Wedelern, zusätzlich zum Ochsenmarkt im Frühling einen Markt für gemästete Tiere im Herbst abzuhalten. Interessant ist die Begründung: König Christian VI. ging davon aus,

> „daß Unsere allergnädigste Bewilligung dieser beyden Vieh- und Ochsen-Märckte dem unlängst abgebrannten Flecken Wedel und dessen Eingesessenen zum unfehlbaren Aufnehmen und Nutzen gereichen dürfte..."[9]

Interessant an diesem Dokument ist aber nicht nur die Begründung der Erlaubnis mit wirtschaftlichen Erwägungen. Auffällig ist auch, dass Wedel hier wie in vielen anderen Urkunden und Landesbeschreibungen seit dem frühen 17. Jahrhundert - beispielsweise in der hier schon zitierten Urkunde von Graf Ernst aus dem Jahr 1603, die die Wiesen am Stock der allgemeinen Nutzung vorbehält - als „Flecken" bezeichnet wird. Unter einem Flecken wird in der wissenschaftlichen Geschichtsschreibung eine Ortschaft verstanden, die zwischen Dorf und Stadt die Mitte hält. Bedingung dafür ist, dass außer der bäuerlichen Bevölkerung auch eine größere Zahl von Händlern, Gastwirten und Handwerkern am Ort vorhanden sein muss. Allerdings darf sich nicht jeder Ort als Flecken bezeichnen; vielmehr muss dieser Titel von der Regierung verliehen werden. Bis in das späte 18. Jahrhundert war Wedel jedoch nicht im Besitz der sogenannten Fleckensgerechtigkeit. Nun spielt im Fleckenrecht das Marktrecht eine besondere Rolle. Es kann also sehr gut sein, dass der jahrhundertealte und einzigartige Ochsenmarkt dem Ort einen besonderen Status verlieh.

Gewerbevielfalt

Wie aus den Dokumenten zum Brand oder auch aus dem Entwurf zum „Nahrungs-Steuer-Register" von 1786/87[10] hervorgeht, verfügte Wedel im 18. Jahrhundert durchaus über eine größere Anzahl verschiedener Gewerbe. Aufgezählt werden im „Register" beispielsweise sechs Schmiede, zwei Bäcker, zehn Schuster, acht Weber, acht Höker, vier Fassbinder sowie sieben Brauer und Branntweinbrenner. Als diese letztere Berufsgruppe um die Erlaubnis der Versendung von Branntwein nach Norwegen nachsuchte - was nur Städten und Flecken erlaubt war -, konnten die regionalen Behörden bestätigen, dass Wedel nach allen Umständen durchaus berechtigt wäre, den Fleckenstitel auch offiziell zu führen. Der Landdrost in Pinneberg regte daher an, dass die Wedeler sich um die Verleihung der Fleckensgerechtigkeit bewerben sollten.

Im Namen der Einwohner setzten Deichgraf Johann Kleinwort und die geschäftsführenden Beamten, die sogenannten Gevollmächtigten, Ditmer Körner und Carsten Groth gemeinsam mit neun weiteren Wedelern, darunter auch Brauer, im Februar 1785 ein entsprechendes Gesuch auf. Es gibt auch einen Grund für diesen Schritt zu diesem Zeitpunkt: Wedeler Branntwein war zwar längst - auf dem Umweg über Altona - nach Norwegen ausgeführt worden, aber 1784 weigerten sich die Altonaer, diese Praxis fortzusetzen. Für die Wedeler Brenner war der Export ihrer Ware jedoch überlebenswichtig.[11]

Der Pinneberger Drost und auch die Generalzollkasse befürworteten das Gesuch, und so verlieh Christian VII. Wedel am 24. November 1786 die Fleckensgerechtigkeit. In der Urkunde heißt es unter anderem:

„Alle und jede Eingesessene des gedachten Kirchorts und nunmehrigen Fleckens Wedel, jetzige und künftige, sollen befugt seyn, nicht allein mit allerhand Waaren in großen und kleinen Quantitäten ohne jemandes Behinderung zu handeln, ingleichen ihre erlernte Handwercke ungestöhrt zu treiben, sondern auch sonst alle Arten bürgerlichen Gewerbes und Nahrung vorzunehmen. (...) Der daselbst bisher gewöhnliche Wochenmarckt ist nicht nur beyzubehalten, sondern auch dessen zweckmäßige Einrichtung zum Besten der benachbarten Landleute und des Fleckens selbst obrigkeitlich anzuordnen."[12]

Die für die Branntweinbrenner wichtigste Passage lautete: „Wir bewilligen dem Flecken ein eigenes Siegel mit dem Zeichen eines geharnischten Rolands, welches in vorkommenden Fleckensangelegenheiten zu gebrauchen ist." Jetzt konnten die Wedeler ihre Transportfässer selbst stempeln - und den Inhalt nach eigenem Recht exportieren. Es waren also wirtschaftliche Gründe, die zu diesem wichtigen Schritt in der Ortsgeschichte führten. Zugleich bekam Wedel aber auch wichtige Selbstverwaltungsrechte.

Auch an anderen Entwicklungen zeigt sich, dass Wedel im 18. Jahrhundert stetig wuchs. Ein Indiz dafür ist die Einrichtung einer zweiten Schule im Jahr 1764. Bis Mitte des 18. Jahrhunderts hatte es in Wedel nur eine einklassige Volksschule gegeben, in der Jungen und Mädchen unterschiedlichen Alters von einem Lehrer gemeinsam unterrichtet wurden. Der Lehrer war zugleich der Organist und Kantor an der Kirche. Dank der Urkunde von 1764, die die Bereitstellung einer Wohnung für den Schulmeister anordnet, ist auch der Name des Lehrers dieser Jahre bekannt: Martin Wilhelm Hammer war bis zu seiner Versetzung 1778 in Wedel tätig. In Spitzerdorf, wohin auch die Kinder aus Schulau geschickt wurden, wurde nach derzeitigem Kenntnisstand 1689 das erste Schulhaus erbaut.

Zweite Schule für Wedel

Zwar gab es seit 1726 in den dänischen Ländern den Schulzwang für Kinder vom fünften bis siebten Lebensjahr, aber die Praxis war in das Ermessen der örtlichen Obrigkeiten gestellt. Heute klingt es überraschend, dass die zweite Schule auf Wedeler Gebiet auf Initiative des Schiffers Franz Hinrich Brunckhorst entstanden sein soll,

28 Der Überlieferung zufolge war dieses Haus an der Bahnhofstraße, abgebrochen 1954, Spitzerdorfs erstes Schulhaus.

der sich für die Erziehung und Ausbildung nicht nur seiner Kinder, sondern der Jugend überhaupt sehr interessierte.[13]

Auch in dieser zweiten Schule wurden Jungen und Mädchen gemeinsam bis zur Konfirmation unterrichtet. Schon früher im Jahrhundert hatte die dänische Regierung behutsam versucht, den sehr unterschiedlichen lokalen Regelungen mit Schulordnungen zu begegnen. Vor allzu starken Eingriffen scheute die Verwaltung jedoch zurück; die Aufsicht über die Schulen blieb gemeinsame Sache der Zivilbehörden, die sich um Bau und Unterhalt der Häuser kümmerte, und der Kirche, die die fachliche Kontrolle ausübte. Bis 1831 bestanden diese beiden Schulen nebeneinander.

Spitzerdorf und Lieth

Es wurde schon erwähnt, dass Wedel aus vier selbstständigen Dörfern hervorgegangen ist. Doch während Wedel und Schulau als Bezeichnungen für die beiden großen Ortsteile erhalten geblieben sind, erinnern an Spitzerdorf und Lieth nur noch zwei

Straßennamen - Spitzerdorfstraße und Liethfeld. Bisher war an dieser Stelle nahezu ausschließlich von Wedel die Rede. Dabei spielt Spitzerdorf im Rahmen der Ortsgeschichte durch seine lange Zugehörigkeit zum Hamburger Domkapitel eine interessante Rolle.

Exakte Angaben zu Lage und Größe von Spitzerdorf fehlen für die längste Zeit seiner Existenz. Die Heimatforschung geht davon aus, dass für die Jahrhunderte zwischen 1400 und 1800 als Nordgrenze der Hoophof (heutige Bahnhofstraße 18 a), als Südgrenze die Doppeleiche und als Westgrenze die Ausdehnung der Querwege zwischen der heutigen Bahnhof- und Schulauer Straße angenommen werden darf. Der Hoophof selbst scheint nicht zu Spitzerdorf gehört zu haben.[14] Eine eindeutige Ostgrenze lässt sich nicht ziehen. Die Bezeichnung Schulau bezog sich seinerzeit ausschließlich auf die Häuser unmittelbar am Elbufer.

Im Jahr 1255 wurde „Spetzierdorpe" erstmals urkundlich erwähnt. Einer Urkunde vom 29. April jenes Jahres ist zu entnehmen, dass die Grafen Johann und Gerhard von Schauenburg auf Veranlassung des Ritters Friedrich von Haseldorf den Zehnten der Spitzerdorfer dem Hamburger Domkapitel übertrugen. Knapp 50 Jahre später, 1302, ging die Ansiedlung, bis dahin im Besitz des Ritters Heinrich von Wedel, auf Veranlassung von Adolf V. von Holstein endgültig in den Besitz des Domkapitels über, das damit auch Guts- und Gerichtsherr über das Dorf und seine Eingesessenen wurde. Über den Umfang der damit verbundenen Rechte entstanden im Lauf der Zeit offenbar Streitigkeiten zwischen dem Domkapitel und den landesherrlichen Beamten, die die Eingesessenen nach und nach mehr den Grafen untertänig zu machen versuchten. Das Kapitel forderte die hohe und die niedere Gerichtsbarkeit für sich, die Landesherren wollten dem Kapitel die hohe Gerichtsbarkeit unter keinen Umständen zugestehen und auch nicht darauf verzichten, die Eingesessenen zu allen Pflichten und Diensten heranzuziehen, zu denen auch die übrigen Untertanen der Grafschaft verpflichtet waren. Ein vom Kapitel 1603 vorgelegter Entwurf zur Neuregelung der Zuständigkeiten wurde von den Kommissaren des Grafen abgelehnt, und auch weitere Verhandlungen im 17. Jahrhundert blieben ohne Ergebnis. Erst 1732 konnten sich die dänische Krone und das Kapitel einigen.

Erste Erwähnung 1255

Zur Erledigung der Aufgaben in seinen Dörfern - von den ursprünglich 19 im 17. Jahrhundert waren am Ende des 18. Jahrhunderts nur noch Spitzerdorf und Poppenbüttel übrig geblieben - brauchte das Domkapitel Beamten. An der Spitze der Dörfer stand jeweils ein Vogt, Bauernvogt genannt, der vom Schatzmeister des Kapitels ernannt und vom Kapitel vereidigt wurde. Zwar waren sie ehrenamtlich tätig, doch kamen sie in den Genuss einiger Vergünstigungen; so waren sie im Besitz der Kruggerechtigkeit, durften also eine Gastwirtschaft betreiben.

Es sieht so aus, als hätten über mehr als 200 Jahre hinweg Mitglieder der Familien Bi(e)sterfeldt und Körner dem Domkapitel als Vögte gedient. Der erste Vogt, der in den Protokollen des Domkapitels auftaucht, ist Dithmar Körner, ihm folgten Lorenz Körner, Hinrich Biesterfeldt (etwa 1630 bis 1675 im Amt) und Johann Eberhard Bisterfelt (1675-1711). Nur zweimal werden andere Namen angeführt, nämlich Carsten Groth (1714-1725), der aus Altersgründen sein Amt abgab, und Peter Johann

29 Zu den markantesten Häusern von Spitzerdorf gehörte bis ins 20. Jahrhundert hinein das Strohdachhaus des Bandreißers Jochim Kruse. Im Februar 1930 fiel es einem Feuer zum Opfer.

Detlefs (1761-1773), der offenbar abtreten musste, weil er Konkurs gemacht hatte. Mit der Aufhebung des Domkapitels im Rahmen der Säkularisation 1803 endete auch die Zeit der Bauernvögte. Letzter Amtsinhaber war Dithmer Körner (1799-1803).
Bemerkenswert ist die Tatsache, dass es zwischen Spitzerdorf auf der einen und Wedel und Schulau auf der anderen Seite wiederholt Auseinandersetzungen gegeben zu haben scheint. Im Jahre 1691 widersetzten sich die Spitzerdorfer dem Ansinnen des Pinneberger Drosten, der Leute für die Wolfsjagd verpflichten wollte, und 1726 gab es eine Auseinandersetzung um den Hirten, der die Herden von Spitzerdorf und Schulau versorgte. Die Spitzerdorfer hatten dem Hirten den Vertrag gekündigt, doch der wollte das von ihm bewohnte Haus nicht räumen. Auf Befehl des Domkapitels wurde er aus dem Haus gewiesen und ein neuer Hirte eingestellt. Darüber beschwerten sich die Schulauer beim Landrat in Pinneberg, und dieser ordnete seinerseits an, den neuen Hirten aus dem Haus zu weisen. Die Angelegenheit gelangte bis vor den dänischen König. Friedrich IV. ordnete an, dass beide Hirten aus dem Amt entfernt und ein dritter gefunden werden müsse.
Über Spitzerdorf um die Mitte des 19. Jahrhunderts gibt die 1855 erschienene „Topographie der Herzogtümer Holstein und Lauenburg" Auskunft. Demnach hatte der Ort 363 Einwohner. Es handelte sich im wesentlichen um Bauern, aber es werden auch 20 Schiffer, ein Schmied, zwei Krüger, zwei Höker und einige Handwerker auf-

geführt. Fischer werden nicht eigens erwähnt, doch wurde dieser Beruf jahrhundertelang von den Spitzerdorfern ausgeübt. Die Akten des Domkapitels berichten von entsprechenden Streitfällen zuerst um 1600. Weiter heißt es in der „Topographie":

> „Der Acker ist nur von mittelmäßiger Art; die Eingesessenen haben seit vielen Jahren die Elbinsel Giesensand (Spitzerdorfer-Sand, Spitzmer-Sand), zum Gute Hetlingen gehörig... in Zeitpacht gehabt, welches aber in neuester Zeit aufgehört hat. Die Ländereien erstrecken sich über die Sandhöhen der von Blankenese hierher sich ziehenden Berge, auf denen ehemals die dem Domcapitel gehörende ziemlich bedeutende, mit großen Eichen versehene Spitzerdorfer-Hölzung stand, welche noch im 17. Jahrh. zum Theil, obwohl sehr verhauen, vorhanden war und von welcher noch in diesem Jahrh. ein schwacher Ueberrest stand. Ein Theil der Ländereien liegt in der Wedeler Marsch."[15]

Mit der Erwähnung des Eichenbestandes wird schlaglichtartig Geschichte sichtbar: Ein Teil der heutigen Spitzerdorfstraße hieß um 1900 noch „Lohtor"; unter „Lohe" oder „Gerberlohe" versteht man die Baum-, vorzugsweise Eichenrinde, die zum Gerben und Färben des Leders verwendet wurde. Daran erinnert heute noch der Straßenname „Am Lohhof".[16]

30 Ein Teil der heutigen Spitzerdorfstraße hieß bis 1909 Lohtor. An der rechten Seite der Aufnahme befand sich um 1900 der Hof von Dittmer Biesterfeldt; das Gelände gehört heute zum Marktplatz.

Wo lag Lieth?

Hier ist auch der Ort für einige Worte über die Siedlung Lieth, das vierte Dorf, das zur Entstehung des heutigen Wedel beigetragen hat. Die schon erwähnte Karte von 1597 zeigt Lieth zwischen Spitzerdorf und Tinsdal. Erstmals erwähnt wurde die Siedlung im Zusammenhang mit dem Verkauf von Spitzerdorf an das Hamburger Domkapitel 1302. Wo genau sie gelegen hat und wie groß sie zu jener Zeit war, ist nicht bekannt. Wortgeschichtlich scheint Lieth aus dem Niederdeutschen zu stammen und soviel wie „Abhang" oder „Kante" zu bedeuten. Für die Zeit zwischen der ersten Erwähnung und der letzten im Jahre 1685 gibt es insgesamt 15 urkundliche Belege. Danach tauchte der Name nicht mehr auf.[17] In den großen Landesbeschreibungen des 19. Jahrhunderts wurde Lieth nur noch selten angeführt. In der „Topographie von Holstein in alphabetischer Ordnung" aus dem Jahr 1807 heißt es unter dem Eintrag Spitzerdorf: „Zum D[orf] werden drei Häuser vor Schulau, Leeth oder Lieth, gerechnet."[18] Bislang ist nicht erforscht, wann die selbstständige Existenz von Lieth endete - vermutlich verschwand es im Zuge der Ausdehnung von Spitzerdorf oder Schulau einfach aus dem Gedächtnis.

Wedel und die anderen Dörfer im Jahr 1803

Mit der Erlangung der Fleckensgerechtigkeit im Jahre 1786 hatte Wedel sich rechtzeitig auf die neue Zeit eingestellt. Lebensmittel, Werkzeuge oder andere Güter nur für den Bedarf am Ort herzustellen, genügte nicht mehr: Wie nie zuvor hing das Wohl einer Stadt oder einer Region im 19. Jahrhundert vom Handel ab.

Gleich zu Beginn des neuen Jahrhunderts änderte sich das Gesicht Deutschlands durchgreifend. Seit Mitte der 1790er Jahre eroberte Napoleon I. von Frankreich aus in Europa Land um Land. Das Deutsche Reich wurde am 6. August 1806 aufgelöst, das machtpolitisch inzwischen hilflose Preußen wurde 1806/07 in eine französische und eine russische Einflusssphäre aufgeteilt. Mit dem Reichsdeputationshauptschluss war bereits im Jahre 1803 der geistliche Besitz in Deutschland nach französischem Vorbild in weltlichen Besitz überführt (= säkularisiert) worden. Im Zuge dieser Überführung wurde auch das Hamburger Domkapitel, bislang noch Besitzer der Ortschaften Spitzerdorf und Poppenbüttel, aufgehoben. Spitzerdorf wurde erst Hamburg, dann Holstein zugeschlagen.

Mit den Napoleonischen Kriegen kamen auch die Einquartierungen wieder. Im Jahre 1808 schickte Napoleon den Dänen Hilfstruppen für den Kampf gegen die Russen. Von ihnen waren einige Kontingente bis 1809 auch in Wedel einquartiert. 1813 zogen sich dänische Truppen aus Altona und Wedel vor der Übermacht der Russen vorübergehend zurück. Pinneberg hatte im Winter 1813/14 in besonderem Maße unter den Russen zu leiden, während Hamburg von den gegnerischen Franzosen besetzt war. Auch in Wedel lag 1814 ein russisches Ulanenregiment. Das Ende des Kampfes ist bekannt: Napoleons Truppen waren nach dem Russlandfeldzug von 1812 bereits geschwächt, am 31. März 1814 wurde der Diktator abgesetzt.

Holstein-Pinneberg gehörte in jenem Jahr 1803 nach wie vor zum dänischen Königreich. König Christian VII. ließ in seinem Reich eine Volkszählung durchführen. Aus ihren Daten lässt sich ein indirektes Bild von der Größe, Einwohnerstruktur und Wirtschaftskraft von Wedel, Spitzerdorf und Schulau gewinnen. Mit 1366 Einwohnern war Wedel damals schon deutlich größer als Holm (732), Schenefeld (391) oder Dockenhuden (514). In Spitzerdorf wurden 347, in Schulau 146 Einwohner gezählt. Im Stadtarchiv werden Abschriften der Volkszählungs-Listen aufbewahrt.[19] Darin werden die Einwohner und ihre Häuser straßenweise aufgeführt. Sie belegen, was auch die Karte von 1790 andeutete: Schon im ausgehenden 18. Jahrhundert war die St. Anscharii-Straße (später Ansgariusstraße, heute Roland- und Schauenburger Straße) die Wedeler Hauptstraße. Zahlreiche Landwirte mit großem Besitz sowie auch viele Geschäftsleute hatten sich hier niedergelassen. Unter ihnen finden sich klangvolle Wedeler Namen: Vollhufner (= Bauer mit großem Hof) Joachim Hinrich Breckwoldt, Schmied Hans Jochim Ramcke, Schuster Hein von Helms, Brauer und Branntweinbrenner Johann Hinrich Heinsohn, Branntweinbrenner Hans Hinrich Brunckhorst, Müller Franz Diederich Abel und Brauer Johann Albert Breckwoldt wohnten dort. Aber auch weniger vermögende Wedeler lebten an der Hauptstraße, unter ihnen der Reepschläger Johann Paul Dabelstein (im Reepschlägerhaus), der Nachtwächter Marx Burmester und der „Chirurgus und Barbier" Johann Jochim Funck. Ferner verzeichnen die Unterlagen mehrere Schuster, Maurer, Weber, Fassbinder und andere Handwerker.

Volkszählung von 1803

Das Zentrum bildeten der Markt und die angrenzende Marktstraße (heute nördlicher Teil der Schulstraße). Hier hatten sich viele in den Unterlagen als „Hö(c)ker" bezeichnete Geschäftsleute niedergelassen. Auffällig ist, dass besonders viele Schiffer und ein Schiffbauer an der Englischen Straße (später Englischer Berg, heute Schulstraße) wohnten - die Nähe zur Aue dürfte ausschlaggebend dafür gewesen sein.

Insgesamt wurden in Wedel unter anderem 36 Bauern, 33 Schiffer, 12 Schifferknechte, 12 Schuster, 40 Tagelöhner und sieben Brauer und Brenner aufgeführt, daneben jedoch nur zwei Bäcker und zwei Schlachter. Frauen tauchen in dieser Statistik zumeist als Ehefrauen auf, aber es werden auch 80 Mägde, vier Bäuerinnen, drei Arbeiterinnen, eine Leinweberin, eine Hebamme und seltsamerweise drei Predigerwitwen aufgeführt.

Um den jeweiligen Besitz nach Größe und Wert einschätzen zu können, hilft ein Blick in das Brand-Versicherungs-Kataster. Das Wohnhaus des oben erwähnten Brauers Hans Hinrich Breckwoldt wurde dort auf 2700, die Mühle von Franz Diederich Abel gar auf 3350 Reichstaler veranlagt. Aufschluss über die Größe des Besitzes lässt sich aus einem Vergleich ziehen: Das Wohnhaus des Reepschlägers Johann Paul Dabelstein wurde mit 500 Reichstalern geführt.

Auch für Spitzerdorf liegt eine Auswertung nach Berufen vor. Danach lebten 1803 in dem Ort, der zu diesem Zeitpunkt noch deutlich größer war als Schulau, 21 Schiffer, elf Schiffbauer, 16 Bauern und sechs Tagelöhner, hingegen nur je ein Schuster, Schneider und Schmied. Etliche Kleinbauern waren im Nebenberuf Weber; sie dürften unter anderem mit der Segelmacherei ihr Geld verdient haben. Wann Nacht-

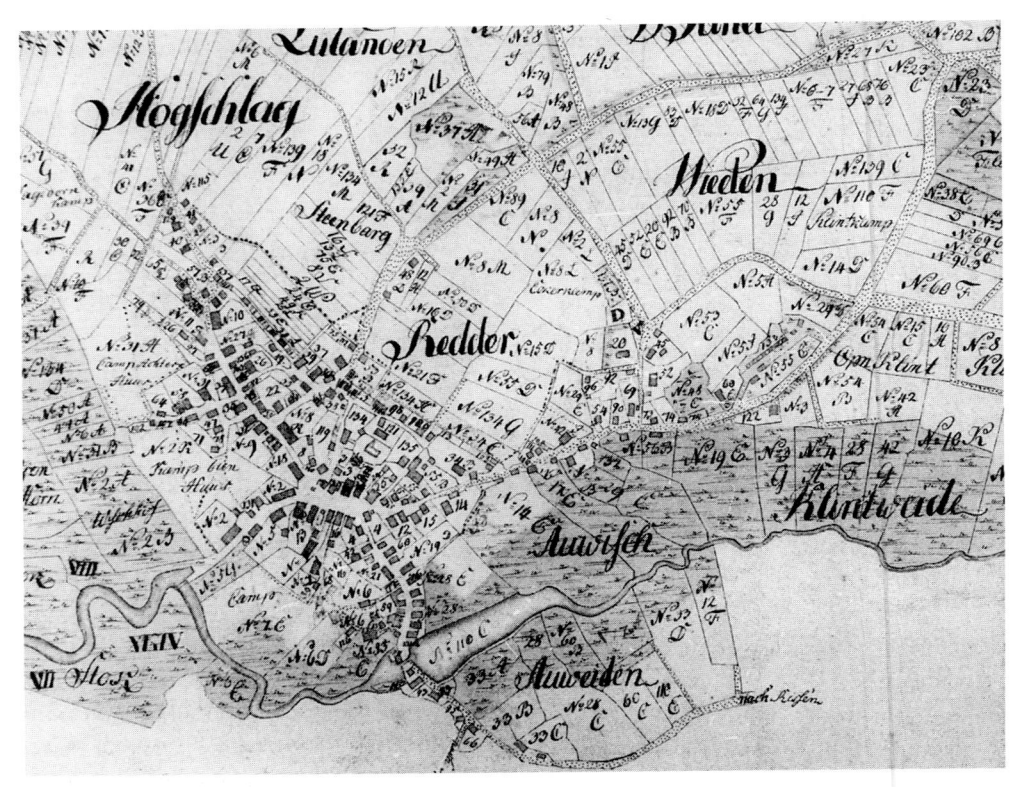

31 Dieser Ausschnitt aus einer Karte von 1790 zeigt etwas unterhalb der Bildmitte den Marktplatz der heutigen Altstadt und die von ihm ausgehenden Straßen.

wächter Friederich Cordes geschlafen hat, ist unklar, denn die Unterlagen weisen ihn zugleich als Kuhhirten aus. Bei den Frauen fällt die große Zahl von sieben Spinnerinnen auf. Insgesamt wurden 81 Familien aktenkundig. In Schulau wurden hingegen lediglich 33 Familien gezählt. Wie nicht anders zu erwarten, war hier die Zahl der Schiffer und Schiffbauer im Verhältnis zu den Bauern größer als in Wedel.
Einen Blick in die Alltagsverhältnisse einfacher Menschen am Beginn des 19. Jahrhunderts gestattet das Testament des Spitzerdorfer Lehrers Johann Samuel Welsch, der am 29. März 1803 starb. Die Schulpflicht wurde noch nicht sonderlich ernst genommen im späten 18. Jahrhundert; Lehrer erfreuten sich keiner besonderen Achtung und wurden dementsprechend schlecht bezahlt. Im Totenregister der Wedeler Kirche heißt es unter der laufenden Nummer 27 des Jahres 1803 über Welsch:

„Alt 81 Jahr, 9 Monate, 11 Tage. Der Welsch verließ, aus Furcht vor dem Soldatenleben, das Haus seiner Aeltern. Zehn Jahre stand er als Bedienter in Hamburg, und der Domdechant, bei dem er die letzten Jahre sich aufhielt, beförderte ihn zum Schullehrer in Spitzerdorf, welches Amt er 1757 antrat und bis zum Jahre 1798 mit vieler Treue verwaltete.[20]

Das Register gibt auch Auskunft darüber, dass aus der Ehe mit Elisabeth Leesauen, verstorben 1788, keine Kinder hervorgegangen waren. Deshalb wurden seine Hinterlassenschaften öffentlich versteigert. Ein am 12. April 1803 aufgenommenes „Inventarium" führt Kleidungsstücke (unter anderem sieben Halsbinden, sieben weiße Halstücher, drei Paar wollene Strümpfe, zwei Schlafröcke), Haushaltsgegenstände (darunter ein Krauttopf, zwei Blumentöpfe, zwei kleine Spiegel, sechs Weingläser, „ein ordinairer Thontopf, eine Flöte Traverse") und andere Gegenstände an. Die Liste belegt, dass Welsch in einfachen Verhältnissen lebte.

Das Auktionsprotokoll vom 10. Mai des Jahres verzeichnet, wie viel Geld für die einzelnen Gegenstände eingenommen wurde: Sechs blau-weiße irdene Teller sind zusammen mit zwei Teetassen und einer Dose für zwei Mark und einen Schilling weggegangen, zwei Siebe, eine Mausefalle und ein Augenschirm brachten es auf zwei Schilling, zwei Vogelkäfige und eine kleine Säge gingen für 13 Schilling an einen neuen Besitzer, „ein Paket geschriebene geistliche Bücher" fand für sieben Mark einen neuen Eigentümer. Erzielt wurde aus Gesamteinnahmen von mehr als 213 Mark ein Überschuss von 15 Mark und vier Schillingen. „Die Flöte Traverse hat die Langeloh [= die Vermieterin] nicht herausgeben wollen", heißt es am Ende des Protokolls noch.

Mit Schenefeld oder anderen nahegelegenen Orten ließ sich Wedel im Jahr 1803 wie schon gezeigt nicht vergleichen. Hilfreicher ist ein Blick nach Elmshorn. Die Volkszählung ergab, dass in der Krückaustadt 2305 Einwohner, also ziemlich genau 950 mehr als in Wedel, lebten. In der Berufsstatistik fällt die im Gegensatz zu Wedel und Schulau kleine Zahl von drei Webern auf; hingegen hatte Elmshorn acht Müller, acht Schmiede, 15 Brauer und nicht weniger als 76 Schuster aufzuweisen.[21]

Aus dem Jahr 1803 stammt auch ein neues „Allgemeines Deichreglement für die sämmtlichen Marschcommünen", das den Marschbewohnern in 38 Paragraphen Rechte, Pflichten und Zuständigkeiten im Katastrophenfall zuwies. Oberster Grundsatz war die Verpflichtung zur gegenseitigen Hilfe. Der Deich in einer Landschaft wurde unter der Aufsicht der Oberdeichgrafen in Distrikte und „Deichbandsocietäten" aufgeteilt. Die Lasten für den Unterhalt der Deiche sollen gerecht auf die beteiligten Kommunen verteilt werden; wo die Lasten unverhältnismäßig hoch sind, werden benachbarte Kommunen herangezogen. Das Recht fand auch in der Haseldorfer Marsch und in Wedel Anwendung.

Wedel im frühen 19. Jahrhundert

Mit den detaillierten Regelungen zog die dänische Verwaltung die Konsequenz aus den großen Fluten, die die Marsch in den 1790er Jahren überflutet hatten. Aber es sollte noch schlimmer kommen. Eine der verheerendsten Fluten der Neuzeit brach am 4./5. Februar 1825 über die Nordseeküste und die Elberegion herein. Sie gilt als die Flut mit dem bisher höchsten Wasserstand: Der Wasserstand erreichte eine Höhe von 5,86 Meter. Besonders stark wurden die Inseln Pellworm, Nordstrand und Föhr

32 Dieser Stich von Peter Suhr entstand in den 1830er Jahren. Die Kirche zeigt noch den alten Turmhelm, der dem Feuer von 1837 zum Opfer fiel.

sowie die Halligen in Mitleidenschaft gezogen. Zwischen den Niederlanden und Nordfriesland fanden mehr als 800 Menschen den Tod. Auch in den Elbmarschen wurden große Schäden angerichtet. Menschenleben waren allerdings kaum zu beklagen. Am Seesteraudeich wurden drei Tote angespült.[22]

Um so größer waren die Sachschäden. Allerorts wurden Sammlungen zur Unterstützung der Geschädigten veranstaltet und die Kirchenkollekten eigens für diesen Zweck gespendet. Im „Allerunterthänigsten Bericht über die öffentlichen Veranstaltungen", der 1827 veröffentlicht wurde, finden sich die Namen von 24 Wedeler, acht Schulauer und zwei Spitzerdorfer Einwohnern, die aus öffentlichen Geldern unterstützt wurden. Besonders stark betroffen war der in der Mühlenstraße ansässige Rademacher Carl Badewitz, der 150 Reichsbanktaler erhielt. Insgesamt gingen 1340 Reichsbanktaler an die 34 Geschädigten.

Brand von 1837

Nach den Bränden von 1731 und 1757 wurden größere Teile Wedels auch im 19. Jahrhundert noch einmal ein Raub der Flammen. Anders als bei den vorangegangenen Katastrophen ist für dieses Feuer auch die Ursache überliefert. Akten zum Brand von 1837 gibt es im Stadtarchiv nicht. Über das Feuer unterrichtet eine Notiz im „Neuen Staatsbürgerlichen Magazin" von 1839:

„Am 13. Sept. brach im Flecken Wedel Feuer aus; wodurch der schöne Thurm, die noch neue Kirche, und 20 andere größere und kleinere Gebäude in Flammen aufgingen. Durch thätige und schnelle Hülfe von Altona, Pinneberg, Rellingen und Blankenese ward größeres Unglück verhütet. Besonders zeichnete sich dabei der Commandeur und die Mannschaft des königl. Wachtschiffes aus. Ein Brand-

aufseher in Wedel ward von einer einstürzenden Mauer erschlagen. Das Feuer rührte von der Unvorsichtigkeit eines Landwirthschaft treibenden Einwohners her, der Stroh bei der Schmiede liegen hatte, das durch die herabfliegenden Funken sich entzündete, worauf bei dem ziemlich starken Südostwinde bald genug das Strohdach des Hauses ergriffen, und die Gluth über mehre Häuser hinweg auf den Kirchturm geführt wurde."[23]

Wie schon aus Anlass der Sturmfluten wurden auch diesmal Sammlungen für die Geschädigten veranstaltet. Aus Hamburg, Altona, Uetersen, Schleswig und sogar von der Insel Pellworm gingen Beträge ein. Zu den prominentesten Spendern gehörte der Senator Jenisch aus (Hamburg-)Flottbek, der 100 Taler gab.

Die Erhebung von 1848

Im Jahre 1815 wurde Napoleon nach der Flucht von der Insel Elba und dem Versuch, die Herrschaft noch einmal an sich zu reißen, auf die Insel St. Helena im Atlantik verbannt. Die europäischen Herrscher hielten den Moment für geeignet, die straffe hierarchische Ordnung des 18. Jahrhunderts neu zu errichten. Diese Restauration genannte Politik, vertreten vor allem durch den österreichischen Politiker Clemens Lothar Fürst von Metternich, korrespondierte mit dem Wunsch der europaweit unter den Kriegsfolgen leidenden Menschen, endlich zur Ruhe zu kommen. Jegliches öffentliche Leben trat zurück hinter dem Bemühen, sich das Privatleben als geschützten Raum auszubauen. Dem Familienleben - mit Hausmusik, Poesiealbum und erbaulicher Lektüre während abendlicher Vorlesestunden - kam ein neuer Wert zu. Der Maler Carl Spitzweg hat dieses Biedermeier teils liebevoll, teils mit bitterer Resignation in seinen Bildern dargestellt.
Unter der Oberfläche staute sich der Unmut gegen die reaktionäre Politik und die territoriale Zersplitterung Deutschlands als Folge der Kriege. 1848 kam es nach der Schaffung der französischen Republik europaweit zu Erhebungen und Aufständen, und Schleswig-Holstein wurde wieder in den Strudel der großen Politik gerissen. Sechs Tage nach dem Barrikadenaufstand in Berlin wurde am 24. März 1848 in Kiel eine „Provisorische Regierung" gebildet, die sich mit den Forderungen einer Vereinigung von Schleswig und Holstein, der Aufnahme Schleswigs in den Deutschen Bund sowie der Volksbewaffnung unter eigenen Offizieren gegen den dänischen König wandte.
Der Kampf um Schleswig-Holstein wurde zur bedeutendsten außenpolitischen Frage Deutschlands. Unter dem Druck außerdeutscher Mächte kam es aber schon im August des Jahres zu einem Vertrag über eine siebenmonatige Waffenruhe. Eine für beide Seiten akzeptable Friedensbasis ließ sich jedoch nicht finden, und Dänemark kündigte im Frühjahr 1849 den Waffenstillstand. Nach Anfangserfolgen der deutschen Truppe bei den Düppeler Schanzen kam es zum politischen und militärischen Rückschlag. In der Schlacht von Idstedt unterlagen die schleswig-holsteinischen

Truppen der dänischen Übermacht, das Land nördlich der Eider war für Deutschland vorläufig verloren.

An den kriegerischen Auseinandersetzungen haben auch Männer aus Wedel teilgenommen, dennoch war die Rolandstadt anders als beispielsweise Elmshorn offensichtlich kaum von den Entwicklungen berührt. Es sieht so aus, als hätten die Ereignisse die Wedeler nur mäßig interessiert. Elmshorn hingegen war als Eisenbahnknoten ein wichtiger Etappenort. Dort wurden nach der Schlacht bei Idstedt fünf Lazarette für mehr als 200 Verwundete eingerichtet.

Aus Wedel sind derlei Einrichtungen nicht bekannt. Nicht bekannt ist auch, wie viele Wedeler überhaupt für die deutsche Frage in den Krieg gezogen sind. Ein „Namens-Verzeichnis Schleswig-Holsteinischer Kampfgenossen" führt aus Wedel, Schulau und Spitzerdorf 27 Namen und die Einheiten an, denen sie angehörten. Ein 1852 in Kiel gedrucktes „Namentliches Verzeichnis der Todten und Invaliden der Schleswig-Holsteinischen Armee" nennt unter tausenden von Namen auch immer mal wieder Bürger aus den drei Orten sowie aus Holm: Jürgen Ladiges aus Spitzerdorf kam am 23. April 1848 bei Kolding ums Leben, Peter Röhling aus Wedel wurde in der Schlacht von Fredericia, die die Wende zugunsten der Dänen einleitete, am 6. Juli 1849 schwer verwundet, ebenso Hans Gebers aus Wedel in der erwähnten Schlacht von Idstedt 1850.[24] Gerade wegen der Niederlage behielt der Gedanke der

33 Die Wassermühle stand nicht von Beginn an an ihrem heutigen Standort. Das Wohn- und Speicherhaus der Mühle wurde 1844, das Mühlenwerkhaus (linke Bildhälfte) 1870 errichtet. Die Aufnahme entstand um 1925, als Julius Heinsohn die Mühle betrieb.

deutschen Einheit einen hohen Wert. Überall im Deutschen Reich wurde 1859 der 100. Geburtstag von Friedrich Schiller gefeiert, der wegen seiner historischen und politischen Schriften und der patriotischen Untertöne in den Theaterstücken im 19. Jahrhundert viel stärker verehrt wurde als Johann Wolfgang Goethe.

Das alltägliche Leben bekam nach den Ereignissen von 1848 allmählich den Charakter, den es bis zur Mitte des 20. Jahrhunderts im großen und ganzen behielt. Die Industrialisierung, in Großbritannien seit den 1830er Jahren in vollem Gang, fasste in Deutschland erst zwischen 1850 und 1870 richtig Fuß. Die Ansiedlung von Fabriken in der Provinz begann erst nach 1870. Prägend für die 20 Jahre zwischen missglückter Revolution und Reichsgründung ist eine neuerliche Sammlung und Kanalisierung der politischen Energien. Sie schlug sich vor allem nieder im Aufschwung des Vereinsweses, das um die Wende zum 20. Jahrhundert seinen Höhepunkt in Deutschland erlebte.

34 Die Windmühle am Rosengarten gehörte ebenfalls der Familie Heinsohn.

Die Jahre nach 1848

Der älteste Wedeler Verein, der heute noch existiert, ist der „Wedeler Männerchor von 1858", gegründet am 24. Oktober des Jahres von 23 Männern. Die unterschwellige Politisierung des Lebens aufgrund der ausstehenden Reichseinheit drückt sich in den Vereinsstatuten aus: Lieder, die „in Moral und politischer Beziehung nicht zulässig" waren, wurden nicht gesungen; außerdem war der Alkoholkonsum vor und während der Übungsabende verboten, damit es aufgrund der womöglich gelockerten Zunge nicht etwa zu unerwünschten politischen Diskussionen käme.

Der älteste Verein

Wer genau im Herbst 1858 die Idee zur Gründung hatte, lässt sich nicht mehr sagen, doch waren von Beginn an namhafte Wedeler mit von der Partie. Gesungen wurde in den ersten Jahren außer im Gründungslokal von Jochen Ramcke an der Austraße auch im Gasthaus „Zum Roland". Das erste Piano konnte schon 1859 angeschafft werden, eine neue Vereinsfahne wurde 1877 gestiftet. Eine der herausragenden Persönlichkeiten des Chors war der Zimmermann und stellvertretende Wehrführer August Ohle, der den Verein von 1898 bis 1948 führte.

35 Diese Aufnahme von Mitgliedern des „Wedeler Männerchor" von 1858 entstand 1928 anläßlich eines Sängerfestes in Wien.

36 Erst nach 1900 gestattete der Wedeler TSV die sportliche Betätigung von Jugendlichen. Das Bild aus dem Jahre 1906 zeigt eine Jugendgruppe vor einer Vereinsfahne.

Wenige Jahre später, 1863, wurde der Sportverein gegründet, der nach dem Zusammenschluss mit anderen Organisationen seit 1946 den Namen „Wedeler Turn- und Sportverein" (TSV) führt. Zur Zeit seiner Gründung standen Turner in ganz Deutschland unter politischer Überwachung - zwischen 1820 und 1842 war Turnen sogar völlig verboten -, weil die Turner-Bewegung durch „Turnvater" Friedrich Jahn auch politisch motiviert war. Geturnt wurde in Wedel zunächst im Saal des Lokals „Zum Roland" am Marktplatz. Als sich zu Beginn der 1870er Jahre ein tödlicher Unfall ereignete, wurde der Betrieb vorübergehend eingestellt. Einen bescheidenen Aufschwung nahm der Verein unter der Leitung des Färbers und Blaudruckers Heinrich Jens (1882-1902); aber noch 1897 zählte er nur 75 Mitglieder. Zuwachs brachten um 1900 die Gründung einer Damen- und einer Jugendabteilung. Seine erste Blütezeit erlebte der TSV unter dem Vorsitz des Lehrers Johann Ehlers (1909-1933).

Geturnt wird seit 1863

Sangesbegeisterte Männer gab es auch in Spitzerdorf und Schulau. 15 von ihnen trafen sich am 30. November 1886, um den „Spitzerdorf-Schulauer Männergesangverein" zu gründen. Das Hufeisen im Vereinsabzeichen erinnert noch heute an den Ort, wo einigen der Gründungsmitglieder die Idee zu diesem Vorhaben kam: in der Sauerschen Schmiede in der Bekstraße. Sein erstes Konzert gab der Verein schon am 17. Februar 1887, sein erstes Lied war „Die Nacht" von Schubert. Früh entwickelte sich ein freundschaftliches Verhältnis zu Hetlinger Sangesfreunden; wie der Chor während der vergangenen mehr als 100 Jahre überhaupt viele Chancen nutzte, sich auch außerhalb der Rolandstadt zu profilieren.

Johann Diedrich Möller

In Schleswig-Holstein hatte bereits in den 1830er Jahren eine weit reichende Technisierung eingesetzt. Zwar fehlten noch große Fabriken nach englischem Vorbild, aber die Netze der sogenannten Kunststraßen - althergebrachte Wege wurden befestigt und mit einer Verschleißdecke versehen - und der Eisenbahnlinien wurden umfassend ausgebaut. In den 1850er Jahren wurden die Zahl der Telegraphenleitungen im Land deutlich erhöht und die ersten Gaswerke eingerichtet.

Wedel hatte seinen kleinen Anteil an der heraufkommenden neuen Zeit. Wenn die moderne Technik auch noch auf sich warten ließ, so lebte und arbeitete doch schon ein Pionier der neuen Zeit in dem Flecken. Johann Diedrich Möller, geboren am 16. März 1844 in Wedel als zweiter Sohn eines Leinewebers, musste schon als Kind mit Web-, Mal- und Landarbeit zum Lebensunterhalt der Familie beitragen. Er erlernte zunächst das Malerhandwerk. Seine zeichnerischen Fähigkeiten vervollkommnete er in der Zeichenschule der Hamburger Patriotischen Gesellschaft. Möller war vielseitig interessiert, und in der Bibliothek der Gesellschaft fand er ausreichend Lesestoff.

Sein Interesse an Linsen und optischen Geräten ließ ihn zusätzlich eine Lehre bei dem Hamburger Optiker Dr. Hugo Schröder aufnehmen. Im Alter von 20 Jahren

37 Johann Diedrich Möller, geboren 1844 in Wedel, gehörte seit den späten 1860er Jahren zu den Pionieren der industriellen Entwicklung.

kehrte er von Hamburg nach Wedel zurück und richtete sich 1864 im Elternhaus eine kleine optische Werkstatt ein. Sie ist die Keimzelle für den späteren Betrieb „Optische Werke J. D. Möller". Hier begann er damit, Mikroskoplinsen und Prismen für Hamburger Betriebe herzustellen. Aber seine Interessen gingen noch weit über diese Arbeit hinaus: Nebenher untersuchte er mit einem selbstgebauten Mikroskop Insekten, Pflanzen und Holz. Auch daraus entwickelte er einen einnahmeträchtigen Geschäftszweig, denn der Bedarf an mikroskopischen Dauerpräparaten für Schausammlungen wuchs. In den folgenden Jahren stellte Möller unter anderem Platten mit Präparaten für die Kaiserlich-Königliche Zoologisch-Botanische Gesellschaft in Wien und andere namhafte Institute her. Für seine Arbeit ist er mehrfach international ausgezeichnet worden.

Seine Interessen trieben ihn immer weiter. Für die Herstellung von Linsen war Wasser notwendig. Möller ließ Brunnen in Wedel bohren, um das wichtige Nass ständig zur Verfügung zu haben, und von dort aus kam er auf den Gedanken zum Bau einer Selterwasseranlage. Seine optischen Interessen ließen ihn auch früh mit der Fotografie experimentieren. Dieser Leidenschaft verdankt sich eine einzigartige Sammlung von Fotos aus Wedel aus den Jahrzehnten um die Jahrhundertwende.

Möllers Geschäfte florierten. Weil das Zimmer im elterlichen Haus bald zu klein wurde, verlegte er seine Werkstatt in ein Bauernhaus. Er war 1869/70 bereits vermögend genug, um sich auf dem Grundstück Rosengarten 6 ein eigenes Haus zu bauen. In den 1880er Jahren beschäftigte er sich auch mit dem Anbau von Spargel; bei der Gartenbauausstellung 1897 wurden seine Züchtungen ausgezeichnet. Im Jahr 1904 verbrachte Möller einige Monate in den USA. Er starb am 29. Oktober 1907 in Wedel an einer Lungenentzündung.

Wedel unter preußischer Herrschaft: 1867-1932

Im Laufe der 1850er Jahre hatten sich die politischen Kräfteverhältnisse verändert. Die Großmächte Russland und Österreich waren geschwächt aus dem Krimkrieg (1853-56) und dem italienischen Freiheitskrieg (1859) hervorgegangen. Die expandierende Industrie und Infrastruktur Preußens übte hingegen ökonomischen Druck auf die umgebenden Staaten aus. Dort amtierte seit 1862 Otto von Bismarck als Ministerpräsident des Landes. Er strebte eine Entscheidung zwischen Preußen und Österreich über die Vormachtrolle im deutschsprachigen Raum an. Im Jahrzehnt zwischen 1861 - dem Regierungsantritt von König Wilhelm I. - und 1871 - dem Jahr der Reichsgründung - errang Preußen diese Position durch drei Kriege. Der erste davon hatte direkt mit Schleswig-Holstein zu tun: Bismarck nutzte einen Thronfolge-Streit zwischen Dänemark und den Herzogtümern, um im Januar 1864 preußische und verbündete österreichische Truppen in Schleswig-Holstein einmarschieren zu lassen. Ende Oktober war der Krieg entschieden: Dänemark musste die Herzogtümer abtreten.[1] Für Wedel gingen damit 224 Jahre direkter dänischer Herrschaft zu Ende.

Krieg gegen Dänemark

In den beiden folgenden Kriegen unterwarf Preußen erst den vormaligen Verbündeten Österreich (1866) und dann den wichtigsten außenpolitischen Gegenspieler Frankreich (1870/71). Nach der Entscheidung zwischen Preußen und Österreich 1866 übernahm Preußen die alleinige Führungsrolle in Schleswig-Holstein; der Deutsch-Französische Krieg endete mit der Gründung des Deutschen Reiches im Januar 1871.

Neue Herausforderungen für Wedel

Mit der Zugehörigkeit zu Preußen ab 1867 kamen völlig Machtstrukturen. Die altertümliche dänische Verwaltung wurde in kürzester Zeit von den Preußen durch einen straff organisierten Staatsapprat, selbstständige Gerichte und eine umfassende kommunale Selbstverwaltung abgelöst. Letztere fand ihren Ausdruck in der neuen Städte- und Fleckensordnung von 1869, die die Aufgaben und der Stadtverordneten-Versammlung (Vorläufer der heutigen Ratsversammlung) sowie das Haushaltswesen und das Wahlrecht regelten.

Auch auf den Flecken Wedel kamen damit neue Verpflichtungen zu. Schon 1868 hatte man mit dem Landwirt Johann Kleinwort einen Fleckensvorsteher an die Stelle des Deichgrafen Biesterfeldt gesetzt, der bis dahin gemeinsam mit drei sogenannten Gevollmächtigten die Geschicke des Ortes geleitet hatte. Seine erste Sitzung leitete Kleinwort am 10. Juni 1868. Kaum zu glauben, aber wahr: In seiner Sitzung vom 19. Juli 1869 erörterte das Fleckenscollegium die Frage, ob Wedel ein Flecken bleiben oder zum Status eines Dorfes zurückkehren sollte. 14 Tage später war das Problem vom Tisch: Das Collegium beschloß die Einführung der einfacheren Fleckensverfassung und die Anstellung eines unbesoldeten Bürgermeisters. Ihm wurden zwei gleichfalls unbesoldete Ratmänner, vier Stadtverordnete und ein Fleckensdiener zur Seite gestellt. Die Dienstvergütung des Bürgermeisters - man würde sie heute Aufwandsentschädigung nennen - wurde auf 300 Taler jährlich festgesetzt, das Gehalt des Fleckensdieners betrug 220, das der beiden Nachtwächter jeweils 120 Taler jährlich.² Anders als bisher behauptet trat Kleinwort das Amt des Bürgermeisters allerdings erst im April 1870 an; auch die Ratmänner Hein Remstedt und Johann Albert Heinsohn wurden erstmals am 9. April 1870 in den Protokollen angeführt. Kleinwort blieb bis Ende 1887 im Amt.

Der erste Bürgermeister

Auch Art und Größe der öffentlichen Einrichtungen änderten sich mit dem preußischen Regiment. So bildeten Wedel, Holm, Schulau und Spitzerdorf 1871 einen „Gesamtarmenverband Wedel" zur Regelung des Armenwesens. Als Grundlage diente die Armenordnung von 1841, die die Rechte der Gemeinde und der Unterstützungsempfänger regelte. Die Empfänger waren zur Verrichtung kleiner Arbeiten verpflichtet: In dem 1854 in der Gärtnerstraße eingerichteten Werk- und Armenhaus hatten sie Fußmatten zu flechten, Werg und Hanf zu pflücken, zu weben oder Streichhölzer anzufertigen.³ Über ein Krankenhaus verfügte Wedel noch nicht. Erkrankte Arme wurden im Armenhaus versorgt, für auswärtige Kranke richtete die Fleckensvertretung 1873 in einem eigens erworbenen Haus in der Hinterstraße eine Krankenstube ein. Sie wurde schon zu Beginn des 20. Jahrhunderts und lange vor der Einrichtung des Wedeler Krankenhauses 1929/30 wieder geschlossen. Wer krank wurde, musste, sofern er transportfähig war, die beschwerliche Fahrt in das Krankenhaus von Blankenese oder Pinneberg antreten. Die heutige Altstadt-Schule wurde 1874 eingerichtet.

Wedel erhält Stadtrechte

Nur wenige Jahre nach der Entscheidung über die Beibehaltung der Fleckensrechte 1869 wagten die Wedeler Stadtväter einen deutlichen Schritt nach vorn. Von Rückstufung war jetzt nicht mehr die Rede.

38 Wilhelm Kühl war ab 1868 als Fleckens- und später als Polizeidiener in Wedel tätig. Sein Haus an der Hinterstraße wurde im Volksmund „Kühl sien Lock" genannt, weil es auch als Polizeigefängnis diente.

39 In der Hinterstraße (heute „Hinter der Kirche") kaufte der Flecken Wedel 1873 ein Gebäude zur Nutzung als Krankenstube.

„Die Fleckensvertretung beschließt einstimmig, dem Antrage des Bürgermeister J.[ohann] Kleinwort gemäß, dass der Flecken Wedel von jetzt an den Titel 'Stadt' annehme", heißt es im Protokoll der Stadtverordneten-Sitzung vom 6. September 1875. Die Königliche Regierung in Gestalt des zuständigen Schleswiger Oberpräsidenten bestätigte diesen Beschluss Ende November. Mit dem Tag der öffentlichen Bekanntmachung - dem 3. Dezember 1875 - erhielt Wedel offiziell die Stadtrechte. Die Volkszählung hatte mit Stichtag 1. Dezember eine Zahl von 1669 Einwohnern ergeben.[4]

Anders als bei der Erlangung der Fleckensrechte 1786 lagen dem Antrag auf Stadtrechte offenbar keine wirtschaftlichen Erwägungen zugrunde. Wedel verfügte zu diesem Zeitpunkt noch nicht über nennenswerte Industrie; wie

40 Johann Kleinwort, geboren 1811, wurde 1868 Fleckensvorsteher und 1870 ehrenamtlicher Bürgermeister von Wedel.

41 Wie das Stadtverordneten-Protokoll nachweist, beantragte Wedel im Spetember 1875 den kommunalrechtlichen Rang einer Stadt.

erwähnt, hielt die Industrialisierung nur langsam Einzug in die Provinz, und auch die Zahl der Kleingewerbetreibenden war verhältnismäßig niedrig. Mit dem Optik-Pionier Johann Diedrich Möller hatte aber die neue Zeit durchaus schon Einzug gehalten. Noch vor der Industrialisierung wurde die Grundlage für die Abwicklung von Geschäften gelegt. Doch unterrichtet über die Einrichtung einer Spar- und Leihkasse „unter Garantie des Fleckens Wedel" nur ein einziger Satz im Protokoll der Fleckensverordneten-Sitzung vom 26. April 1875.[5] Die Vorbereitungen scheinen sich in die Länge gezogen zu haben. Der endgültige Beschluss zur Einrichtung datiert vom 23. Dezember des Jahres - Wedel darf zu diesem Zeitpunkt seit drei Wochen den Titel Stadt führen. Schon zum 1. Januar 1876 nahm die Kasse ihren Betrieb auf. Das erste Geschäftszimmer befand sich im Haus Pinneberger Straße 8; anfänglich war das Institut zweimal pro Woche drei Stunden lang geöffnet. Über die frühen Jahre der Kasse ist wenig bekannt. Erst ab 1889 unterrichten die Verwaltungsberichte regelmäßig von der Entwicklung der Geschäfte. Zu diesem Zeitpunkt bildeten die Mitglieder des Stadtverordneten-Kollegiums zusammen mit denen der Kassen-Administration die Generalversammlung, die über die Erteilung der Entlastung, die Höhe der Gehälter und Änderungen der Statuten zu befinden hatte. Die Geschäfte entwickelten sich gut: 1889 belief sich die Geschäftsbilanz auf 572 888, 1894 auf 860 516 Mark. 1896 wurde erstmals die Millionengrenze über-

„Spar- und Leihkasse"

42 Wenige Monate nach ihrer Inbetriebnahme explodierte die Pulverfabrik am 6. Mai 1878. Mitinitiator August Heinrich Schlu kam bei der Explosion ums Leben.

schritten, 1909 wurden 2,4 Millionen Mark verzeichnet. Einen Vergleich ermöglicht der Blick auf die Lebensmittelpreise und Gehälter jener Jahre: So waren um 1900 für ein Ei fünf bis sieben Pfennig, für ein Kilogramm Schweinefleisch etwa 1,20 bis 1,30 Mark zu zahlen; ein Maler erhielt in Altona einen Stundenlohn von 60 Pfennig. Weiteres Indiz für die Entwicklung der Spar- und Leihkasse ist die im Verwaltungsbericht für 1904 vermerkte Anhebung des Zinsfußes von 3,5 auf 4,0 Prozent, was der Kasse viele neue Spargelder zugeführt habe.

Die Pulverfabrik

Mit der Ansiedlung der Pulverfabrik Tinsdal begann 1877 auch die Industrialisierung. Sowohl Möller als auch die Pulverfabrik ließen sich allerdings nicht in Wedel nieder, sondern in dem damals kleineren, noch selbstständigen Schulau. Für letztere Ansiedlung dürfte in erster Linie die Nähe von Hamburg mit seinem Hafen ausschlaggebend gewesen sein.

Die Errichtung der Fabrik auf einem 3,8 Hektar großen Grundstück nahe des heutigen Kraftwerks ging erstaunlich schnell vor sich. Im Februar 1877 stellten das Hamburger Kaufmannshaus Klee & Köcher und der Bremer Tuchwarenfabrikant August Heinrich Schlu den Antrag auf Bau und Betrieb der Anlage, im Frühsommer wurden die Bauarbeiten aufgenommen, und schon im Herbst begann die Produktion. Durch die Explosion vom 6. Mai 1878, die die gesamte Anlage zerstörte, und deren Druckwelle noch in Göttingen registriert wurde, wurde der rasche Aufstieg nur unterbrochen: Bereits im Juni beantragten Klee und Köcher - Schlu war bei dem Unglück ums Leben gekommen - gegen den wachsenden Widerstand in der Bevölkerung eine neue Baukonzession. 1885 ging die Fabrik in den Besitz eines Konsortiums über, das andernorts schon mehrere Pulverfabriken betrieb. Im Juni 1903 wurde die Schulauer Fabrik aus wirtschaftlichen Gründen stillgelegt.[6]

Die Gründung der Freiwilligen Feuerwehr

Es liegt nahe, die Gründung der Wedeler Freiwilligen Feuerwehr im September 1878 in Zusammenhang zu bringen mit der Explosion der Pulverfabrik im Frühjahr des gleichen Jahres. Aus den wenigen überlieferten Dokumenten geht dieser Konnex jedoch nicht sicher hervor. Zudem gab es vor der Freiwilligen Feuerwehr bereits eine Pflichtwehr in Wedel. Schon am 18. Oktober 1869 hatte Landrat Bernhard Adolph von Moltke in Pinneberg das „Regulativ" für das Feuerlösch- und Rettungswesen in Wedel genehmigt, somit die erste Satzung für die Brandbekämpfer. In Paragraph 1 heißt es dort über Zweck und Einteilung der Wehr:

> *„Um bei etwaigen Feuersbrünsten eine geordnete Hilfeleistung zu ermöglichen, wird die gesamte, im Alter von 18 bis 60 Jahren stehende Ortsmannschaft männlichen Geschlechts, mit Ausnahme der Staatsbeamten, Ärzte, Lehrer und Gemeindevorsteher und der notorisch Kranken und Schwachen, in folgende Abtheilungen gebracht: 1te Abtheilung: Retter, 2te Abtheilung: Spritzenleute, 3te Abtheilung: Wasserzubringer."*

Damit waren die Probleme aber nicht gelöst. In einem Brief an Landrat Emil Ludwig Voerster berichtete im Jahre 1873 der Bürgermeister Johann Kleinwort von der mangelhaften Pflichtauffassung einiger Mitglieder, erwähnte aber zugleich auch die aufopferungsvolle Arbeit des Löschcorps bei dem Brand von 1872, bei dem zehn Häuser vernichtet worden waren. Ferner zählte er die Ausrüstung der Wehr auf: Vorhanden waren zwei sogenannte Zubringer und eine Spritze mit Zubehör sowie zwei große Leitern, zwei Äxte und zwei Feuerhaken!
Schon vorher, am 29. Januar 1873, hatte sich der Landrat gegenüber der Königlichen Regierung in Schleswig für den Bau eines geräumigen Spritzenhauses eingesetzt.

„Das Herausschaffen der theils neben, theils hintereinander stehenden Wasserwagen und Spritzen nimmt viele Zeit in Anspruch und verursacht, wenn es, wie bei einem Brande, beschleunigt wird, häufig Beschädigungen der Löschgerätschaften",

begründete er seinen Vorstoß. Es scheint, als hätte Wedel die Kosten für einen Neubau übernehmen sollen, denn im gleichen Jahr lehnte die Fleckensvertretung die Finanzierung ab.
Nach dem Vorbild anderer Städte des Kreises Pinneberg gründeten elf Wedeler Bürger am 9. September 1878 im Hotel „Zum Roland" eine Freiwillige Feuerwehr, darunter die Geschäftsleute Dittmer Körner, Ludwig Walter sen., Gustav Gätgens und Hinrich Struckmeyer. 18 weitere Wedeler, die sich wegen ihres Alters oder eines körperlichen Gebrechens nicht mehr am aktiven Dienst beteiligen konnten, unterstützten als „soziale Mitglieder" die neue Wehr.
Der Gastwirt und Essigbrauer Dittmer Körner (1833-1894), „Dittmer-Suur" genannt, wurde ihr erster Hauptmann. Zur Anschaffung von Geräten und Uniformen musste die neugegründete Feuerwehr in Wedel die hohe Summe von 3256 Goldmark aufbringen. Eine Sammlung bei der Bevölkerung hatte großen Erfolg, und der „Kampfgenossenverein" und der „Bürgerverein" spendeten ansehnliche Beiträge. Zur Deckung des restlichen Betrages - immerhin noch etwa 700 Mark - wurde ein Kredit aufgenommen. Nach dessen Abzahlung wurde die weitere Ausrüstung der Wehr der Stadt Wedel anvertraut.

43 Der Malermeister Carl Ludwig Walter (1846-1918) gehörte 1878 zu den Mitbegründern der Freiwilligen Feuerwehr.

Aber die Situation der neuen Feuerwehr war noch keineswegs ideal: Die Wasserwagen und die übrigen Geräte waren auf mehrere Häuser verteilt. Sie lagerten teilweise im alten Rathaus an der Austraße, bei Landwirt Heinsohn in der Organistenstraße und im Anbau des Hauses von Georg Gottlieb Barlach am Marktplatz. Im November 1888 stellte die Wehr daher einen Antrag auf Errichtung eines Spritzenhauses an die Stadtverwaltung. Mit Beschluss vom 10. April 1890 wurde für 1200 Goldmark ein geeignetes Grundstück an der Pinneberger Straße 9 angekauft.

Ein Spritzenhaus wäre sinnvoll

Am 9. Juli wurde der Grundstein für das Spritzenhaus - das zugleich als örtliches Polizeigefängnis dienen sollte - gelegt, und schon am 19. Oktober des gleichen Jahres konnte das unter der Leitung von Maurermeister Gustav Gätgens errichtete Gebäude seiner Bestimmung übergeben werden. Vorgesehen war eine Bausumme von 8250 Mark, die entsprechenden Bauunterlagen nennen einen Gesamtbetrag von 10 715,18 Mark.

Am 15. Januar des gleichen Jahres war in Spitzerdorf eine freiwillige Wehr für Schulau und Spitzerdorf gegründet worden. Zu den Gründungsmitgliedern gehörten unter anderem der Bandreißer Jochim Kruse, der Bäcker Heinrich Gundlach, der Schmied Johann Köhler, der Bierverleger Hinrich Georg Körner und der Bauunternehmer Peter Nagel; erster Hauptmann war bis 1926 der Maurer und Vorsitzende des Kriegervereins Johann Hinrich Hatje. Die „Entfernung" zwischen Schulau und Wedel wird auf heute eher erheiternde Weise deutlich in einem Absatz des Gründungsprotokolls:

44 Baumeister Johann Hinrich Hatje war nicht nur Gründer und 30 Jahre lang Chef der Schulauer Feuerwehr von 1890, sondern um die Jahrhundertwende auch Mitglied der Schulauer Gemeindevertretung und Vorsitzender des Kriegervereins.

> *„Von den Kameraden war ein Schreiben eingegangen, dasselbe wurde verlesen, der Hauptmann forderte die Mitglieder auf, sich bezüglich dieses Schreibens aussprechen zu wollen. Einige Mitglieder erklärten, daß es doch nützlich für uns wäre, der Hauptübung der Feuerwehr in Wedel beizuwohnen. Bezüglich dessen wurde beschlossen, die Einladung einzunehmen und der Schriftführer beauftragt, den Kameraden von Wedel den diesbezüglichen Beschluß mitzuteilen."*

Als Kuriosum verdient noch die Tatsache Erwähnung, dass das erste Feuer, das die neue Wehr zu bekämpfen hatte, am 18. Februar 1891 ausgerechnet im Gründungslokal von Wilhelm Köhler in Spitzerdorf ausbrach. Als es fünf Tage später nochmals bei Köhler brannte, war nichts mehr zu retten. Ein eigenes Spritzenhaus wurde der Wehr 1892 in der Bekstraße errichtet.[7]

Um die Jahrhundertwende wurde der Feueralarm von einem Hornisten bekannt gemacht. Am Haus eines jeden Hornisten war ein Schild mit der Aufschrift „Feuermeldestelle" angebracht. Sobald nun dem Hornisten ein Feuer gemeldet wurde, hatte er durch Dritte die anderen Hornisten zu verständigen und blies selbst in seinem mehrere Straßenzüge umfassenden Bezirk Alarm. Außerdem hatte er „Füer! Füer!" zu rufen.

Zum Nachfolger des 1894 verstorbenen Wedeler Wehrführers Dittmer Körner wählten die Brandbekämpfer den bis dahin als Körners Stellvertreter amtierenden Ludwig Walter sen. (1845-1918), der schon zu den Gründern gehört hatte.

45 Malermeister Heinrich Ludwig Walter (1870-1966), Sohn von Carl Ludwig Walter, führte die Wedeler Feuerwehr von 1904 bis 1934.

Walter, in Wedel als Malermeister und nebenberuflich auch als Auktionator tätig, musste allerdings schon im Jahre 1898 aus gesundheitlichen Gründen von seinem Amt zurücktreten. Ihm folgten der Zimmermeister Carl Ferdinand Brauer (1898-1901) und der Gastwirt Johann Berend Christel Kleinwort (1901-1904). 1904 übernahm Ludwig Walter jun., Sohn des vormaligen Wehrführers, die Aufgabe. Er leitete die Wehr bis zu ihrer Zusammenführung mit der von Schulau 1934. In Schulau löste der Landwirt Hinrich Georg Körner 1926 Hatje ab. Körner blieb gleichfalls bis 1934 auf seinem Posten.

Schiffbau in Schulau

Zu Beginn des Jahrhunderts führte das Volkszählregister von 1803 für Schulau 146 Einwohner in 33 Haushalten, für Spitzerdorf hingegen 347 Einwohner in 81 Haushalten an. Doch im Laufe des 19. Jahrhunderts wuchs Schulau zu einer bedeutenden Gemeinde heran. Ein Grund für das Wachstum war die allgemeine Entwicklung: die

Verbesserung der Verkehrs- und Kommunikationswege, die Industrialisierung und die Entwicklung weg von der Produktion für den eigenen Bedarf - die im 19. Jahrhundert in dörflichen Regionen noch immer eine große Rolle spielte - und hin zum Warenaustausch quer durch das Land. Der zweite Grund ist die zunehmende Ausnutzung der geographischen Gegebenheiten Schulaus einerseits in der Nähe von Hamburg und andererseits unmittelbar an der Elbe.

Beide Gründe hatten bereits bei der Niederlassung der Pulverfabrik 1877 in Schulau eine Rolle gespielt. Erstaunlich ist hingegen, dass die Schifffahrt noch im 18. Jahrhundert, sieht man der Fischerei und der Torfschifffahrt ab, nur eine untergeordnete Rolle gespielt zu haben scheint. Zwar sprach Bolten in seinem „Auszug aus den Historischen Kirchen-Nachrichten" (1790) von einem „bekannten Hafen an der Elbe", aber der Bekanntheitsgrad des sogenannten Liethgrabens dürfte eher auf seine damalige Funktion als Schutz- denn als Wirtschaftshafen zurückzuführen sein. Die wortgeschichtliche Forschung leitet „Schulau" von „schulen" her, was soviel wie „Schutz suchen", „verstecken" bedeutet. Die Zahl der Schiffer hielt sich Anfang des 19. Jahrhunderts noch sehr in Grenzen: 1803 wurden für Schulau nur wenige, für Spitzerdorf immerhin etwa 20 Schiffer gezählt.

Interessanter im Hinblick auf Schulaus Entwicklung sind Eintragungen wie die unter der laufenden Nummer 26 der Volkszählungsliste: Schiffbauer Johann Christoph Behrens. Behrens (1743-1807) scheint seine Werft in der Schul-Au kurz vor 1800

46 In den Wedeler Schiffbaubetrieben wie hier am Liethgraben wurden im 19. Jahrhundert vor allem Elbewer gebaut.

gemeinsam mit seinem Sohn Johann Diederich Behrens (1767-1849) gegründet zu haben. Damit war er allerdings nicht der erste Schiffbauer am Elbufer: Bereits für das Jahr 1735 ist die Existenz eines Schiffbaubetriebs in Schulau bezeugt.[8] Für diese Werft „Hinterm Ort" beim Parnass wurde 1739 erstmals der Name von Hans Finck angegeben. Es ist anzunehmen, dass die Werft zu diesem Zeitpunkt schon in erster oder zweiter Generation bestand. Von Hans Finck ging die Werft an Johann Jacob Finck über. Ab 1805 wurde die Parnass-Werft von Johann Hinrich Finck geführt, der in den Volkszählungslisten von 1803 als Nummer 30 in Spitzerdorf geführt wird. Nach dessen Tod 1828 übernahm der Sohn Johann Hermann die Werft, 1840 ging sie durch Einheirat in den Besitz von Johann Jacob Behrens über.

Dieser gab den Schiffsbau im Alter von 68 Jahren auf; sein Sohn Johann Jacob Behrens jun. übernahm die Werft nicht. Der Betrieb von Johann Diederich Behrens sen. im Schulauer Hafen ging an Johann Diederich Behrens jun. über und blieb bis in die 1890er Jahre hinein in Familienbesitz.

Um 1800 wurden auf beiden Werften vermutlich vor allem Elbewer gebaut. Dabei handelte es sich um flache und schlanke Lastensegler aus Eichenholz, die in aller Regel mit nur einem Mast und einer kleinen Kajüte im Vorschiff ausgestattet waren und zwischen zehn und 20 Meter lang waren. Darüber hinaus wurden auf beiden Werften auch zweimastige See-Ewer und Schoner für Mühlenberger, Blankeneser und Altonaische Kapitäne gebaut, die damit bis ins Mittelmeer fuhren, um Früchte zu importieren. Deshalb wurden die schnellen Schiffe auch „Fruchtjager" genannt. Das Hauptgeschäft der Werften bestand jedoch in Reparaturarbeiten; gebaut wurde fast ausschließlich auf Bestellung und entsprechend der jeweiligen Bedürfnisse.[9]

Bau von Elbewern

Wedel wird an das Eisenbahn-Netz angeschlossen

Jahrhundertelang war, wer nach Wedel wollte, auf Schiffe oder Pferde angewiesen. Den ersten regelmäßigen Kontakt zu den umliegenden Orten hatte im 19. Jahrhundert die Postkutsche hergestellt. Die später verkehrende „Diligence" konnte maximal acht Passagiere befördern. Das Fahrzeug, das dem Postillion Fehrs gehörte, wurde nach 1875 von dessen Schwager Hinrich Groth geführt. 1883 brach die neue Zeit mit Macht über Wedel herein: Die Postkutsche wurde überflüssig, als Wedel seinen Bahnanschluss erhielt.

Ursprünglich hatte man Wedel und Ottensen durch eine sogenannte Spurbahn miteinander verbinden wollen, aber das Projekt scheiterte 1881 am fehlenden Geld: Der Kostenvoranschlag belief sich auf 900 000 Mark, aber das notwendige Aktienkapital konnte nicht aufgebracht werden. 1882 bekundete die Direktion der „Altona-Kieler-Eisenbahngesellschaft" ihr Interesse am Bau einer Bahn. Der Optiker und Technik-Pionier Johann Diedrich Möller war es, der der Stadt die Pläne vorstellte. Laut Thode wollte die Gesellschaft ihre Bahnstrecke Altona-Blankenese als „Sekundärbahn" bis nach Wedel verlängern. Zwei Gründe waren ausschlaggebend: Sie sah

47 Im Jahre 1883 wurde Wedel an das Schienennetz der Bahn angeschlossen. Die Aufnahme des Bahnhofs stammt aus dem Jahr 1892.

in der Spurbahn ein zu verhinderndes Konkurrenzunternehmen, und sie wollte Kapital in Bahnbau anlegen, weil der Staat die Gesellschaft aufkaufen wollte. Sie war demnach bereit, die Bahn auf eigene Kosten zu bauen, wenn die betroffenen Orte das notwendige Terrain zur Verfügung stellten.

Daraufhin setzte in Wedel eine rege geführte Auseinandersetzung um den Bahnbau ein. Thode dazu:

> „Dieser neue Plan gab der ganzen Angelegenheit eine neue Wendung. Es bildete sich in Wedel neben der Spurbahnpartei eine Eisenbahnpartei, und beide stritten für ihre Projekte mit großem Eifer. Für die Spurbahn traten besonders der Bürgermeister Kleinwort, die Lehrer Lüthje und Schaal, die Eingesessenen A. Ohle, Franz Heinsohn und Dr. Boockholtz ein, wogegen sich für die Eisenbahn die Eingesessenen Müller Albert Heinsohn sen., F. Schulze, Johann Diedrich Möller, Jens und die Lehrer Reiß und Pump bemühten."

Man sieht: Was Rang und Namen im Ort hatte, engagierte sich in dieser Angelegenheit. Die „Eisenbahn-Partei" konnte die Sache schließlich für sich entscheiden, und die Stadt erwarb das heutige Bahnhofsgrundstück für 22000 Mark von dem Hamburger Kaufmann Cäsar Godeffroy. Zwischen September und November 1883 wurde die Strecke gebaut, am 1. Dezember 1883 kam der erste Zug nach Wedel.[10]

48 25 Minuten dauerte die Fahrt nach Blankenese im Jahre 1891, wie dieser alte Fahrplan zeigt.

Aus Spitzerdorf und Schulau wird eine Gemeinde

Eine auf den ersten Blick eher unscheinbare Tatsache wie jene, dass der Schiffbauer Johann Hinrich Finck in den Volkszählungslisten von 1803 als Spitzerdorfer geführt wurde, belegt, dass die beiden Orte im Lauf des Jahrzehnte einander territorial immer näher gekommen waren. Es gibt noch eine Begebenheit, die diesen Zustand illustriert: Nach dem Reichsdeputationshauptschluss von 1803 war Spitzerdorf kurzfristig Hamburg zugeschlagen worden. Im Tausch gegen andere Güter kam es aber schon 1805 an die Herrschaft Pinneberg. Von nun an wurde es wie Schulau als selbstständiges Dorf mit eigener Gemeindevertretung behandelt. Der amtliche Schriftverkehr beider Gemeinden wurde über die Kirchspielvogtei Blankenese abgewickelt. Seit 1876 leitete Julius Ladiges als Gemeindevorsteher die Amtsgeschäfte in Schulau, 1882 und 1888 wurde er jeweils wiedergewählt. Als er wegen seines hohen Alters und einer Erkrankung die Geschäfte im August 1890 - Schulau und Spitzerdorf brachten es in diesem Jahr zusammen auf 944 Einwohner[11] - niederlegen musste, übernahm der Spitzerdorfer Gemeindevorsteher Hieronymus Körner I. vertretungsweise die Verantwortung; die Neuwahl eines Gemeindevorstehers wurde für das Frühjahr 1891 angesetzt. Die Schulauer waren nun offenbar so zufrieden mit dem Spitzerdorfer Körner, dass sie ihn am 13. Februar 1891 auch offiziell zu ihrem Gemeindeoberhaupt wählten. Dieser Wahl versagte der Kreisausschuss jedoch die Zustimmung.

49 Idylle pur: So sah es noch um 1900 am Anfang des Rosengarten aus. Der Blick geht Richtung Westen. Doch hinter den Villen verliefen schon damals die Bahngleise.

„Maßgebend für die Versagung ist nicht im Geringsten mangelnde persönliche Befähigung oder sonstige Qualificativa des gewählten Vorstehers, sondern lediglich die Erwägung, daß es grundsätzlich unzulässig erscheint, den Gemeindevorsteher einer Gemeinde auch zum Gemeindevorsteher einer Nachbargemeinde, namentlich wo eine Kollision der Interessen nicht ausgeschlossen ist, zu ernennen"

Bestätigen konnte Landrat Ludwig Scheiff nur die Wahl von Dittmer Körner zum stellvertretenden Gemeindevorsteher.[12] Dieser Vorgang war allerdings nicht der Auslöser für die Zusammenführung von Spitzerdorf und Schulau; Verhandlungen hatte es während der vorausgegangenen Jahre immer wieder gegeben. Die Schulauer hatten mit ihrem Votum lediglich einen schon in der Schwebe befindlichen Vorgang vorausgenommen bzw. beschleunigen wollen. Vollzogen wurde die Zusammenlegung erst im Juli 1892. 1937 erhielt die Spitzerdorfstraße ihren heutigen Namen (zuvor seit 1909 schon Spitzerdorfer Straße), und zwar ausdrücklich, um die Erinnerung an das einst selbstständige Dorf zu bewahren.

In den Mußestunden ging es an die Elbe

Es war der schon erwähnte Johann Jacob Behrens, der 1861 am Parnass die erste Anlegestelle mit einem Ponton einrichten durfte. Allerdings diente die Brücke seinerzeit noch nicht in erster Linie touristischen, sondern fiskalischen Aufgaben: Dort wurde die Zollkontrolle abgewickelt. Bis 1888 blieb sie die einzige Anlegebrücke in Schulau.
Doch scheint es in dieser Zeit auch schon Ausflügler nach Schulau gezogen zu haben. Wann das heute noch auf dem Parnass stehende Backsteingebäude oberhalb des scharfen Knicks im Wanderweg errichtet wurde, lässt sich nicht eindeutig ermitteln. Allerdings gehörten zum Haus schon 1864 eine Kegelbahn und ein Tanzsaal. Alte Ansichtskarten zeigen zudem, dass es um die Jahrhundertwende noch nicht die starke Befestigung des Parnass-Hügels gab, wie sie heute zu sehen ist. Statt dessen konnte man vom Restaurant aus zu einer hölzernen Laube am Strand hinuntergehen. In den 1880er Jahren war Christian Baas Wirt im Etablissement „Zum Parnass", zwischen 1889 und 1895 bediente Johannes Heinsohn die Gäste. Bis 1914 wurde das Haus von Wilhelm Harder, Jonny Köhler und Otto Müller geführt, nach 1914 waren Hinrich Wehlen und zuletzt August Rösicke Pächter der Gastwirtschaft.
Dass sich am Elbufer gut von Touristen leben ließ, beweist die Tatsache, dass in den 1880er Jahren auch das heute „Fährhaus" genannte Lokal einen Aufschwung erlebte. Bis um die Mitte des 19. Jahrhunderts gehörte das Land zu einem der größten Höfe in Schulau, der fast 400 Jahre lang im Besitz der Familien Koch (auch: Kock) oder Buhrmeister war. 1834 ging der Hof an die Familie Heinsohn. Peter Heinsohn erwarb 1875 die Schanklizenz für das seinerzeit „Zur schönen Elbaussicht" genann-

50 Seine bürgerliche Atmosphäre ließ das Restaurant „Zum Parnass" um 1900 zu einem beliebten Treffpunkt werden.

51 Ähnlich wie das benachbarte Restaurant „Zur schönen Elbaussicht" (heute Fährhaus) verfügte „Zum Parnass" um 1900 über eine großzügige Terrasse.

52 Schon um 1900 versuchten Restaurants und Tanzetablissements mit Ansichtskarten auf ihre Vorzüge aufmerksam zu machen.

53 Auch um die Wende zum 20. Jahrhundert lockte „Zur schönen Elbaussicht" bereits mit einer großzügigen Tanzfläche und einer Galerie. Selbst die Bühne hat bis heute ihren Platz nicht verändert.

te Lokal. Den Namen „Schulauer Fährhaus" bekam die Gaststätte erst 1939 von ihrem damaligen Besitzer Hugo Möller.

Um die Jahrhundertwende präsentierte sich das Innere der „schönen Elbaussicht" schon fast so, wie sich Wedelern und Gästen der Raum auch heute noch darstellt: Am Rand der großen Tanzfläche in der Saalmitte waren zahlreiche Tische untergebracht, und von einer umlaufenden Galerie aus konnte man das „Wer-mit-wem" auf der Tanzfläche beobachten. Hans Hinrich Heinsohn war es, der um die Jahrhundertwende die 1888 eingerichtete Dampfschiffsbrücke vor der „Elbaussicht" im großen Stil renovieren ließ. Darüber hinaus hatte Heinsohn große Pläne. Das Gelände an der Elbstraße war um die Jahrhundertwende noch unbebaut, und so reichte er am 20. April 1904 einen Antrag auf umfassende Erweiterung seines Etablissements und die Anlage eines großen Parkes zwischen der Straße und der „Parnass"-Gaststätte ein. In einem Anbau wurden fünf Fremden- und ein großes Clubzimmer sowie eine Garderobe eingerichtet. Im folgenden Herbst wurde der Park angelegt. Nach dem Geschmack der Zeit gab es zahlreiche verschlungene Wege für heimliche Rendezvous und einen Teich.

Schankgewerbe war profitabel

Die große Zahl von Gast- und Schankwirtschaften in Wedel rund um den Roland ist bereits erwähnt worden. Aber auch die Schulauer und ihre Gäste brauchten keinen Durst zu leiden. Im Stadtarchiv werden zahlreiche Anträge auf Erteilung von Schankerlaubnissen aufbewahrt. Daraus geht hervor, dass die Obrigkeit

54 Um 1900 war „Zur schönen Elbaussicht" bereits als Fährhaus bekannt. Der erste Anleger wurde schon 1861 eingerichtet.

die Betriebe schon um die Jahrhundertwende sehr genau kontrollierte. So wandte sich Hans Hinrich Heinsohn am 13. April 1902 mit einem Schreiben an den Pinneberger Landrat Ludwig Scheiff: „Am Donnerstag, den 24. April d.Js. gedenkt mein Vertreter Herr W. Harder in meinem Etablissement ‚Zum Parnass' einen Antrittsball mit vorhergehendem Concert zu veranstalten." Aus diesem Anlass bittet er um die Hinausschiebung der Polizeistunde. Der Antrag musste zunächst abschlägig beantwortet werden: Harder war nicht im Besitz einer Schankerlaubnis.
Die Erteilung einer solchen Erlaubnis war an strenge Bedingungen geknüpft, denn manch einer scheint sich vom Betrieb einer Gaststätte leichtes Geld versprochen zu haben. Im März 1903 richtete H. Struckmeyer die Bitte um Schankerlaubnis an den Landrat. Der lehnte unter Hinweis auf eine Bedingung in den einschlägigen Regelungen ab: Eine Genehmigung werde nicht erteilt,

> „wenn in Ortschaften mit weniger als 15 000 Einwohner, wozu Schulau gehört, der Nachweis eines vorhandenen Bedürfnisses zu dem Betriebe eines der gedachten Gewerbe nicht erbracht ist."

Außerdem wurde unterschieden zwischen dem Ausschank alkoholischer und nichtalkoholischer Getränke. Gelegentlich wurde die Erlaubnis zum Ausschank von Kaffee, Tee, Selter, Milch und Säften mit dem Hinweis verknüpft, dass eine Erweiterung der Lizenz in Zukunft nicht in Frage komme. Aber noch der Betrieb einer „Abstinenzwirtschaft", wie es im Amtsdeutsch hieß, scheint als Nebenerwerb nicht unattraktiv gewesen zu sein: Im Februar 1905 erhielt der Schmied Carl Löffelholz junr. in Wedel eine entsprechende Konzession, und vier Wochen später wurde sie auch dem Steinkohlenhändler Hermann Woltmann in Schulau erteilt.
Gelegentlich kam es in diesen Fragen sogar zu juristischen Konflikten. Im November 1907 wurde Hinrich Jürgs, der mit den Bedürfnissen der Angestellten in der Zuckerfabrik argumentiert hatte, der Betrieb einer Gastwirtschaft mit der folgenden Begründung verweigert; die Arbeiter seien durch die Kantine versorgt, der Fremdenverkehr meide die Nähe der Fabriken.[13]
Dass so kleine Orte wie Wedel und Schulau um die Jahrhundertwende so viele Gastwirtschaften aufzuweisen hatten, ist nicht überraschend; in anderen deutschen Orten und Städten sah es nicht anders aus. In diesen Jahren wurde die „Trunksucht" durchaus heiß diskutiert. Schließlich sahen sich sogar hohe Verwaltungsstellen gezwungen, sich mit dem Problem zu befassen. Im Mai 1903 erbat der Regierungspräsident in Schleswig von den Landräten und Bürgermeistern Vorschläge, wie sich die Behörden am Kampf gegen den übermäßigen Alkoholgenuss beteiligen könnten. Die Vorschläge fielen ziemlich hilflos aus. Da ist von „Aufklärungsarbeit" und der Schaffung von „Erfrischungsgelegenheiten wie Trinkwasserbrunnen" die Rede...
Aber auch andere Gewerbeunternehmungen unterlagen strengen Kontrollen. Wenn von Arbeitsschutz-Regelungen im heutigen Sinne seinerzeit auch keine Rede sein konnte, so gab es doch Bestimmungen hinsichtlich der Mindestanforderungen an einen Arbeitsplatz. So sah sich die Obrigkeit in Gestalt des Sergeanten Hermann Nie-

55 Auch in den Wedeler Elbmarschen wurde 1905 das Bandreißergewerbe ausgeübt. Diese Aufnahme entstand vor dem Lüchauschen Grundstück.

mann beispielsweise nach einer Besichtigung des Betriebs von Zigarrendreher Wilhelm Werner im März 1905 zum Einschreiten genötigt: Der Raum entsprach nicht der vorgeschriebenen Mindestgröße, der minderjährige Lehrling war nicht im Besitz eines Arbeitsbriefes. Die Königliche Gewerbe-Inspektion Altona sah sich daraufhin die Räume an und machte Vorschläge zur Umgestaltung - denen Werner im Laufe des Sommers 1905 auch nachkam.[14]

Wedel um 1900

In Wedel scheint der Alltag um 1900 noch seinen gewohnten Gang genommen zu haben; Fotos und Ansichtskarten vermitteln Ruhe und eine gewisse Beschaulichkeit. Wer sich 100 Jahre später die Mühe macht und die Verwaltungsberichte der Stadt durchblättert - die seinerzeit noch jeweils für einen Zeitraum von fünf Jahren verfasst wurden -, kann aber nachvollziehen, wie die Veränderung aller Lebensbereiche durch Industrialisierung und Technisierung auch die Rolandstadt erfasst.
Um einen historischen Querschnitt vom Leben um die Jahrhundertwende zu bekommen, sollen hier Zahlen, Daten und Fakten aus dem Verwaltungsbericht und anderen Quellen zitiert werden. Zu berücksichtigen ist dabei, dass Wedel und Schulau erst

56 Um 1900 hieß die heutige Rolandstraße noch Ansgariusstraße. Links sind die Gastwirtschaften „Holsteinisches Haus" und „Stadt Hamburg" zu erkennen. Die Aufnahme entstand um 1910.

57 Die Kirche am Roland wurde in den Jahren nach dem Brand von 1837 errichtet.

1909 vereinigt wurden; die Rede ist also ausschließlich von dem heute als Altstadt bezeichneten Ortsteil.

Laut Volkszählung hatte Wedel im Jahre 1900 genau 2279 Einwohner (Schulau: 2074); 1096 davon waren Frauen, 1183 Männer. In der Verwaltung wurden 20 Eheschließungen registriert. Auch bei den Geburten dominierte das männliche Geschlecht: 41 Jungs und 30 Mädchen kamen in Wedel zur Welt. Vier uneheliche Geburten werden zwar erwähnt, fanden aber in die offiziellen Zahlen keinen Eingang. Schließlich wurden 39 Sterbefälle verzeichnet. Die Zahlen aus den beiden Jahrzehnten vor und nach der Jahrhundertwende zeigen einen anhaltenden Aufwärtstrend der Einwohnerzahl. Insgesamt gab es „488 gewöhnliche Haushaltungen von 2 oder mehr Personen" und „32 einzeln lebende Personen mit eigener Hauswirtschaft".

58 Pastor Reinhold Thode bezeichnete das Innere „seiner" Kirche um 1900 als „überaus nüchtern".

59 Die Dachziegel- und Kunststeinfabrik Jörgensen gehörte zu den ersten Industriebetrieben in Wedel. Die Aufnahme entstand um 1900. 1907 brannten die Wohn- und Betriebsräume ab; die Firma mußte daraufhin ihren Konkurs anmelden.

An Industriebetrieben werden für Wedel im Verwaltungsbericht eine Dampfziegelei, eine Müllerei, eine Blechemballagefabrik und eine Dachziegel- und Kunststeinfabrik sowie einige kleinere Betriebe aufgeführt. Weiter heißt es: „Die größeren Ackerbaubetriebe verkauften und verpachteten Ländereien an Kleinbetriebe, an Gärtner u.s.w. Die Zahl der Gärtnerei- und Baumschulbetriebe ist auf 18 angewachsen."

Im Jahrzehnt vor 1900 begann die Zahl der Infrastrukturmaßnahmen deutlich zu steigen. So erwähnen die Verwaltungsberichte häufig den Ausbau von Straßen. Schon 1885 hatte Ingenieur Lichtwerk aus Klein-Flottbek je einen Straßen- und Baufluchtlinienplan für Wedel und Spitzerdorf aufgestellt, und 1890 hatte das Wedeler Stadtverordneten-Kollegium beschlossen, dass die Neuanlage von Straßen nur noch bei einer Baukostenbeteiligung seitens der Anlieger vorgenommen werden könne. Im Stichjahr 1900 wurde eine Verbindung zwischen Mühlen- und Kuh- (heutige Pinneberger) Straße angelegt, die zu Ehren des Dichterpastors Johann Rist den Namen Riststraße erhielt. Die Kosten dafür beliefen sich auf 14 097,36 Mark. Für die Neupflasterung der Hinterstraße gaben die Stadtväter 7 840,52 Mark aus. In den Jahren um die Jahrhundertwende wurden außerdem die Hinterstraße neu gepflastert und ein Teil von Mühlen- und damaliger Angarius- (heute Roland-)straße mit Entwässerungsleitungen versehen.

Ausbau des Straßennetzes

60 Im Jahre 1900 wurde die Riststraße angelegt. In den folgenden Jahren wurden die Villen errichtet, die sich teilweise bis heute erhalten haben.

Die neuen Gewerbe- und Industriebetriebe brauchten Arbeitskräfte. Über die deshalb notwendig gewordenen Baumaßnahmen heißt es in dem Verwaltungsbericht 1900/05:

„Infolge der eingetretenen Verkehrsverbesserungen und wegen der hierorts mäßigen Mietpreise nehmen bezw. behalten viele Handwerker und Arbeiter, welche in den Großstädten Altona und Hamburg und in der näheren Villengegend beschäftigt sind, ihren Wohnsitz in Wedel. Es ist deshalb in letzter Zeit Nachfrage nach Wohnungen, speziell solchen zu mittleren Mietpreisen. Die Bautätigkeit wird hierdurch lebhaft angeregt."

Im Zeitraum 1900/01 wurden insgesamt 39 Bauscheine erteilt: sieben Wohnhäuser und 18 andere Neubauten wurden errichtet, an zehn Wohnhäusern und vier anderen Gebäuden wurden Umbauten vorgenommen. Auch diese Statistiken zeigen den deutlichen Aufwärtstrend.

„Regiert" wurden die Wedeler von dem 1871 geborenen Franz Heinsohn, der am 24. Oktober 1898 das Bürgermeisteramt von seinem Vater Johann Hinrich Heinsohn (geboren 1847) übernommen hatte. Zu den städtischen Beamten gehören außer Heinsohn der Stadtkassierer Heinrich Jens, der seit 1897 amtierende Polizeisergeant Hermann Niemann und die beiden Nachtwächter Joachim Nagel (seit 1882) und Hermann Ladiges (seit 1890 im Dienst).

Die Obrigkeit von Wedel

Dabei ist der Beamtenstatus von damals mit dem heutigen keineswegs vergleichbar. Der Stadtkassierer und der Polizeisergeant wurden auf Lebenszeit gewählt, aber die beiden Nachtwächter wurden nur auf vierteljährliche Kündigung angestellt. So sah es das „Ortsstatut über die Anstellung und Versorgung der städtischen Beamten" vor, das am 8. Februar 1900 erlassen wurde. Weiterhin vermerkt der Verwaltungsbericht: „Der Feldhüter, der Hafenmeister und die Wegewärter sind nicht mit Beamteneigenschaft angestellt." Zum Amt der Nachtwächter gehörte übrigens, die 58 Petroleumlampen, deren Unterhalt sich im Jahre 1900 auf genau 483,42 Mark belief, zu kontrollieren und um 23 Uhr (!), im Sommer um 24 Uhr zu löschen. Erst 1908 wurden die ersten elektrischen Laternen installiert.

61 Der Färber und Blaudrucker Heinrich Jens (1843-1904) war um 1900 auch als Stadtkassierer tätig.

Wedel unter preußischer Herrschaft: 1867-1932   115

62 „Zentrum" von Wedel war um 1900 der Marktplatz, der ringsherum von Gastwirtschaften gesäumt wurde. Die beiden Eichen links und rechts des Rolands waren 1873 in Erinnerung an den Deutsch-französischen Krieg von 1870/71 gepflanzt worden.

Schon am 1. Oktober 1858 war eine dem „Postcomptoir" in Pinneberg unterstellte Briefsammlungsstelle in Wedel eingerichtet worden. 1867 wurde diese Stelle in eine Postexpedition umgewandelt, die die Verbindung zwischen Wedel und Blankenese aufrechterhielt. Das 1981 abgerissene Haus Mühlenstraße 18 beherbergte die Kaiserliche Postagentur, die 1892 in ein Postamt III. Klasse umgewandelt wurde.
Welche stürmische Entwicklung die postalische Kommunikation in den Jahren vor der Jahrhundertwende durchmachte, geht aus Tabellen hervor, die in die Verwaltungsberichte aufgenommen wurden. Im Jahr 1889 wurden 41 972 eingegangene und 24336 aufgegebene Briefsendungen gezählt; 1900 gingen 161 408 Briefe ein, und die Wedeler verschickten 141 544 Briefe. Beeindruckend auch die Zahl der Telegramme, bei denen eine Steigerung der aufgegebenen Nachrichten von 428 im Jahre 1889 auf 814 für 1900 verzeichnet wurde. Auch die Zahl der Postanweisungen und Pakete stieg kontinuierlich. Telefone wurden in Wedel erst im Jahrzehnt nach 1900 installiert. Die erste öffentliche Fernsprechstelle wurde 1903 im neuen Postamt an der Bahnhofstraße (heute Rathausplatz 4) eingerichtet. Wedel war an die Fernsprechvermittlungsstelle Blankenese angeschlossen.

63 Die Mühlenstraße um 1900. Der Blick geht auf das Wohn- und Speicherhaus der Wassermühle. Wenn der Betrachter sich umdreht....

64 ...geht sein Blick aufwärts in Richtung Marktplatz. Rechts ist die Einmündung Riststraße zu erkennen.

65 1892 wurde die Postagentur im Haus Mühlenstraße 18 in ein Postamt III. Klasse umgewandelt.

Private Initiative wurde offenbar schon vor mehr als 100 Jahren groß geschrieben. Der Verwaltungsbericht 1889/1895 vermerkt:

> *„Die Räumlichkeiten des Amtes befinden sich vorläufig noch in einem Privathause, doch steht es in sicherer Aussicht, daß demnächst ein zweckentsprechendes Postgebäude die Stadt zieren wird. Der jetzige Postverwalter Herr Gohrbandt hat es übernommen, für seine Rechnung einen Neubau aufführen zu lassen und ist ein wohlgelegener Platz an der Mühlenstraße hierselbst bereits von ihm angekauft worden."*

1895 ließ Gohrbandt das Haus Mühlenstraße 49 errichten, aber die Post blieb dort nur wenige Jahre: 1901 zog Gohrbandt quasi um die Ecke in den Neubau am Anfang der Bahnhofstraße, heute Rathausplatz 4. In das Haus Mühlenstraße 49 zog die erste Apotheke Wedels. Sie blieb dort bis zu ihrem Wechsel in den Bahnhofsneubau 1985.

Wedel braucht einen besoldeten Bürgermeister

Am 9. August 1898 hatte der Wedeler Bürgermeister Johann Hinrich Heinsohn - seit dem 9. Februar 1888 im Amt, 1893 mit 135 von 135 abgegebenen Stimmen wiedergewählt - dem Stadtverordneten-Kollegium in einem Brief mitteilen müssen, dass er sein Amt niederzulegen beabsichtige: „Mein andauernd mangelhafter Gesundheitszustand lässt die fernere Führung der Amtsgeschäfte nicht zu." Ein Nachfolger war schnell gefunden: Heinsohns Sohn, der Bürovorsteher Franz Heinsohn, übernahm die Amtsgeschäfte am 24. Oktober des Jahres. Gerade drei Jahre blieb Franz Heinsohn noch in Wedel. Ende des Jahres 1901 bot sich ihm die Chance, den gleichen, allerdings besoldeten Posten in Pinneberg zu übernehmen. Die Sache klappte, und Wedel musste sich schon wieder auf die Suche nach einem neuen Stadtoberhaupt machen. Dass Heinsohn nach Pinneberg wechselte, weil er dort für seine Arbeit bezahlt wurde, ließ den Wedelern keine Ruhe. Zur Sitzung des Stadtverordneten-Kollegiums vom 27. Dezember 1901 heißt es im Protokollbuch:

> *„Nach eingehender Berathung beschliesst das Kollegium einstimmig, die durch die Wahl des Bürgermeisters Heinsohn zum Bürgermeister der Stadt Pinneberg erledigte, bisher ehrenamtlich verwaltete Bürgermeisterstelle durch einen besoldeten Bürgermeister zu besetzen und die Stelle öffentlich auszuschreiben. Das pensionsfähige Gehalt des Bürgermeisters, welcher das Standesamt der Stadt Wedel sowie die Ortspolizei der Landgemeinde Schulau ohne Anspruch auf Vergütung mit zu verwalten hat, wurde auf 1800 M, die Dienstaufwandsentschädigung auf 1200 M festgesetzt. Die Stellung, Heizung, Reinigung und Beleuchtung des Bureaus sowie etwaige Schreibhülfe hat der Bürgermeister aus der Dienstaufwandsentschädigung zu bestreiten, während Drucksachen, Formulare, Bureauutensilien und Portas von der Stadt geliefert werden."*[15]

Wedel unter preußischer Herrschaft: 1867-1932 119

66 Ein beliebter Treffpunkt der Wedeler war um 1900 das Hotel und Restaurant „Stadt Hamburg" in der Ansgariusstraße (heute Rolandstraße).

67 Diese Ansicht der Häuser am Mühlenteich ist um 1900 entstanden. Das schmale dunkle Haus in der Bildmitte diente nach 1895 ein paar Jahre lang als Post und danach als Apotheke.

68 Vom östlichen Ufer geht der Blick über den Mühlenteich Richtung Kirche und Riststraße.

69 Auf die korrekte Wiedergabe der Örtlichkeiten hat der Zeichner dieser Ansichtskarte der Jahrhundertwende allzu deutlich verzichtet. So gab es auf dem Marktplatz einen Fahrdamm nur hinter dem Rücken der Roland-Statue.

70 Heinrich Jacob Friedrich Eggers (1867-1945) führte die Wedeler Verwaltung von 1902 bis 1932. Er war der erste besoldete Bürgermeister der Stadt. 1937 wurde ihm die Ehrenbürgerwürde verliehen.

Die Kollegiumsmitglieder werden kaum geahnt haben, was da auf sie zukommen würde. Insgesamt gingen bei der Stadt 67 Bewerbungen ein. Unter den Interessenten fanden sich Amtsvorsteher, Stadt- und Gutsinspektoren, Polizeisekretäre, Bürgermeister und Kanzlisten. Ebenso vielfältig waren die Herkunftsorte: Die Bewerbungen kamen unter anderem aus Ratzeburg, Hamburg, Altona, Cottbus, Kiel, Marienwerder, Halle, Aachen und Cölln.

Am 11. Januar 1902 beschloß das Kollegium, eine Kommission zur Sichtung der Bewerbungen einzusetzen, „bestehend aus den Mitgliedern des Stadtverordneten-Kollegiums und den Herren Dr. Boockholtz, Hauptlehrer Reis, Landmann Heinrich Kleinwort und Kaufmann Kaland." In die engere Wahl nahm diese Kommission in ihrer Sitzung vom 24. Januar acht Bewerber, darunter den Stadtsekretär Wieck aus Heide, den Gutsinspektor Grütter aus Gelting und, Nummer 32 auf der von der Kommission angelegten Liste, den Stadtsekretär Heinrich Jacob Friedrich Eggers aus Uetersen.

Am 27. Februar 1902 teilte der Bezirksausschuss in Pinneberg der Stadtverwaltung mit, das pensionsfähige Gehalt müsse auf 2400 Mark festgesetzt werden. Das Stadtverordneten-Kollegium reagierte taktisch: Von 1800 Mark ausgehend, sei man gewillt, das Gehalt alle drei Jahre bis zum Höchstbetrag von 2400 Mark zu steigern.

Die Wedeler wollten eine schnelle Entscheidung - der Wahltermin wurde auf Sonnabend, den 22. März 1902, festgelegt. Zwischen 15 und 17 Uhr konnten die 277 Wahlberechtigten „im Local des Herrn Hansen" - dabei handelte es sich um das „Hotel zum Roland" am Markt - ihre Stimme abgeben. Die Wahl verlief eindeutig: Während auf Wieck zwei und auf Grütter 26 Stimmen erhielten, entfielen auf Eggers 175. Für Eggers entschieden sich viele der damaligen Honoratioren, darunter Stadtkassierer Heinrich Jens, Kaufmann Carl Ketel, Mineralwasserfabrikant Gustav Lührs, Zimmermeister August Ohle, Hauptlehrer Hans Reis und der ehemalige Feuerwehr-Chef Louis Walter. Pastor Reinhold Thode und der Arzt Jürgen Heinrich Boockholtz scheinen sich der Stimme enthalten zu haben.[16]

Eindeutiges Wahlergebnis

Eggers wurde am 5. September 1867 in Großensee bei Trittau als Sohn einer Bauernfamilie geboren. Nach Schulzeit

71 Pastor Reinhold Thode (1849-1912) amtierte in Wedel seit 1885. Zwischen 1901 und 1904 verfaßte er eine Chronik der Kirchengemeinde.

72 Bürgermeister Friedrich Eggers (vorn, sechster von links), umgeben von Freunden und Kollegen anlässlich seines 25-jährigen Dienstjubiläums 1927.

73 Die frühere Gastwirtschaft „Stadt Altona" an der Austraße diente von 1906 bis 1929 als erstes Wedeler Rathaus.

und rund zwölf Jahren Dienst beim Militär als Zahlmeister wechselte er in den zivilen Verwaltungsdienst. Zunächst arbeitete er ein Jahr lang beim Kieler Magistrat. Ab 1. Januar 1901 war er als Stadtsekretär in Uetersen tätig, wo er mit Polizei- und Kommunalangelegenheiten zu tun hatte. Von dort aus bewarb er sich - erfolgreich - um den Posten in Wedel, den er dann gleich 30 Jahre lang innehaben sollte: Am 15. November 1913 wurde er mit der überwältigenden Mehrheit von 460 gegen 83 Stimmen wiedergewählt; die neue Amtszeit begann am 21. April 1914. Inzwischen bezog er ein Höchstgehalt von 5000 Mark einschließlich freier Wohnung im Wert von 600 Mark. 1926 trat er seine dritte Amtsperiode an. Am 21. April 1927 wurde er mit einer Feier zu seinem 25jährigen Dienstjubiläum geehrt. Im April 1932 schied er aus dem Dienst. In den 30 Jahren seiner Amtstätigkeit haben sich die politische, die wirtschaftliche und die verwaltungstechnische Situation sowie die Infrastruktur der Stadt mehrfach und tiefgreifend geändert. 1937 wurde ihm von seinem Amtsnachfolger Harald Ladwig die Ehrenbürgerwürde verliehen. Dieser Auszeichnung konnte er sich noch knapp acht Jahre erfreuen: Eggers starb unmittelbar nach Kriegsende am 10. Mai 1945 in Wedel.

Schulau um 1900

Um die Jahrhundertwende ging die Entwicklung Schulaus mit Riesenschritten voran. Zur Erinnerung: 1890 war die Feuerwehr in Schulau gegründet, 1892 waren Spitzerdorf und Schulau unter dem Namen Schulau vereinigt worden. Seit 1877 war in Schulau die Pulverfabrik tätig. Einen weiteren Anhaltspunkt für den Aufstieg von Schulau bildet der Bau der „Zucker-Raffinerie Hamburg-Schulau" durch den Hamburger Senator Heinrich Alfred Michahelles unmittelbar am Elbufer im Jahre 1891. Errichtet wurde das Werk dort, wo sich heute das Graf-

Zucker-raffinerie

74 Die Zuckerfabrik unmittelbar am Elbufer nahm 1891 ihren Betrieb auf.

75 Diese Luftaufnahme der Zuckerfabrik entstand etwa um 1930.

Luckner-Seniorenheim befindet. In der Raffinerie wurde der aus Rüben gewonnene Rohzucker mit Knochenkohle entfärbt und in Vacuumapparaten destilliert. Der Rohzucker kam vor allem aus mittel- und ostdeutschen Zuckerfabriken auf dem Wasserweg nach Schulau. Zeitweilig waren mehr als 400 Arbeiter für die Fabrik tätig. Ab 1901 wurde eine Werksfeuerwehr unterhalten, die organisatorisch zur Schulauer Wehr gehörte. Letzter sichtbarer Rest der 1932 stillgelegten Raffinerie ist der Boden des sogenannten Zuckerspeichers, der heute als Aussichtsterrasse der Seniorenwohnanlage dient.

76 Vom unmittelbar am Elbufer errichteten Zuckerspeicher existiert heute nur noch dessen Fundament und Bodenfläche. Sie dient als Aussichtsterrasse.

77 So idyllisch ging es in den 1890er Jahren noch im Liethgraben zu, bevor er um 1900 zum Schutz- und fiskalischen Hafen ausgebaut wurde.

In den Jahren 1899/1900 wurde der Liethgraben zum Schutz- und Fischereihafen ausgebaut. Diesem Ausbau musste unter anderem die Werft von Johann Diederich Behrens weichen. Die ersten Pläne für den Ausbau datierten aus dem Jahr 1893 und sahen über den Bau von reinen Hafenanlagen hinaus einen Gleisanschluss vor. Darauf ist allerdings verzichtet worden, als die Arbeiten im September 1899 aufgenommen wurden. Der Kostenvoranschlag belief sich auf 215 000 Mark, von denen die Gemeinde Schulau 75 000 Mark übernehmen sollte. Im Zuge des Ausbaus wurde der bestehende Graben ausgebaggert, und an der Ostseite des Hafens wurde eine hölzerne Mole angelegt. In den Jahren 1901/02 wurde außerdem ein gesonderter Lösch- und Ladeplatz für Frachtschiffe eingerichtet.

Ausbau des Hafens

Für die Industrie war Schulau bereits ein attraktiver Standort. Zwar war 1891 der Versuch, eine Bleiraffinerie einzurichten, am Widerstand der Wedeler Stadtväter gescheitert[17], zwar explodierte die Pulverfabrik 1893 noch einmal - ohne dass dieses Unglück das Ausmaß der Katastrophe von 1878 erreichte -, doch konnten diese Rückschläge, die in der Schließung der Pulverfabrik im Jahr 1903 gipfelten, die Aufwärtsentwicklung nicht aufhalten. 1906 errichtete beispielsweise die 1898 gegründete „Deutsche Vacuum-Oil-Aktiengesellschaft" unmittelbar am Elbufer eine Ölraffinerie, die dort bis Ende 1997 tätig war.

78 Die Werft von Johann Diederich Behrens am Liethgraben musste dem Hafenausbau weichen.

Katholische Gemeinde für Schulau

Auch das Leben in Schulau wurde vom Aufschwung erfasst. Um die Jahrhundertwende gab es noch keine Kanalisation, nur wenige Bürgersteige und kaum eine gepflasterte Straße. Mit der Ansiedlung der Industriebetriebe wuchs der Bedarf an Arbeitskräften. Aus ganz Deutschland und aus Polen kamen Arbeiter nach Wedel. Insbesondere durch die Polen siedelten sich erstmals in größerem Umfang Katholiken in Wedel und Schulau an. Im Jahre 1900 wurde die katholische Gemeinde offiziell gegründet und der Bau einer Kirche beschlossen. Seit 1904 hat Schulau einen eigenen katholischen Geistlichen.

Wie aus einer Karte von 1879 hervorgeht, lag das „Zentrum" des zu dieser Zeit noch selbstständigen Spitzerdorf im Bereich des heute noch auf dem Stadtplan erkennbaren Ovals, das von Spitzerdorfstraße und Feldstraße (Nummern 1 bis 8a) umschlossen wird; dort hatten in jener Zeit die wichtigsten Handwerks- und Gewerbebetriebe sowie einige Höfe ihren Sitz. Die Grundstücke befanden sich teilweise schon seit Jahrhunderten jeweils im Besitz einer Familie.

Die Bahnhofstraße entsteht

Vermutlich die überraschendste Erkenntnis für den heutigen Betrachter ist die Tatsache, dass es die Bahnhofstraße, wie die Wedeler sie heute kennen, in den 1880er und 90er Jahren so noch gar nicht gab. Die Straße, die von der Chaussee zwischen Wedel und Rissen südwärts abzweigt, war eher ein unbefestigter Weg mit Namen, die ihm vermutlich der Volksmund verliehen hatte - zunächst Steendamm (bis zum Hoophof, der auf dem Grundstück stand, wo sich heute unter anderem die Post befindet), dann „Ünnern Hoophof" und dann „Uem Fincklers Eck" an der Abzweigung der heutigen Spitzerdorfstraße. Letzterer Name ist wohl auf die

79 *Die alte katholische Kirche wurde im Jahr 1900 an der damaligen Jägerstraße (heutige Feldstraße) errichtet.*

80 Der gesellschaftliche Treffpunkt von Schulau schlechthin war um 1900 Köhlers Gasthof (am rechten Bildrand) an der Spitzerdorfstraße. Dort pflegten auch die Gemeindevertreter zu tagen. Der Blick des Fotografen geht in Richtung Bahnhofstraße.

Tatsache zurückzuführen, dass an dieser Ecke der Kleinbauer und Auktionator Heinrich Finckler wohnte.

Die eigentliche Überraschung besteht in dem Faktum, dass die heutige Spitzerdorfstraße vor 1900 sozusagen die ganz normale Fortsetzung der Straße war. Sie hieß zunächst Bürger- und dann Wilhelmstraße und führte vorbei an der Kate des Grünwarenhändlers Jochim Kruse und an der Gastwirtschaft von Wilhelm Behrmann (später August Rösicke, dann „Scharpe Eck", und in der Tat macht die Straße dort ja einen scharfen Knick). In jenen Jahren stand auch bereits das Haus Spitzerdorfstraße 6, besser bekannt als „Hirtenhaus".

Der gesellschaftliche Treffpunkt schlechthin war um die Jahrhundertwende der Gasthof von Wilhelm Köhler (Spitzerdorfstraße 18, etwa dort, wo sich heute der Parkplatz des Hochhauses befindet). Die beliebte Gastwirtschaft, in deren Gaststuben übrigens auch die Schulauer Gemeindevertretung tagte, wurde 1904 um einen großen Saalanbau erweitert. Köhler, der deswegen um eine zusätzliche Betriebsgenehmigung nachsuchen musste, reichte den Behörden einen Grundriss und mehrere Schnittprofile des Hauses ein. Ihnen zufolge wies der Saal eine Gesamtlänge von 24 Metern auf, fünf Meter davon nahm eine Bühne im südlichen Teil des Raums ein. 1906 wurde das Lokal noch um eine Kegelbahn erweitert.

Auf der erwähnten Karte von 1879 ist deutlich zu erkennen, dass die heutige Bahnhofstraße an „Fincklers Eck" sehr viel schmaler wird. Zwischen den Kreuzungen Feldstraße und Spitzerdorfstraße - den heutigen Hausnummern 40 bis 48 - handelte

Geschäftseröffnung.

Einer geehrten Einwohnerschaft von Wedel-Schulau die ergebene Anzeige, daß ich in der **Wilhelmstraße** hinter dem Schillerhause eine

Bauschlosserei

verbunden mit **Fahrrad-Reparaturwerkstatt** eröffnet habe. Für gute und solide Arbeit übernehme ich jede Garantie.

Mit der Bitte, sich meiner bei Bedarf gütigst zu erinnern, zeichne

Hochachtungsvoll
Carl Hoops.

Wedel-Schulau, den 1. Juli 1909.

Schulau, Fährhaus Zur schönen Elbaussicht

Inh.: **August Sörensen**, vorm.: **H. Hinr. Heinjohn.**

Diners von 12 Uhr an sowie Speisen à la carte
zum sofortigen Servieren bereit.
Gutgepflegte Weine erster Häuser.
Große Glasveranda und Terrasse.   Zimmer mit Elbaussicht.
Telephon: Amt Blankenese Nr. 81.

Am **Sonntag Abend** wird anläßlich des
Sommervergnügens des Spitzerd.-Schulauer Gesangvereins
ein **Brillantfeuerwerk**
abgebrannt und zwar vom Kunstfeuerwerker **Berckholz**-Hamburg.

Die
Drogen- und Farbenhandlung
von
Hans Hadler, Wedel
empfiehlt
Streichfert. Oelfarben
per Pfund 35 Pfg.   bei 10 Pfund 30 Pfg.
Leinöl, Firniß, Lacke, Pinsel Terpentinöl, Siccativ, Kreide, Moos, Leim

---

Chr. Langbehn, Wedel
Fahrradhandlung
Vertreter der bestrenommierten Fahrradfabriken
Neckarsulm
Patria
Mars
Alle Ersatzteile stets auf Lager.
Reparatur sämtlicher Systeme.

81 Wie man sieht, waren einige der jahrzehntelang an der Bahnhofstraße angesiedelten Geschäftshäuser schon um 1905 um das Wohl der Wedeler besorgt.

82 Zur Erinnerung an die schleswig-holsteinische Erhebung war 1898 am Südende der Bahnhofstraße eine Doppeleiche gepflanzt worden. 1908 kam der Gedenkstein mit der Inschrift „Up ewig ungedeelt" dazu.

es sich nur mehr um eine unbefestigte Durchfahrt, die im Volksmund „Wilcken Biesterfeldts Kirchenweg" hieß. Der Schlagbaum, der im allgemeinen die Durchfahrt (über einen Bauernhof!) verhinderte, wurde nur für Braut- und Leichenwagen und im Falle von schlechtem Wetter geöffnet. Der Ausbau zur durchgehenden Straße mit dem amtlichen Rang einer „Provinzialstraße" wurde erst am 4. Januar 1900 beschlossen. Festgelegt wurden eine Breite von zwölf Metern und eine Baufluchtlinie von einem Meter. Im Jahre 1902 führte der Kreis den Ausbau durch, Schulau hatte den Grunderwerb und an weiteren Kosten 54 778,69 Mark zu tragen.

Schon vor dem Ausbau wurde am südlichen Ende der Bahnhofstraße 1898 auf Initiative des Kriegervereinsvorsitzenden, Maurermeisters und Feuerwehrhauptmanns Johann Hinrich Hatje die heute noch stehende Doppeleiche gepflanzt. Sie sollte an die deutsch-dänischen Auseinandersetzungen von 1848 erinnern. 1908 wurde zusätzlich ein Gedenkstein mit der auf Schleswig und Holstein bezogenen Mahnung „Up ewig ungedeelt" gesetzt. Auch der Stein steht heute noch.

Eine Doppeleiche für Schulau

Geselliges Leben um 1900

Dass es ein Verein war, der sich für die Denkmalsetzung engagierte, überrascht nicht: Die Jahrzehnte um 1900 waren die große Zeit der Vereine. Es gab kaum einen gesellschaftlichen Zweck und kaum eine Freizeit-Idee, die nicht zur Gründung einer geselligen Vereinigung führten.

Die Geschichte einiger bis heute bestehender Wedeler Vereine - wie des „Wedeler Männerchor von 1858" oder des Turn- und Sportvereins (TSV) von 1863 und auch des Spitzerdorf-Schulauer Männergesangvereins von 1886 - reicht weit in das 19. Jahrhundert zurück. Viele andere Vereine sind seither gegründet und auch wieder aufgelöst worden. Die meisten verdankten ihre Gründung den politischen oder gesellschaftlichen Rahmenbedingungen ihrer Zeit. Turn- und Gesangvereine galten auch in der zweiten Hälfte des 19. Jahrhunderts noch als Horte nationalpatriotisch-fortschrittlicher Gesinnungen und blieben insofern politisch verdächtig und erfreuten sich der besonderen Aufmerksamkeit der Polizei. In der Realität waren sie aber eher der Ausdruck der männerbündischen Geselligkeitskultur im Wilhelminischen Deutschland.

Die Entwicklung und Diversifizierung des öffentlichen Lebens stellte die Politiker des 19. Jahrhunderts vor nicht geringe Probleme - überall witterten sie Bestrebungen, die auf den „Umsturz", die Ablösung der konservativ-repressiven Machthaber abzielten. Bismarck und die meisten seiner Nachfolger als Reichskanzler sowie die beiden Kaiser Wilhelm I. und Wilhelm II. versuchten alles, um die Demokratisierung und Parlamentarisierung des deutschen politischen Systems zu verzögern. Zu den bekanntesten Maßnahmen gehörte das „Sozialistengesetz", das zwischen 1878 und 1890 (erfolglos) versuchte, die Sozialdemokraten aus dem öffentlichen Leben auszuschalten.

83 Der Blick des Fotografen geht von der Höhe des Rollbergs herab in Richtung Bahnhofstraße.

84 Wo die Spitzerdorfstraße einen scharfen Knick macht - daher später auch „Scharpe Eck" -, stand um 1900 die Gastwirtschaft von Wilhelm Behrmann. Rechts das Riedemannsche Haus.

Darüber hinaus wurden nicht nur die Organisationen, die neben der Partei für die Verbreitung demokratischen oder sozialistischen Gedankenguts eintraten, misstrauisch beobachtet, sondern auch fast alle anderen Vereine. Gründungen, Versammlungen und Feste mussten von der Polizei genehmigt werden. In größeren Städten wie Hamburg gehörte es zu den Aufgaben der sogenannten Politischen Polizei, Mitgliederversammlungen zu besuchen und schriftlich darüber Bericht zu erstatten. In der Provinz wurde diese Arbeit von den örtlichen Polizeiposten wahrgenommen. Charakteristisch für die Unsicherheit untergeordneter Beamten ist die Reaktion des Wedeler Bürgermeisters Johann Hinrich Heinsohn. Anfang April 1891 ging ein Schreiben des Schuhmachers Wicht bei ihm ein:

Die Polizei weiß (fast) alles

„Der löblichen Polizeibehörde in Wedel zeige ich hierdurch ergebenst an, daß sich hierorts eine Mitgliedschaft des Arbeiter-Bildungsvereins gebildet hat, Zweck und Satzungen des Vereins gehen aus den beiligenden Statuten hervor. Danach verfolgt der Verein und seine Mitgliedschaft keine politischen Zwecke"

Heinsohn sah die Sache ganz anders; unter Paragraph 1, Zweck des Vereins, hatte er gelesen:

„Von dem Grundsatze ausgehend, daß das Wissen Macht ist, bezweckt der Verein die Hebung seiner Mitglieder auf geistigem und wirthschaftlichem Gebiete und zwar sucht er dieses zu erreichen: a) durch Abhaltung öffentlicher Vorträge; b) Anschaffung geeigneter Lektüre und c) regelmäßig abzuhaltende Diskussions- und Unterhaltungsstunden."

So schrieb Heinsohn am 16. April an den Amtsvorsteher in Blankenese: „In letzter Zeit hat sich ein Arbeiterbildungsverein [gebildet], der offenbar nur sozialdemokratische Agitationszwecke, mithin eine Einwirkung auf öffentliche Angelegenheit bezweckt" - wohlgemerkt zu einem Zeitpunkt, als das Sozialistengesetz nicht mehr in Kraft war.[18]

Nach der Aufhebung des Sozialistengesetzes 1890 wagten deutschlandweit tätige Interessenverbände verstärkt die Gründung von Ortsvereinen. In Wedel traten in den 1890er Jahren der Verband deutscher Zimmerleute und der „Zentral-Verband der Maurer Deutschlands und verwandter Berufsgenossen" hervor. Außerdem gab es eine Gruppe des Verbandes „der Fabrik-, Land- und Hülfsarbeiter und Arbeiterinnen". Aber nach wie vor überwog bei den Behörden das Misstrauen. Am 26. Januar 1895 wandte sich Landrat Dr. Ludwig Scheiff schriftlich an die Bürgermeister mit der Bitte um Informationen zu diesen Vereinigungen. Der Brief trug den Vermerk „Geheim". In seiner Antwort führte Heinsohn unter anderem zwei Gesang-, einen Sport- und einen Gesellenverein sowie einen Kegelklub auf. In diesen Vereinigungen waren mehr als 450 der etwa 2100 Wedeler organisiert.[19]

Flottenverein in Wedel aktiv

Deutlich weniger Misstrauen zeigten die Behörden gegenüber Bünden, die sie als politisch konservativ einschätzten. Dazu gehörten beispielsweise Kriegervereine, die die Erinnerung an den Krieg gegen Frankreich 1870/71 hochhielten, oder der von Kaiser Wilhelm II. höchstpersönlich geförderte Flottenverein, der den Aufbau einer Militär-Schiffsmacht organisatorisch und agitatorisch - mit ständiger Propaganda gegen England, den Rivalen um die Vorherrschaft zur See - unterstützte. Eine Mitgliedertabelle verzeichnete 1899 insgesamt 23, 1901 bereits etwa 40 Wedeler Mitglieder des Flottenvereins. Viele der Honoratioren waren vertreten: Die Liste führt unter anderem Bürgermeister Eggers, Ratmann Hermann Biesterfeldt, Pastor Reinhold Thode, Postverwalter Bernhard Gohrbandt, den Maler und ehemaligen Feuerwehr-Chef Ludwig Walter und den Arzt Jürgen Heinrich Boockholtz an.

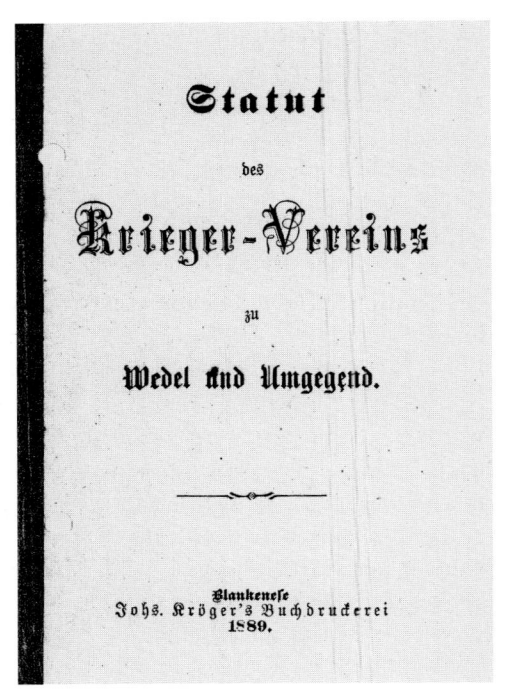

85 *Das „Statut des Krieger-Vereins zu Wedel und Umgegend" regelte in den 1890er Jahren Mitgliedsaufnahme und Mitgliederpflichten.*

86 *Bald nach 1900 richtete der Schiffer Franz Hennigs im Haus Rosengarten 29 eine Gastwirtschaft ein. Nach der Errichtung der TSV-Turnhalle 1926/27 erhielt sie den Namen „Turnerheim".*

Der Flottenverein bot seinen Ortsvereinigungen regelmäßig „kinematographische Vorführungen" an, so auch im Frühjahr 1906. Am 29. März wurden im „Hotel zum Roland" nachmittags um 14.30 Uhr für die Schulkinder und um 20 Uhr für die Erwachsenen die neuesten Film-Aufnahmen von Schiffen und vom Leben der Matrosen an Bord vorgeführt. Die Organisatoren rechneten mit einem großen Andrang: Zusammen mit den Werbe-Plakaten gingen Eggers unter anderem auch 1000 Eintrittskarten zu zehn und 700 zu 50 Pfennig im voraus zu. Welchen erzieherisch-moralischen Wert die Behörden diesen Vorführungen beimaßen, geht aus einem Brief des Hetlinger Gemeindevorstehers Schölermann vom 27. März 1906 an den Wedeler Bürgermeister hervor: Er teilt Eggers mit, „dass auf Veranlassung des Königl. Landrats die angesetzte Schulprüfung vom 29 d[es] M[ona]ts auf den 5 April verlegt ist und so die hiesigen Schulklassen an den Vorführungen vom 29 d Mts teilnehmen werden." Fünf Jahre später, am 9. März 1911, kam der Flottenverein noch einmal nach Wedel. Im Lokal von Wilhelm Köhler gab es wiederum zwei Vorführungen neuester Bilder aus dem Marine-Leben.[20]

Außer diesen Vereinen gab es um die Jahrhundertwende aber auch völlig auf die private Pflege der Geselligkeit konzentrierte Zusammenschlüsse wie den Geflügelzuchtverein von 1892 oder den Harmonika-Verein von 1898. Völlig unverdächtig war auch der Verein „Wickelkinder a.D.", der dem Bürgermeister am 18. Januar 1912 seine Satzung einreichte: „Zweck des Stammtisches ist... Gemütlichkeit, Humor und Frohsinn zu pflegen, um evtl. mit Vergnügungen an die Öffentlichkeit zu treten. Politische Tendenzen sind ausgeschlossen." An den Rand des Anschreibens hat Eggers notiert: „Die Sitzungen bedürfen einer polizeilichen Genehmigung nicht."

Gelegentlich fanden sich die Vereine auch zu einer gemeinschaftlichen Aktion zusammen. Als 1905 der 100. Todestag des wegen der vielen vermeintlichen patriotischen Untertöne zu einer Art Nationaldichter ernannten Friedrich Schiller gefeiert werden sollte, wurde eigens ein Komitee zur Organisation des Festaktes gegründet. Im Protokoll der ersten Sitzung vom 3. April 1905 wurde unter anderem festgehalten, dass die Vereine bereits Sammlungen „für die schöne Sache" durchgeführt haben.

Schiller-Feier

Am 9. April traf man sich wiederum in Köhlers Gasthof in der Spitzerdorfstraße, um den Ablauf der Feierlichkeiten zu besprechen:

„Die Festfolge wurde nachstehend festgelegt: 7 1/4 Uhr Aufstellung und Abmarsch vom Schulhaus III unter Teilnahme der einzelnen Vereine. Unter Vorantritt einer Kapelle folgen nach der Gemeindevertretung die einzelnen Schulen unter Führung der Lehrer. Von den Vereinen nimmt der Kriegerverein die Spitze. Durch Entscheidung des Loses treten die Vereine in folgender Reihenfolge an: Gesangverein, Geselligkeit, Gemütlichkeit, Verein der Bandreißer. Den Schluß bilden die Feuerwehren."

87 Das Schillerhaus an der Ecke Bahnhof-/Spitzerdorfstraße erhielt seinen Namen nach den vier Porträtbüsten in der Fassade, die Schiller in verschiedenen Lebensaltern zeigten.

Zum Kommandanten dieses Zuges wurde ein „Herr Hatje" bestimmt. Die Wahl war vermutlich kein Zufall, denn Hatje war es, der nach der Doppeleiche 1898 nun auch die Linde gestiftet hatte, die zu diesem Anlass gepflanzt worden war. Der Baum steht bis heute auf dem kleinen Platz vor dem Eingang zur Einkaufspassage in der Bahnhofstraße. Laut Festordnung sollte der Männerchor nach dem Eintreffen des Zuges an der Linde „Die Himmel rühmen" intonieren. Danach waren eine kurze Rede und der Auftritt eines Kinderchors geplant. Den zweiten Hauptteil der Feierlichkeiten bildeten die Reden und Aufführungen in Köhlers Gasthof. Vorgesehen waren laut „Festordnung" unter anderem Konzertstücke und Lieder - darunter „Brüder, reicht die Hand zum Bunde", „Schleswig-Holstein meerumschlungen", „Am Brunnen vor dem Tore" und „Deutsch-

88 Landmann Hieronymus Körner I. (1850-1928), genannt „der alte Vogt", hatte seinen Hof an der Spitzerdorfstraße. Er war lange Jahre als Ortsvorsteher von Spitzerdorf tätig.

land, Deutschland über alles"; vorsichtshalber abgedruckt wurde auch das „Flottenlied" - Deklamationen von Schiller-Werken, Aufführungen von Szenen und eine Reihe belehrend-unterhaltender Vorträge.

89 *Idyllische Ruhe herrschte um 1900 im Autal.*

Offen für die neue Technik

Aber die Generation der Wende vom 19. zum 20. Jahrhundert verstand nicht nur zu feiern. Sie stand auch den neuen Errungenschaften von Technik und Infrastruktur aufgeschlossen gegenüber. Insbesondere in Schulau ging die Entwicklung in diesen Jahren mit Riesenschritten voran. Vom Bahnanschluss, dem Ausbau des Schulauer Hafens und der Befestigung der Bahnhofstraße war bereits die Rede. In diesen Jahren wurde die erste öffentliche Fernsprechstelle in Betrieb genommen, und ein Teil von Schulau erhielt Kanalisation. Ein Foto aus dem Jahr 1905 zeigt den Landmann und ehemaligen Gemeindevorsteher Hieronymus Körner I. am Steuer des ersten Autos, das in Schulau unterwegs war.

Bereits 1902 hatte das Wedeler Stadtverordneten-Kollegium beschlossen, die erst seit etwa 30 Jahren gebräuchliche Elektrizität in Wedel einzuführen.

„Der Bürgermeister wird ermächtigt, durch Umfrage in Wedel feststellen zu lassen, in welchem Umfange sich Abnehmer für elektrisches Licht und Kraft und für Gasglühlicht, Kraft und Wärme finden. Ferner bei der Gemeindevertretung in Schulau anzufragen, ob sie geneigt ist, für den Fall der Erbauung eines Lichtwerkes in dem Ort Wedel ein Leitungsnetz in ihrer Gemeinde anzulegen, den Bedarf an Licht usw. für Schulau unserem Netz zu entnehmen und mit Wedel einen diesbezüglichen Lieferungsvertrag einzugehen"[21],

90 Hieronymus Körner I. war der erste Wedeler, der sich ein Auto zulegte. Wie die Bildlegende zu diesem Foto von 1905 versichert, befanden sich die vier Personen - mit Körner am Steuer - zum Zeitpunkt der Aufnahme gerade im Aufbruch zu einer Fahrt nach Berlin.

heißt es weiterhin in dem Beschluss. Doch das Vorhaben versandete zunächst, und auch der Plan der 1906 eingerichteten „Lichtkommission" für den Bau einer Gasanstalt wurde schon 1907 wieder ad acta gelegt, weil nun doch ein Elektrizitätswerk den Vorrang bekommen sollte. Ein entsprechendes Baugesuch vom 20. Mai wurde positiv beschieden; im Rahmen der Eingemeindungsverhandlungen hatte man bereits beschlossen, das Werk in Schuau am Rosengarten zu errichten, weil die Bahnlinie den Antransport des Brennstoffs erleichtern würde.

Am 1. Oktober 1908 nahmen die beiden Maschinensätze, bestehend aus je einer Lokomobile mit einer mechanischen Leistung von 60 beziehungsweise 95 PS und einer Dynamomaschine mit einer elektrischen Leistung von 50

91 1908 wurde das „Elektrizitätswerk" am Rosengarten in Betrieb genommen. Auf der Treppe steht stolz Betriebsleiter Friedrich Hübner.

beziehungsweise 80 Kilowatt ihren Probebetrieb auf. In den folgenden Jahren wurde das Werk noch um einen dritten Maschinensatz erweitert.

Künstler in der Krise: Ernst Barlach in Wedel

Als der fast 32jährige Ernst Barlach im Spätherbst des Jahres 1901 noch einmal für drei Jahre in seinen Geburtsort Wedel zurückkehrte, geschah dies zu einem Zeitpunkt, da er noch immer nicht zu seinem künstlerischen Selbstverständnis gefunden hatte. Er hatte bis dahin Auftragsarbeiten erledigt, aber zu einem eigenen Stil war er noch nicht durchgedrungen. Hinzu kam, dass er den kommerzialisierten Kunstbetrieb, wie er ihn zuvor in Berlin erlebt hatte, verabscheute und ihm unbedingt entkommen wollte.

Über die Gründe für seinen Rückzug aus der Metropole äußerte er sich 1903 erläuternd gegenüber Bürgermeister Friedrich Eggers:

> „Zum Verlegen meines Wohnsitzes von Berlin nach hier bin ich hauptsächlich durch den Wunsch bewogen worden, teils bestehende, teils durch die berufserzwungene Unrast meines Lebens erworbene Störungen meiner Gesundheit in der ländlichen Zurückgezogenheit und, soweit es überhaupt möglich zu machen sein sollte, durch die unbedingte Ruhe und Regelmäßigkeit meiner Lebensführung auszugleichen."

Im weiteren Verlauf des Briefes schreibt er, er befinde sich „gleichsam zur Kur" in Wedel.[22]

Barlach schafft sich ein alter ego

Deutlicher als aus den sonst als Quellenmaterial sehr wichtigen Briefen ist dem Romanfragment „Seespeck" zu entnehmen, wie es in der Wedeler Zeit um Barlach stand. Die titelgebende Hauptfigur ist ein literarisches alter ego Barlachs. In Seespeck spiegelt sich die Orientierungslosigkeit einer künstlerischen Seele, die noch kein Ziel für ihre Energien gefunden hat. Über diese Zielsuche der Hauptfigur, die durchaus nicht als Künstler charakterisiert wird, heißt es da beispielsweise:

92 Mit dem Argument, er sei „gleichsam zur Kur" in Wedel, konnte sich Ernst Barlach 1903 in einem Brief an Bürgermeister Eggers dem Dienst in der Pflichtfeuerwehr entziehen.

> „Er hatte zu den jungen Leuten gehört, die nicht recht wissen, was sie mit ihren Kräften machen sollen, und fühlte sich der Zeit gewissermaßen im Wege stehend, er hatte so sein Pulver zum guten Teil verschossen und wußte nicht, wohin er eigentlich gezielt hatte. Jetzt (...) kam es ihm vor, als ginge er an einer langen Planke entlang und fände nirgends einen Ausgang, die Planke aber hatte er im Verdacht, daß sie im Kreise liefe und er mit ihr. Wie er aber hineingekommen, war ein Geheimnis."[23]

So kommt Seespeck nach Jahren zurück in seine Heimatstadt Wedel, in der sein Vater übrigens, wie der Barlachs, als Arzt tätig war: Er „... trat auf das holprige Pflaster als ein Unbekannter, aber voller Bekanntschaft mit Straßen und Häusern und dem stillen Wunsch, als heimisch gelten zu dürfen." Und wie Barlach bezieht auch Seespeck „in der Kuhstraße eine Ladenwohnung."[24] Auch dort kommt er noch nicht zur Ruhe: „Wie oft stürmte Seespeck in dieser Zeit im Sonnenschein über die Heide oder trieb steuerlos über die kahlen Felder..."[25]

Zugleich sind diese Sätze aber auch Ausdruck von Barlachs Verbundenheit mit der norddeutschen Landschaft, die ihm auch als Hintergrund für sein zweites Theaterstück „Der arme Vetter" diente.[26] Auch in diesem Stück geht es um die Suche der

93 „Als Seespeck spät am Tage aus seinem Fenster sah, fand er sich Auge in Auge mit der Rolandsfigur, die in vollem Sonnenlichte stand..." Mit diesen Worten beginnt eine Passage, in der Barlach den ersten Morgen seines alter ego Seespeck nach einer Nacht im Hotel „Zum Roland" (am rechten Bildrand) beschreibt.

Hauptfigur nach einer individuellen Ausdrucksform und um das Leiden, das dieses Ringen mit sich bringt. In dem Stück heißt die Hauptfigur Hans Iver. In seinem Gegenspieler um die Gunst des Mädchens Lena, dem pfennigfuchserisch-spießbürgerlichen Kaufmann Siebenmark, entdeckt Iver sein anderes Ich: Wenn er sich nicht konsequent dagegen wehrt, könnte er genau so ein Spießbürger werden. Dieser Druck treibt Iver schließlich in den Selbstmord - eine Alternative, die auch Barlach in seinen Wedeler Jahren immer mal wieder vor Augen hatte.

Auch die in den Wedeler Jahren entstandenen bildhauerischen Werke belegen Barlachs Orientierungslosigkeit. Hervorgehoben sei das Relief-Selbstbildnis, das den Künstler mit einem Würfelbecher zeigt und folgende Zeilen trägt: „Ich bin ein Spieler von Profession / der Tag muss mir borgen / den Zufall hab' ich müd gemacht / ich würfle mit der grauen Nacht / um Freuden und um Sorgen." Die bedeutendsten Werke aus jener Zeit sind das Grabmal Möller-Jarke auf dem Ohlsdorfer Friedhof und ein sieben Meter hoher Neptun mit Dreizack für das Dach des Gebäudes der Hamburg-Amerika-Linie. Barlach berichtet, wie sehr ihm das aufgestellte (nicht erhaltene) Werk missfallen habe: „Diesen letzten besinnungslosen Ausfall will ich nicht ableugnen", heißt es im autobiographischen Abriss „Ein selbsterzähltes Leben".[27]

Notizen zur Biographie

Ernst Barlach kam am 2. Januar 1870 im Haus Mühlenstraße 1 als erster Sohn des Arztes Georg Gottlieb und dessen Frau Luise Barlach zur Welt. Die Kinder- und Jugendjahre verbrachte er in Schönberg und Ratzeburg. Nach dem Tod des Vaters 1884 gerieten die Mutter und ihre vier Kinder in wirtschaftliche Schwierigkeiten. Zwischen 1888 und 1895 besuchte Barlach die Hamburger Kunstgewerbeschule - mit dem Ziel, Zeichenlehrer zu werden - und die Dresdner Kunstakademie, wo er Meisterschüler des Bildhauers Robert Diez wurde. 1895 begannen zehn Jahre, die von ständigen Ortswechseln und der Suche nach dem eigenen künstlerischen Ausdruck geprägt waren. Auch die relative Zurückgezogenheit in Wedel zwischen 1901 und 1904 brachte noch nicht die ersehnte Klärung. Ohne Aussicht auf eine feste Einnahme, nahm er 1906 das Angebot seiner Bruders Nikolaus zu einer Reise durch Russland, wo der Bruder Hans arbeitete, an. Auf dieser Fahrt erhielt er die entscheidenden Impulse, die seinen künstlerischen Weg von nun an charakterisieren. Er befreite sich von der durch ihren Hang zum Ornament geprägten Kunst der Jahrhundertwende und fand den eigenen Ausdruck in der Reduktion der Form. In den Jahren nach der Russland-Reise nahm er verstärkt an Ausstellungen teil und begann, sich einen Namen zu erwerben. Parallel zum bildhauerischen und zeichnerischen entstand jetzt auch ein dramatisches Werk. 1910 ließ er sich endgültig im mecklenburgischen Güstrow nieder. In den späten 20er Jahren stand Barlach auf dem Höhepunkt der öffentlichen Anerkennung als expressionistischer Bildhauer. Unter anderem Lübeck und Hamburg bestellten und errichteten Plastiken für den öffentlichen Raum. Anfang der 30er Jahre entstand mit dem „Fries der Lauschenden", der aus neun Figuren besteht, eine der bekanntesten Werkgruppen. Nach der Machtübernahme durch die Nationalsozialisten 1933 wurde Barlach aus dem Kunstleben und an den wirtschaftlichen Abgrund gedrängt. 1937 entfernten die Machthaber Barlachs Werke aus Museen und öffentlichen Sammlungen. Krank und einsam starb der Künstler am 24. Oktober 1938 in Rostock.

94 Ernst Barlach, am 2. Januar 1870 im Haus Mühlenstraße 1 geboren, kehrte 1901 für drei Jahre zurück in die Rolandstadt. Unweit des Vaterhauses bezog er eine Atelierwohnung in der Kuhstraße (heutige Pinneberger Straße).

95 Von der Mühlenstraße geht der Blick in Richtung Marktplatz. Rechts das Haus mit der Nummer 1, in dem der Arzt Georg Gottlieb Barlach mit seiner Familie lebte.

Aus Wedel und Schulau wird eine Stadt

Wie gezeigt, haben sich Wedel und Schulau sehr unterschiedlich nebeneinander entwickelt. In Wedel war die städtische Infrastruktur um die Jahrhundertwende sehr viel stärker ausgebaut, in Schulau hatten sich aufgrund der verkehrsgünstigen Lage an der Elbe einige größere Gewerbebetriebe niedergelassen. Beide Orte dehnten sich auch flächenmäßig aus; ein Ortsunkundiger hätte schon lange vor der Jahrhundertwende nicht mehr zu sagen vermocht, wo genau die Grenze zwischen Stadt und Gemeinde verlief. Auch nach der Einwohnerzahl - Wedel zählte 1900 2279 Bürger, Schulau 2074 - unterschieden sich die Orte kaum noch. Größere Projekte wie das Elektrizitätswerk bedurften schon aus finanziellen und organisatorischen Gründen einer Zusammenarbeit der Gemeinden. Dass aus Wedel und Schulau irgendwann ein Ort werden würde - wie aus Spitzerdorf und Schulau 1892 bereits eine Gemeinde geworden war -, war den Vertretern beider Gemeinden klar.
Dennoch zogen sich die Verhandlungen über die Zusammenlegung lange hin. Erste Annäherungen hat es vermutlich schon in den 1880er Jahren gegeben. Doch immer wieder sind die Unterredungen in dieser Sache für längere Zeit unterbrochen worden. Bisweilen scheint es an Kleinigkeiten gelegen zu haben. Mit einem Brief vom 31. August 1899 versuchte der Pinneberger Landrat Dr. Ludwig Scheiff, der sich

96 Von der alten, etwas westlich der heutigen gelegenen Stockbrücke geht der Blick um 1920 in Richtung Jungfernstieg und Kirche.

97 Unter Schatten spendenden Bäumen genoss man in den ersten beiden Jahrzehnten des 20. Jahrhunderts seinen Kaffee auf dem „Parnass".

98 Zu Ehren des Dichterpastors Johann Rist wurde 1908 das Denkmal an „seiner" Kirche am Roland errichtet. Die Porträt-Büste hatte der Wedeler Bildhauer Jochim Ramcke entworfen.

über Jahre hinweg in dieser Sache engagierte, die stockenden Verhandlungen wieder in Gang zu bringen. Er bat um die Bildung einer Kommission, die die Verhandlungen vorantreiben sollte. Anscheinend ist dieser Plan bei den Wedelern auf Widerspruch gestoßen; jedenfalls schrieb der mittlerweile gereizte Scheiff am 11. September 1899 an den Wedeler Bürgermeister:

Landrat Scheiff engagiert sich

„Euer Wohlgeboren ersuche ich, das Stadtverordneten-Collegium behufs Verhandlung über die Wahl einer Commission wegen Eingemeindung der Landgemeinde Schulau in die Stadtgemeinde Wedel auf Freitag den 15. d. Ms. vormittags 11 1/4 Uhr in die Wirthschaft von Petersen (beim Rosenhof) zu laden. Scheiff."

Noch 1901 versuchten die Schulauer statt einer Eingemeindung zunächst die Erhebung in den Stand eines selbständigen Amtsbezirks zu erreichen, aber Scheiff blieb hart. Erst im Jahre 1908 gelang es, einen für beide Seiten akzeptablen Vertrag aufzusetzen. Am 3. Februar 1908 votierten beide Gemeindevertretungen für die Zusammenlegung. Doch auch dieser Vertrag ist von den Politikern beider Seiten noch einmal um- und umgewendet worden. In seinem Verwaltungsbericht notierte Bürgermeister Eggers, dass nur durch das Engagement von Scheiff das erneute Scheitern am 20. Januar 1909 verhindert werden konnte.

Festgelegt wurde im Eingemeindungsvertrag beispielsweise, dass die Zahl der Ratsvertreter für das neue Wedel von sechs auf zwölf erhöht werden solle. Zumindest für die kommenden zehn Jahre sollten sechs von ihnen ihren ständigen Wohnsitz in Wedel, die anderen sechs in Schulau haben. Weiter heißt es in dem Vertrag: „Das Verwaltungsgebäude der neuen Stadt Wedel soll dauernd in dem Gebiete der bisherigen Stadt Wedel seinen Platz behalten."[28]

Am Donnerstag, dem 1. Juli, trafen sich die Politiker beider Orte, weitere Honoratioren und der erleichterte Landrat im Hotel „Zum Roland" zur Eingemeindungsfeier. Unter den Unterlagen des Stadtarchivs hat sich auch eine Menükarte erhalten: Nach einer Bouillon kamen Schleie mit Butter und Petersilie,

99 Vor allem dem unermüdlichen Einsatz von Landrat Dr. Ludwig Scheiff, im Amt von 1889 bis 1918, ist es zu verdanken, dass 1909 der Zusammenschluss von Wedel und Schulau glückte.

100 Um 1900 mussten Roland und Marktplatz oft als Hintergrund für Fotos herhalten.

Spinat, Blumenkohl, Lachs, Poularden und Salat auf den Tisch. Abschließend wurde Käse gereicht.[29]

Am 12. Juli und 28. August 1909 verabschiedeten Stadtverordneten-Kollegium und Bürgermeister die entsprechende neue Stadtordnung. Sie regelte unter anderem das Bürgerrecht, die Pflicht zur Mitarbeit an der kommunalen Verwaltung - ein übertragenes Amt unentschuldigt nicht wahrzunehmen, konnte den zeitweiligen Verlust des Bürgerrechts mit sich bringen - und die Grundlagen der ehrenamtlichen kommunalen Arbeit.

Ein Arzt wird Ehrenbürger

„Bald nach der Eingemeindung und in gewisser Beziehung zu dieser beschloß das Stadtverordneten-Kollegium am 19. Juli 1909 einstimmig, den praktischen Arzt Herrn Sanitätsrat Dr. med. Boockholtz hierselbst wegen seiner besonderen Verdienste um die Stadt Wedel durch die höchste Ehre, die eine Gemeinde erweisen kann, auszuzeichnen und ihm das Ehrenbürgerrecht zu verleihen."[30]

So formulierte es Eggers in seinem Verwaltungsbericht; über den inneren Zusammenhang der beiden Ereignisse schwieg er sich an dieser Stelle jedoch aus. Sicher ist immerhin, dass Jürgen Heinrich Boockholtz, geboren am 3. Januar 1844 in Henstedt (Norderdithmarschen), bis 1904 in Wedel und darüber hinaus als Polizei- und Armenarzt tätig war. Dem Ehrenbürgerbrief, gestaltet von dem Maler und Feuerwehrhauptmann Ludwig Walter jun., ist zu entnehmen, dass er seiner Arbeit „selbstlos und opferwillig" nachkam.

Boockholtz' Laufbahn begann nach dem Medizinstudium zwischen 1864 und 1870 in Kiel und Tübingen mit einem Einsatz im deutsch-französischen Krieg von 1870/71. Nach Stationen in Altenbrunn und Cuxhaven ließ er sich 1876 in Wedel nieder. Seine Praxis im Haus Mühlenstraße 29 war ganze fünf Quadratmeter groß. Es heißt, dass er nicht selten auf ein Honorar für seine Tätigkeit verzichtete, wenn dringende Hilfe gebo-

101 Dr. med. Jürgen Heinrich Boockholtz (1844-1915) wurde im Juli 1909 zum ersten Ehrenbürger der Stadt ernannt. 1876 hatte sich der aus Hennstedt in Norderdithmarschen stammende Arzt in Wedel niedergelassen.

102 Nach dem Deutsch-französischen Krieg 1870/71 wurde am Anfang der damaligen Ansgariusstraße 1873 das Kriegerdenkmal errichtet. Der Blick geht aus der heutigen Rolandstraße auf den Marktplatz.

ten war oder der Patient zu arm war, um eine Rechnung bezahlen zu können. Die Wedeler waren auf seine Kunst angewiesen, denn eine Apotheke wurde erst 1903 eingerichtet und das nächstgelegene Krankenhaus befand sich in Pinneberg. Bis zu seinem Tod 1915 lebte Boockholtz in bescheidenen Verhältnissen.

Die Jahre vor dem Ersten Weltkrieg

Die Verwaltungsberichte von Eggers sind auch im Hinblick auf das gemeindliche Leben der größer gewordenen Stadt eine interessante Quelle. Unmittelbar nebeneinander finden sich dort Fakten zum Ausbau der Infrastruktur, beispielsweise der Straßen, Zahlen über den Fremdenverkehr - „Ausweislich des Fremdenbuches übernachteten in der Herberge... 1909 3233 Personen" - und über Unglücksfälle. 1908/09 mussten die Behörden beispielsweise eine Selbstmord-Welle zu Protokoll nehmen. In einigen Fällen hat Eggers die Begründung „infolge Schwermut" notiert.[31]
Nur wenige ruhige Jahre der Weiterentwicklung waren der größer gewordenen Stadt vergönnt. Im Jahre 1910 zählte der Ort 5941 Einwohner. 196 Geburten und 73 Eheschließungen wurden verzeichnet. Noch war die Kindersterblichkeit ziemlich hoch: 46 Kinder starben im Alter von weniger als zwölf Monaten. Größter Arbeitgeber war die Zuckerfabrik Michahelles am Elbufer, die während der Hauptproduktionszeit im Winter, der sogenannten Kampagne, etwa 350, in der Nebensaison jedoch nur rund

150 Arbeiter beschäftigte. Die Ölraffinerie gewährte im Schnitt 170 Arbeitern ihr Auskommen.

Die Stadt erlebte vor dem Ersten Weltkrieg eine stetige Aufwärtsentwicklung. Jahr für Jahr wurden zwischen 1909 und 1913 mehr als 100 Bauscheine zur Errichtung von neuen Gebäuden ausgestellt. Auch das öffentliche Leben nahm an Umfang zu: Von Wedel nach Altona fuhren 1910 täglich 14 Züge, der erste um 5.26 Uhr, der letzte um 23.37 Uhr. In Gegenrichtung verkehrten genauso viele Züge. Die Fahrt dauerte etwa 40 Minuten. Schon 1904 war die erste Volksbücherei eingerichtet worden, 1912 öffnete dann das erste Heimatmuseum im ehemaligen Schulhaus an der Küsterstraße seine Türen.

In Schulau profitierte vor allem der Bereich um die Bahnhofstraße von der Entwicklung. Noch immer gehörten Bauernhöfe zum Bild der Straße, aber ihrer

103 Hieronymus Körner III. (1870-1929) war lange Jahre Gemeindevorsteher von Schulau und nach der Zusammenlegung mit Wedel erster Ratmann und Stellvertreter von Bürgermeister Eggers.

104 Blick in die Bahnhofstraße: zur Linken der Schillerstein, zur Rechten das Schillerhaus an der Ecke Spitzerdorfstraße. Der Fotograf blickt Richtung Norden.

105 Nach 1910 entstand an der Bahnhofstraße eine Reihe schöner Villen. An das Strohdachhaus von Wilhelm Schümann (links) schließen sich von links nach rechts an: die Möbelhandlung von Heinrich Schümann, das Haus von Schuhmacher Carl Werner, das Handarbeitsgeschäft Karolewicz, die Buchhandlung von August Griebel und die Manufakturwarenhandlung Heinrich Marxsen.

Funktion als Verbindung zwischen dem Bahnhof und Wedel auf der einen sowie dem Hafen auf der anderen Seite gemäß ließ sich in den Jahren bis 1915 eine Reihe von Geschäftsleuten in neu erbauten Häusern nieder. Ihre Namen blieben bis heute oder doch für eine lange Zeit mit der Geschichte der Straße verbunden. Dazu gehörten unter anderem die Möbelhandlung von Heinrich Schümann (1913) oder die Manufakturwarenhandlung von Heinrich Marxsen (1914). Jede Spur verloren ist hingegen von dem „Atelier für künstliche Zähne" im Haus Bahnhofstraße 40. Zu den imposantesten Gebäuden gehörte das Haus mit der Nummer 51: Gegenüber dem Schiller-Gedenkstein errichtet, wurde es „Schillerhaus" genannt, weil seine Fassade von vier Büsten des Dichters aus verschiedenen Lebensaltern verziert wurde.
Im Vorkriegsjahr 1913 wurde der Kreisfeuerwehrtag in Wedel abgehalten, zu dem sich rund 600 Feuerwehrleute von auswärts einfanden. Ausdruck der Gleichberechtigung der ehemals selbstständigen Ortsteile ist die Tatsache, dass die Delegiertenversammlung und das Festessen in Köhlers Gasthof an der Spitzerdorfstraße, der Festball hingegen im Lokal „Zum Roland" ausgerichtet wurden. 1913 und 1914 waren aber auch Jahre, in denen die Tatkraft der Feuerwehrmänner vielfach geprüft wurde: Woltmanns Schweinemästerei in der Hafenstraße wurde eingeäschert, wobei 164 Schweine und 100 Hühner umkamen, und ebenso wurden ein Bauernhaus und mehrere Privathäuser am Rosengarten ein Raub von Flammen. Schließlich führte

106 Seit 1901 verfügte die Zuckerraffinerie in Schulau über eine eigene Feuerwehr. Bei dem verheerenden Brand von 1913 mussten die Blauröcke allerdings ihre Kollegen aus Schulau und Wedel zur Hilfe rufen.

eine Explosion in der Zuckerfabrik am 7. Oktober 1913 zu einem der größten Feuer, die Wedel bis dahin erlebt hat. Die 1901 eingerichtete Werksfeuerwehr unter der Leitung von Fabrikdirektor Carl Vogelgesang konnte der Flammen nicht allein Herr werden. Außer den drei Wedeler Wehren waren auch Berufswehren aus Altona und Hamburg an der Brandbekämpfung beteiligt. Während das große Hauptgebäude der Fabrik vernichtet wurde, konnten einige Nebengebäude und die Wohnhäuser gerettet werden. Der Sachschaden betrug 1,5 Millionen Mark. 38 Versicherungsgesellschaften mussten zur Schadensdeckung in ihre Kassen greifen.[32]

Der Erste Weltkrieg und die Folgen

Der Erste Weltkrieg und die nachfolgenden politischen Unruhen brachten eine tiefgreifende Änderung des kommunalen und des öffentlichen Lebens mit sich. Die Bautätigkeit ließ rapide nach, einige Betriebe mussten ihre Arbeit einstellen, weil das Personal zum Militär eingezogen wurde, und der Magerochsenmarkt kam fast völlig zum Erliegen. Um die Familien der zum Kriegsdienst eingezogenen Männer kümmerte sich ab dem 8. August 1914 eine Kriegsfürsorgekommission.[33] Mehr als 220 Wedeler Männer kehrten nicht aus dem Krieg zurück.[34]

107 Noch um 1910 war die Wedeler Au bis zur Wassermühle hin schiffbar.

Friedliche Revolution in Wedel

Sieht man von der Verknappung von Lebensmitteln und bestimmten Rohstoffen ab, hatte der Erste Weltkrieg - wegen der noch in der Entwicklung befindlichen Kriegführung aus der Luft - auf das Zivilleben keinen so zerstörerischen Einfluss, wie ihn der Zweite Weltkrieg haben sollte. Mit dem Kriegsende im November 1918 endete nicht nur das Kaiserreich, sondern auch eine historische Epoche. Neue Kräfte eroberten sich ein Mitsprache- und Mitwirkungsrecht an allen öffentlichen Angelegenheiten. Erstmals wurden 1919 mit Friedrich Ebert ein Sozialdemokrat deutsches Staatsoberhaupt und mit Philipp Scheidemann ein SPD-Vertreter Kanzler.

Besonders deutlich wird diese Zeitenwende gerade auf kommunalem Gebiet. Die Sozialdemokraten, in ihrer Tätigkeit bis 1918 unablässig überwacht, und eine Abspaltung, die „Unabhängige Soziale-

108 Wie in vielen Orten des Reiches wurde auch in Wedel 1915 zur Geld- oder Metallspende für das Krieg führende Heer aufgerufen.

109 Winterliche Idylle in der Mühlenstraße. Rechts das Geburtshaus von Ernst Barlach.

Auch viele Jahre nach Kriegsende wirkten sich die Veränderungen noch auf den Alltag aus. Noch zu Beginn der 20er Jahre gab es viele Lebensmittel nur gegen Karten. Die drückendste Sorge bestand in einer zunächst schleichenden, dann immer mehr an Tempo gewinnenden Inflation. Auf ihrem Höhepunkt im Jahr 1923 war das Geld, das ein Arbeiter morgens verdiente, am Nachmittag kaum noch etwas wert.

mokratische Partei Deutschlands" (USPD), gewannen vorübergehend die Oberhand. Langjährige Wedeler und Schulauer Gemeindevertreter verloren oder verließen 1918 und 1919 ihre Posten, darunter Hieronymus Körner III., der vor der Zusammenlegung Gemeindevorsteher von Schulau und danach lange Stellvertreter von Eggers war, und der Mühlenbesitzer Johann Hinrich Heinsohn. Von den 1919 gewählten 24 Stadtvertretern waren fast die Hälfte Arbeiter, hinzu kamen einige Männer mit Berufen aus dem Dienstleistungsbereich. Kaufleute und Besitzer anderer Betriebe waren jetzt deutlich in der Minderheit.

Vorübergehend gab es in Wedel wie in vielen anderen Städten als „revolutionäres Organ" in den Jahren 1918/19 auch einen sogenannten Arbeiter- und Soldatenrat, doch anders als in den meisten größeren Städten scheinen die reguläre Verwaltung und der Rat gut miteinander ausgekommen zu sein. Über revolutionäre Unruhen ist in Wedel jedenfalls nichts bekannt.

110 Während des Ersten Weltkriegs und noch etliche Jahre danach gab es viele Lebensmittel nur gegen Karten.

111 Um Betrug vorzubeugen, wurden die Karten vielfach mit einer begrenzten Gültigkeit ausgegeben.

Wie sehr die Inflation in den 20er Jahren tatsächlich die Menschen bedrückt hat, wird am deutlichsten wohl bei den Lebensmittel-Preisen. Im Stadtarchiv haben sich Unterlagen erhalten, die über das Ausmaß der Geldwert-Verminderung beredten Aufschluss geben. Bäckermeister Behrmann lieferte den Wedeler Schulen im Sommer und Herbst 1923 die Brötchen für die Frühstücksspeisung. Für 202 Brötchen berechnete er am 22. August 1923 - die Inflation war bereits in vollem Gang - 325 000 Mark, am 23. August 400 000 Mark, für 204 Brötchen am 3. September 650 000 Mark und am 17. September für 205 Brötchen schließlich 2 250 000 Mark. Für jene Woche belief sich die Rechnung für die Stadt auf 13,5 Millionen Mark für 1025 Brötchen.

Stadt, Kommunalverwaltung und humanitäre Organisationen waren in der ersten Hälfte der 20er Jahre unvergleichlich viel stärker gefordert, für Hilfe und Unterstützung der Bürger zu sorgen, als das heute der Fall ist. Kaum eine deutsche Kommune, in der nicht Kinderspeisungen organisiert und Volksküchen eingerichtet wurden. Wie noch einmal nach dem Zweiten Weltkrieg benötigte das deutsche Volk eine weit gespannte internationale Hilfe. Beispielsweise engagierte sich die amerikanische Religionsgemeinschaft der Quäker in einer Kinderhilfsmission. An bedürftige Kinder wurden auch in Wedel „Speisekarten" - Berechtigungsscheine für die Teilnahme an Kinderspeisungen - ausgegeben; die im Stadtarchiv verwahrten Exemplare nennen manchen guten Wedeler Namen.

Eine galoppierende Geldentwertung korrespondiert in aller Regel mit einer inflationären Vermehrung der Zahlungsmittel. Die wertbeständigen Münzen waren

112 Frühsommer-Idylle auf dem Marktplatz.

während des Krieges von der Bevölkerung gehortet worden, und nicht anders verfuhr die Reichsbank mit dem Rest des Geldes. Um den Geldumlauf auf der alten Höhe zu halten, wurde schon während des Krieges von vielen deutschen Städten wieder sogenanntes Notgeld ausgegeben. Anfangs handelte es sich dabei um einfache maschinengeschriebene Zettel, doch bald machten sich die Ausgeber von Notgeld mehr Mühe und druckten Scheine mit Bildserien, die lokale oder historische Bezüge aufwiesen. Diese Entwicklung verstärkte sich noch, als die Gemeinden entdeckten, dass die Notgeldscheine zu Sammelobjekten wurden. Auch die Stadt Wedel musste über eigenes Geld nachdenken. Angeregt wurde sie dazu vom Justizrat Löwenhagen aus Blankenese, der sich bereits am 14. Oktober 1919 schriftlich an die Verwaltung gewandt hatte:

Wedel gibt Notgeld heraus

„Bei dem Interesse, das ich für Ihre Stadt habe, möchte ich mir erlauben, Sie auf eine ebenso sichere wie leichte Einnahmequelle aufmerksam zu machen, mit der Sie zugleich einem allgemeinen Bedürfnis abhelfen. Ich meine die Herausgabe von Notgeldscheinen. Wenn diese Scheine nur einigermassen hübsch ausgefallen sind, werden sie jetzt wie Briefmarken gesammelt",

heißt es einleitend in dem Brief. Löwenhagen hat auch schon konkrete Vorstellungen:

„Ich denke mir die Scheine von Wedel etwa so, dass auf der Vorderseite die erforderlichen Inschriften stehen und auf der Rückseite ein charakteristisches Bild. Hierfür möchte ich das schöne Steilufer von Schulau mit dem Elbstrom vorschlagen und im rechten Drittel den Roland in seiner ganzen Eigenart..."

Er verweist auf das gelungene Beispiel von Buxtehude und schlägt vor, Bürgermeister Eggers möge sich, „falls Sie sich überhaupt für die Sache interessieren, sich an den Magistrat in Buxtehude wenden. Die Leute verstehen den Kram..."
Mit Schreiben vom 3. Oktober 1919 hatte die Stadtsparkasse bereits auf das Bedürfnis nach Kleingeld hingewiesen und die Ausgabe von 50-Pfennig-Scheinen vorgeschlagen. Tatsächlich hat die Stadt diese Ideen aufgegriffen, allerdings erst 1921. Die Stadtväter argumentierten mit Wedels Rolle als Ausflugsort: „Dieser rege Verkehr wird sich an den Hauptverkehrsstellen - zur Hauptsache Gastwirtschaften - schneller abwickeln, wenn zur Begleichung der geforderten Ware usw. mehr Kleingeld zur Verfügung steht", heißt es in einem Schreiben von Eggers an den Regierungspräsidenten in Schleswig.
In rascher Folge erschienen mehrere 25- und 50-Pfennig- sowie 1-Mark-Scheine. Die Bilder zeigen die Lühe-Schulau-Fähre, die erst 1919 ihren regelmäßigen Betrieb aufgenommen hatte, Szenen aus der Nahrungsmittelproduktion - der Hinweis auf Wedel steckt dezent im Bugzeichen „SS" (= steht für Schleswig-Holstein, Schulau) im Bugzeichen eines Fischkutters - Johann Rist - und das Steilufer an der Elbe.

113 Der Notgeld-Schein aus dem Jahr 1921 zeigt vorn das Rist-Porträt des Denkmals und auf der Rückseite das Stadtwappen.

114 Über Geschichte und Bedeutung des Roland informiert dieser Notgeld-Schein. Ob das Rist zugeschriebene Gedicht (rechts) tatsächlich von diesem stammt, ist offen.

Gedruckt wurden die Scheine von H.O. Persiehl in Hamburg - im Laufe des September 1921 erhält Wedel von dort mehr als 10 000 Scheine à 50 Pfennig und 15 000 Scheine à eine Mark - und von der Buchdruckerei Walter Kröger. Kröger korrespondierte im Juli 1921 mit der Stadtverwaltung über die Lieferung von 20 000 Scheinen à 25 Pfennig mit dem Rist-Denkmal und 40 000 Scheinen à 50 Pfennig mit dem Roland. Für den Druck veranschlagte er 148 Mark pro 1000 50-Pfennig- beziehungsweise 168 pro 1000 25-Pfennig-Scheine.[35]

115 In den ersten Jahren der Weimarer Republik fielen etliche Politiker nationalistisch gesinnten Attentätern zum Opfer. Nach der Ermordung des Außenministers Walther Rathenau kam es auch in Wedel am 24. Juni 1922 zu einer Demonstration auf dem Markt.

Die wirtschaftliche Not schlug im ganzen Deutschen Reich um in politische Unruhen. In den ersten Jahren der jungen und ungefestigen Republik wurden zahlreiche Politiker von ihren Gegnern ermordet. Unruhe und Empörung drückten sich in zahlreichen Demonstrationen für oder gegen die Republik noch in den kleinsten Orten aus. Anlässlich der Ermordung des Außenministers Walther Rathenau am 24. Juni 1922 - kaum drei Wochen nach einem Attentat auf den vormaligen Reichskanzler Philipp Scheidemann - gingen auch in Wedel Tausende zu einer Versammlung am Roland auf die Straße.

Die Inflation der Nachkriegsjahre fand am 15. November 1923 mit der Einführung der sogenannten Rentenmark ein jähes Ende. Durch eine teilweise fiktive Deckung aus Schulden der Landwirtschaft und der Industrie an das Reich wurden die Rentenbank gegründet und die Rentenmark eingeführt. Eine Billion Papiermark wurde gegen eine Rentenmark getauscht. In den folgenden Monaten gelang es der Reichsregierung außerdem, den Haushalt zu konsolidieren.

116 Zimmermeister August Ohle, am Bau von Dutzenden Wedeler Häusern beteiligt, amtierte von 1920 bis 1934 auch als stellvertretender Führer der Wedeler Feuerwehr. Die Aufnahme entstand 1928 anlässlich der 50-Jahr-Feier der Wehr.

Dieses finanztaktische Manöver war die Voraussetzung für eine ruhige Aufwärtsentwicklung des Reiches in den folgenden Jahren. Wenn von den „Goldenen Zwanzigern" gesprochen wird, sind diese Jahre zwischen 1924 und 1929 gemeint. Auch Wedel, immer noch aufmerksam und vorsichtig geleitet von Friedrich Eggers, erlebte in dieser Zeit noch einmal eine kontinuierliche Aufwärtsentwicklung, die sich in einer langsamen Zunahme der Einwohnerzahlen und einer regen Bautätigkeit ausdrückte.

Ein Kraftwerk und ein Krankenhaus für Wedel

Zwei große Projekte verdienen eine besondere Beachtung. Da ist zum einen der Bau der EWU-Kraftwerkes an der Elbe. Er war notwendig geworden, so die „Elektricitätswerk Unterelbe Aktiengesellschaft" (EWU) in einem Buch über das neue Kraftwerk,

„weil das in den Jahren 1912 und 1913 in Altona erbaute Kraftwerk Neumühlen für das Stromversorgungsgebiet der Gesellschaft nicht mehr ausreichend war... Auch erschien es zweckmäßig, ein zweites Kraftwerk zu besitzen, um den Abnehmern - besonders der Großindustrie - eine der bisherigen gegenüber noch gesteigerte Sicherheit in der Stromversorgung gewährleisten zu können."[36]

Im Herbst 1925 erwarb die EWU ein 66 000 Quadratmeter großes Grundstück an der Elbe, das für seinen Zweck insofern gut geeignet war, als das Kraftwerk dort günstig mit Kühlwasser für die Kondensationsanlagen versorgt werden konnte. Die „Allgemeine Elektricitäts-Gesellschaft" (AEG) half der EWU bei Planung und Bau-Ausführung des Kraftwerkes. Am 19. April 1927 begannen die Erdarbeiten, und schon am 2. September konnte mit der Aufstellung der Eisenkonstruktion begonnen werden.

Der Winter 1927/28 wirkte sich wegen der ungewöhnlich langen Frostperiode ungünstig auf den Fortgang der Arbeiten aus. Schließlich mussten sie sogar für drei Monate eingestellt werden. Am 28. Januar 1928 wurde mit der Montage der Kessel begonnen, und auf den Tag acht Monate später wurden diese erstmals angeheizt. Am 2. November begann die EWU mit der Stromlieferung. Zu diesem Zeitpunkt verfügte das Werk über eine Turbine mit einer Leistung von 12 500 und zwei von 17 000 Kilowattstunden.[37]

117 1928 wurde das „Elektricitätswerk Unterelbe AG" (EWU) direkt am Schulauer Elbufer in Betrieb genommen. Es belieferte Wedel und Hamburg 30 Jahre lang mit Energie.

Nach Abschluss der Arbeiten am Kraftwerk begann die EWU mit dem Bau einer kleinen Siedlung, bestehend aus einem Dreifamilien- und sechs Vierfamilienhäusern für die Arbeiter und Angestellten des Kraftwerkes. Es handelt sich um Häuser am Galgenberg (Nummern 23, 25, 27 und 33) sowie in der Milichstraße (Nummer 14). Sie wurden zusammengefasst unter dem Namen „Helma-Steinbach-Siedlung". Die offizielle Einweihung der Häuser wurde am 22. Juni 1930 gefeiert.

Das zweite Großprojekt, das noch unter der Leitung von Bürgermeister Eggers angepackt wurde, war der Bau des ersten Krankenhauses. Zwar hatten die Stadtvertreter 1873 in der damaligen Hinterstraße (heute Reepschlägerstraße/Hinter der Kirche) eine Krankenstube für erkrankte auswärtige Personen einrichten lassen. Bürger aus Wedel jedoch mussten sich im Krankheitsfall per Pferdewagen in das Pinneberger oder das Blankeneser Krankenhaus transportieren lassen.

Heute ist kaum mehr verständlich, dass der Plan zu einem eigenen Krankenhaus für die Rolandstadt gegen den Widerstand führender Geschäftsleute, die im „Wedeler Handwerker-Verein" organisiert waren, durchgesetzt werden musste. Ins Auge gefasst wurde für die Klinik ein Gelände, das zwischen 1901 und 1919 der „Dänischen Schützengesellschaft", vom Volksmund so benannt nach einem prominenten Mitbegründer, gedient hatte. Ende 1927 wurde ein Verwaltungsausschuss eingesetzt, der den Bau vorbereiten und begleiten sollte. Vorgesehen war ein Neubau mit 42 Betten. Für Bau und Ausstattung waren zunächst 378 000 Mark veranschlagt worden.

118 Am 15. Januar 1930 wurde das Krankenhaus an der Holmer Straße in Betrieb genommen. Die Aufnahme entstand kurz nach dem Zweiten Weltkrieg.

Rechtzeitig zum Beginn der Bauarbeiten im April 1929 war mit Dr. med. Hans Holzweissig auch bereits ein Arzt angestellt worden, „damit der Neubau... unter ärztlicher Kontrolle durchgeführt wird", wie es im Verwaltungsbericht heißt. Mit der ursprünglich veranschlagten Summe kam die Stadt allerdings nicht aus: Die Endabrechnung weist Bau- und Einrichtungskosten in Höhe von 557 264,18 Mark aus. Am 15. Januar 1930 konnte die Klinik in Betrieb genommen werden.
Der langjährige Chefarzt Dr. Edmund Müller beschrieb die Ausstattung in den 30er Jahren wie folgt:

> *„Getrennte Operationssäle für eitrige und nichteitrige Operationen mit großem Instrumentarium, moderne diagnostische und therapeutische Röntgeneinrichtungen, Elektrokardiographie und Diathermie, umfangreiche Sterilisier- und Desinfektionsanlagen sind vorhanden, um nur das Wesentliche aufzuzählen. 60 Krankenhausbetten verteilen sich auf je eine Männer- und eine Frauenstation. An Sonderabteilungen findet sich eine Entbindungs- und eine Isolierstation. Im Genesungsheim (Leichtkrankenhaus) sind noch weitere 30 Betten vorhanden..."*

Müller vergaß auch nicht, die besondere Lage weitab vom Lärm als einen der wesentlichen Heilfaktoren hervorzuheben.[38]

Die Republik stürzt in die Krise

Dass sowohl das Kraftwerk als auch das Krankenhaus vor dem Oktober 1929 geplant und größtenteils auch errichtet worden waren, war ein großes Glück für Wedel. Mit dem Börsencrash vom 25. Oktober jenes Jahres, der als „Schwarzer Freitag" in die Geschichte eingegangen ist, begann eine Wirtschaftskrise mit weltweiten Auswirkungen. In Deutschland brachte sie die sozialen und politischen Gegensätze, die die Republik bis 1923 erschüttert hatten, wieder zum Vorschein. Es wurde deutlich, dass die radikalen Gruppierungen, die in den frühen 20er Jahren für viel Unruhe gesorgt hatten, sich nicht etwa aufgelöst, sondern auf ihre Chance gelauert hatten. Die extreme Rechte war sogar um eine Partei erweitert worden, deren Wirkung acht Jahre zuvor noch auf Teile Bayerns beschränkt gewesen war - die Nationalsozialistische Deutsche Arbeiterpartei (NSDAP).
Zum zweiten Mal erlebte das gesamte öffentliche Leben eine umfassende Politisierung. Kein Aspekt des Alltags blieb davon ausgenommen. Die Zahl der Arbeitslosen nahm sprunghaft zu, und wieder war der Staat gefordert, für seine Bürger zu sorgen. Eingerichtet wurden „Maßnahmen der produktiven Erwerbslosenfürsorge" - eine Art Arbeitspflicht unter anderem Titel.
In Wedel profitierten indirekt alle Bürger von diesem Arbeitsbeschaffungsprogramm, denn viele Mittel, die der Preußische Staat oder das Reich gewährten, wurden für den Ausbau der Straßen und die Entwässerung von Siedlungsgelände vor allem im Bereich von Schulau verwendet. Auf diese Weise wurden unter anderem

Blücher- (heutige Beethoven-) und Schillerstraße an die Sielleitung angeschlossen, zwischen Bek- und Feldstraße ein Stammsiel verlegt, der Galgenberg geplant und mit einem Kantstein versehen und das Gefälle der Höbüschentwiete gemindert. In welchem Umfang die Politik sich veranlasst sah, auf die Durchführung dieser Arbeiten genauestens zu achten, zeigt eine Verfügung des Regierungspräsidenten in Schleswig vom Frühjahr 1930, in dem er die Landräte anweist, bei der Auftragsvergabe auf die „Besserung der Absatzverhältnisse in der deutschen Stein-Industrie" zu achten und „inländisches Steinmaterial" verwenden zu lassen, „soweit dies technisch möglich ist".[39]

Geradezu einen Spiegel der Politisierung stellen die Arbeit und die öffentlichen Veranstaltungen von Vereinen und Parteien dar. Unmittelbar nach dem Ersten Weltkrieg hatte das Vereinsleben einen neuen Aufschwung genommen: Im Dezember 1918 war ein Sport- und Geselligkeitsverein unter dem Namen „Frohsinn", im Februar 1919 ein Junggesellenverein „Fahr wohl" und im Juni 1919 ein Gesellschafts- und Unterhaltungsklub „Parnassos" gegründet worden. In den 20er Jahren kamen weitere Vereinigungen wie der „Pfeifenclub 'Qualm man so'" - im Februar 1922 werden 42 Mitglieder sowie „6 Pfeifenschwestern" gezählt - hinzu.[40] Doch schon für die frühen Jahre der Republik gibt es in dieser Akte Dokumente über die politischen Auseinandersetzungen - die Monarchie war unvergessen, die Republik ungeliebt. In einem Schreiben des Regierungspräsidenten an die Landräte über die Schützenvereine hieß es im August 1922:

Politisierung des Lebens

„Soweit Bestrebungen wahrgenommen werden, die sich gegen die Republik richten oder sonst mit den bestehenden Bestimmungen nicht vereinbar sind, ist das Erforderliche sofort zu veranlassen. Ich verweise auf § 14 des Gesetzes zum Schutze der Republik vom 21.7.22."

Bezeichnend für die Realität ist jedoch ein Zwischenfall, zu dem es Ende 1924 kam in Pinneberg kam. Teilnehmer eines Umzugs hatten gewaltsam eine schwarz-weiß-rote Flagge - das Hoheitszeichen des Kaiserreichs im Gegensatz zum Schwarz-Rot-Gold der Republik - von einem Mast eingeholt. Ergebnis: „Die Schuldigen werden jetzt wegen Nötigung zur Verantwortung gezogen werden."[41] Nicht das Hissen der falschen Flagge wurde bestraft, sondern das - wenn auch gewaltsame - Eintreten für die Republik. Solche Auseinandersetzungen gab es überall im Land, und dass die Republik nur so wenige Verteidiger hatte, sollte ihr schließlich zum Verhängnis werden.

Ab 1929 stieg die Zahl der Veranstaltungen politischen Charakters rasant. Mit Aufmärschen und Massentreffen versuchten insbesondere die extremen Parteien am linken und rechten Rand des politischen Spektrums einander gegenseitig ihre Kräfte zu zeigen - was von der anderen Seite regelmäßig als Provokation verstanden wurde. Schlägereien und Morde waren an der Tagesordnung. Einen Vorgeschmack auf das, was kommen würde, hatte schon vor Ausbruch der Wirtschaftskrise der Berliner „Blutmai" 1929 gegeben, bei dem die Polizei die Arbeiterquartiere Neukölln und

Wedding besetzte. Bei dieser Aktion waren etliche Unschuldige zu Tode gekommen. Im Januar 1930 sah sich der preußische Innenminister - nicht zum ersten Mal - veranlasst, „Versammlungen und Umzüge unter freiem Himmel wegen unmittelbarer Gefährdung der öffentlichen Sicherheit für Preussisches Staatsgebiet" zu verbieten. In den kommenden Jahren gab es immer wieder Verbote für die eine oder andere oder für beide Seiten - genützt haben sie wenig.

Bei weitem nicht nur die großen Städte waren Schauplatz solcher Auseinandersetzungen - die extreme Politisierung schlug durch bis in die Provinz. So meldete am 7. September 1929 der Arbeiter Ernst Zieboll für den 22. September bei der Wedeler Polizei ein „Arbeitertreffen" in der Rolandstadt an. Im vorab eingereichten Protokoll heißt es:

> „Um 11 Uhr Platzkonzert auf dem Marktplatz und bei der Doppeleiche, ausgeführt von Musikchören der K.P.D. Um 3 Uhr Abmarsch der Demonstration von der Pinneberger Chaussee durch die Hinterstraße, Ansgariusstraße, Marktplatz, Mühlenstraße, Bahnhofstraße, Rollberg... Elbstraße... Mühlenstraße, Marktplatz, wo dann die offizielle Kundgebung stattfindet. Geplant sind nur Ansprachen zu halten. Vorgesehen ist nur 1 Redner. Evtl. werden noch einige Lieder zum Vortrag gebracht werden."

Die Atmosphäre bei diesen Treffen war stets zum Zerreißen gespannt. In einem Bericht über den Veranstaltungsablauf ist nachzulesen, dass Partei-Sympathisanten und -Mitglieder unter anderem aus Altona, Uetersen und Pinneberg anreisten.

> „Bei diesem Marsch der Abteilungen, welche vom Bahnhof kamen, sollen in der Pinnebergerstrasse fünf Schüsse abgegeben sein, es wurde aber von den Pol. Hpt. Wachtmeister Kock u. Jensen festgestellt, dass nicht mit einem Feuergewehr geschossen worden ist, sondern hat einer der Teilnehmer einen Feuerwerkskörper abgebrannt, welcher die fünf Schüsse auslöste."

Außerdem kam es zu gewalttätigen Zwischenfällen.[42]

Auseinandersetzungen zwischen Kommunisten und Nationalsozialisten

Mit wahren Veranstaltungsmarathons versuchten vor allem Kommunisten und Nationalsozialisten Stärke, Einsatz- und Handlungsbereitschaft zu demonstrieren. Auf diese Weise versuchten sie, die der Republik zügig ihre Handlungsgesetze aufdrängten und die Staatsmacht in die Defensive drängten, sich als Alternative zu der mehr und mehr wehrlosen Republik zu präsentieren.

Wie sehr gerade diese beiden Parteien jeweils aufeinander reagierten, um der anderen keinen vermeintlichen Vorteil zu lassen, enthüllt ein Brief im Auftrag der Ortsgruppe Rissen der NSDAP, zu der Wedel vor 1933 zeitweilig gehörte. Unter dem Datum des 24. Juni 1932 wird eine für den 10. Juli geplante Veranstaltung angemeldet. Ganz die verfolgte Unschuld, heißt es dort:

119 Mietautos waren schon um 1930 in unmittelbarer Bahnhofsnähe zu bekommen. Während ihrer Pausen konnten sich die Chauffeure am Blick über den Mühlenteich erfreuen.

> *„Die heutige Anmeldung wollen Sie freundlichst als Voranmeldung betrachten, die m.E. aber dadurch nötig geworden ist, als verlautet, dass auch die Kommunistische Deutsche Arbeiter Partei plötzlich und ausgerechnet an dem gleichen Termine eine grössere Parteiveranstaltung plant. Der Verdacht liegt nahe, dass letztere Partei ihre Veranstaltung nur deshalb für den 10. Juli ansetzt, um so bei irgendwelchen unliebsamen Vorkommnissen die Beabsichtigung einer gewollten und vorbereiteten Störung zu verschleiern, zu entkräftigen und um evtl. Ausschreitungen als eine nicht planmässig vorbereitete, als eine zufällige Begebenheit aus Anlass der evtl. Genehmigung zweier sich grundsätzlich gegenüber stehenden Veranstaltungen an einem und demselben Tage hinstellen zu können."*

Gerade der umständliche und fehlerhafte Satzbau deckt die Künstlichkeit des Arguments auf.

Bei der „Gegenveranstaltung" handelte es sich um die Einweihung der Sporthalle an der Bergstraße durch den Sportverein „Einigkeit". Die Feier sollte mit einem Umzug durch die Stadt verbunden werden; laut Veranstaltungsanmeldung wurden 300 Teilnehmer erwartet. Am 15. Juli 1932 wandten sich mehrere Arbeiterorganisationen an den Bürgermeister als Oberhaupt der Polizeibehörde, um ein Verbot eines für den 24. Juli geplanten Aufmarsches der NSDAP zu erwirken. Der Aufmarsch trage provokatorischen Charakter und werde zu gewalttätigen Auseinandersetzungen führen, wie jüngste Beispiele bewiesen.[43] Ganz aus der Luft gegriffen waren diese Befürchtungen nicht: Nur zwei Tage später kam es zum Altonaer „Blutsonntag", einer mehrstündigen Straßenschlacht, die mehrere Menschenleben forderte.

Nationalsozialistische Deutsche Arbeiter Partei
Ortsgruppe Rissen i. Holstein

Betr. Deutscher Tag   Altona-Rissen, den 9. Juli 1932

An das

    Bürgermeisteramt

        W e d e l /Holstein

Nachstehend erlaube ich mir, dem Bürgermeisteramt unser vorgesehenes Programm für den Deutschen Tag in Wedel am 24. Juli 1932 mitzuteilen:

9	Uhr	Treffpunkt an der Oelweiche
9,30	"	Abmarsch
		Marschplan: Rissener Landstr., Lindenstr., Kronskamp, Spargelkamp, Feldstr., Tinsdalerweg, Raffineriestr., Elbstr., Hafenstr., Bismarkstr., Rollberg, Doppeleiche, ABCstr., Bekstr., Spitzerdorferstr., Lohtor., Feldstr., Bahnhofstr., Mühlenstr., Riststr., Hinter d. Kirche, Hinterstr., Ansgariusstr., Marktplatz.
11.30	"	Vorbeimarsch am Roland und Ansprache des Pg. Brix
11.45-1	"	Verpflegung der S.A. und S.S.
12 -14	"	Platzkonzert auf dem Marktplatz
15 -19	"	Sportwettkämpfe im Rosengarten
16 -19	"	Gartenkonzert im Roland und Köhlers Gasthof
ab 20	"	Deutscher Abend im Roland /Deutscher Tanz, Vorträge, Tänze, Tombola, Preisschiessen, Preiskegeln u.s.w.

Da diese ganze Veranstalltung eine Wohltätigkeitsveranstaltung zu Gunsten unserer erwerbslosen Parteigenossen ist, möchte ich das Bürgermeisteramt bitten, uns die Tombolasteuer sowie die Vergnügungssteuer zu erlassen.

Mit Deutschem Gruss

Ortsgruppenleiter

120 *Für den 24. Juli 1932 kündigte die NSDAP einen „Deutschen Tag" an. Veranstaltungen wie diese dienten dazu, die Allgegenwart und Aktionsbereitschaft der Partei zu demonstrieren.*

Wie vergiftet das Klima war, belegt auch ein Polizeiprotokoll vom 3. Juni 1932. Eine Hausbesitzerin aus der damaligen Ansgariusstraße sagte aus:

> *„Die Kommunistische Partei hat bei meinem Einwohner Frau Grütz schon zweimal unerlaubt Versammlungen abgehalten und zwar am 25. Mai 1932 und am 1. Juni d.Js. Wer sich dort im einzelnen versammelte weiss ich nicht. Ich kann die Leute nicht erkennen. Die Versammlung wird im Keller abgehalten. Was sie sonst im Keller noch machen, habe ich nicht feststellen können..."*

- eine Denunziation ohne detaillierte Kenntnisse.
Die ständig sich verschärfende Wirtschaftskrise gab den Hintergrund ab für diese Auseinandersetzungen. Auch Wedel hatte eine tiefgreifende Krise zu bewältigen. 1931 machten Gerüchte die Runde, die Zuckerfabrik, einer der größten Arbeitgeber am Ort, solle stillgelegt werden. Im Februar 1932 verlangten Wedeler Arbeitslose vom Stadtverordneten-Kollegium, die Politiker möchten sich gegen die Stilllegung engagieren und schlugen vor, die Stadt solle gegebenenfalls den Betrieb übernehmen. August Kudlik, Vorsitzender des Betriebsrats, drückte Anfang März 1932 in einem Brief an Bürgermeister Eggers seine Besorgnis darüber aus, dass die für die Saison-Produktion 1932/33 geplante Schließung leicht in eine endgültige Stilllegung des Werkes übergehen könnte.

Eggers wandte sich schriftlich an den Regierungspräsidenten in Schleswig. Im Fall einer Stilllegung würden 342 Arbeiter und 23 Angestellte arbeitslos:

> *„Wenn der Betrieb der Zuckerraffinerie auch ein Saisonbetrieb ist und für einige Monate des Jahres (durchweg von Juli bis Oktober) nur eine kleine Arbeiterzahl beschäftigte, so muss aber als wichtig hervorgehoben werden, dass dieser Betrieb gerade im Winter den Arbeitsmarkt entlastete."*

Am 30. März 1932 gab Fabrikdirektor Adolf Holland offiziell zu, dass die Generalversammlung der Betreibergesellschaft am 22. März die Stilllegung für das Betriebsjahr 1932/33 beschlossen habe.

> *„Die uns angeschlossenen Rohzuckerfabriken haben schon in den letzten Jahren mit schweren finanziellen Opfern Rohzuckerlieferungen an unsere Raffinerie Schulau gemacht und sind nicht mehr in der Lage, die hohen Frachtkosten nach Schulau und Verarbeitungskosten in der Raffinerie zu tragen",*

heißt es in Hollands Brief an den Bürgermeister.
Eggers machte sich gegenüber dem Regierungspräsidenten die Argumentation von Kudlik zu eigen und befürchtete die dauerhafte Stilllegung des Betriebs:

> *„Mit der Schließung der Raffinerie wird die Menge der hiesigen Arbeitslosen die Zahl 1000 weit überschreiten, und das bei einer Einwohnerzahl von 7700! Der*

Zuwachs von über 350 neuen Erwerbslosen wird nicht nur die drohende Gefahr einer Erschütterung der ohnehin äußerst angespannten Finanzlage der Stadt mit sich bringen, er wird auch hier in unmittelbarer Nähe der beiden Großstädte Altona und Hamburg den ohnehin schon bestehenden politischen Unruheherd vergrößern",

befürchtete er.[44] Aus Dessau kamen schlechte Nachrichten: Dort wurde am 2. Juni eine Zuckerraffinerie stillgelegt. 1300 Arbeiter waren davon betroffen. Eggers fragte den dortigen Magistrat, was der unternommen habe, um die Schließung zu verhindern. Doch ließ sich auch in Wedel der Niedergang nicht aufhalten: Am 25. Juni begannen die Entlassungen.

Wedel zwischen 1933 und 1945

Die drohende Stilllegung der Schulauer Zuckerraffinerie und die befürchtete Massenarbeitslosigkeit - Bürgermeister Eggers hatte ausgerechnet, dass, komme die Schließung der Fabrik noch hinzu, Ende Juli 1932 jeder siebte Wedeler arbeitslos sein würde - verdüsterten die letzten Monate der Amtszeit von Eggers. Dokumente im Stadtarchiv belegen, dass er sich noch über das Ende seiner Amtszeit hinaus gegen die Schließung engagierte.[1]

Am 21. April 1932 wurde Eggers abgelöst von einem neuen Verwaltungschef, der wie sein Vorgänger kein langjähriger Wedeler war. Dr. Harald Ladwig, geboren am 11. Dezember 1902 im nordschleswigschen Woyens, aufgewachsen in Mecklenburg, besuchte nach der Schule die Universitäten in Greifswald, Berlin und Rostock. Unmittelbar nach seiner Promotion trat er 1930 in den Verwaltungsdienst ein. Privatwirtschaftliche Erfahrungen hatte er unter anderem bei der kleinen Reederei Fritz Holtz in Barth an der Ostsee gesammelt. Als er sich um den Bürgermeisterposten in Wedel bewarb, war er gerade 29 Jahre alt.

Neuer Bürgermeister

Den Posten bekam er aber nur durch Zufall: Bei der Wahl durch die Stadtvertreter am 11. Februar gab es zunächst einen Stimmengleichstand zwischen ihm und einem Dr. Hunk. Die Stadtvertreter ließen das Los entscheiden - es fiel auf Ladwig, den Kandidaten der bürgerlichen Fraktion im Stadtverordneten-Kollegium. Am 21. April wurde er im städtischen Gasthof von August Rösicke im Beisein von Landrat Gustav Niendorf vereidigt: „Ich schwöre, dass ich das mir übertragene Amt treu und gewissenhaft und unparteiisch nach bestem Wissen und Können verwalten und die Verfassung gewissenhaft beobachten will."

In seinem Personalbogen hatte Ladwig angegeben, keine Orden und Ehrenzeichen zu besitzen und keinen Militärdienst absolviert zu haben. Mit militärischen Angelegenheiten hatte er sich gleichwohl in seiner Dissertation beschäftigt. Ihr Thema lautete: „Das Verhältnis des militärischen Arrestes zur

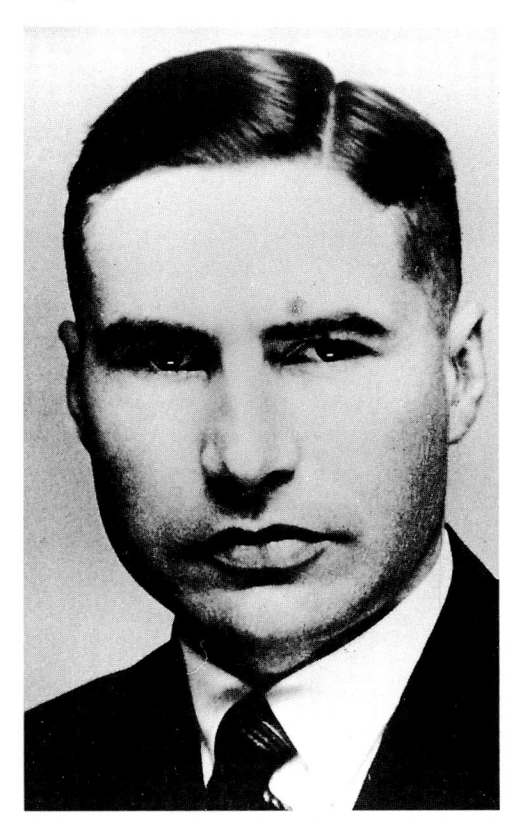

121 Dr. jur. Harald Ladwig (1902-1945) wurde 1932 Nachfolger von Friedrich Eggers als Bürgermeister. Im April 1933 trat er der NSDAP bei.

Haft- und Gefängnisstrafe des Reichsstrafrechtes." Außerdem hatte er noch im Februar 1932 wissen lassen, dass er keiner Partei angehöre. Ausweislich weiterer Dokumente ist Ladwig am 20. April 1933 in die NSDAP eingetreten; knapp drei Monate, nachdem Adolf Hitler die Macht im Staat übergeben worden war.²

Die wechselseitigen Provokationen von Kommunisten und Nationalsozialisten nahmen im Sommer 1932, da Reichstagswahlen vor der Tür standen, noch zu. Für den 24. Juli hatten die Nationalsozialisten einen „Deutschen Tag" in Wedel geplant. Kommunisten und Sozialdemokraten legten Protest gegen diese Veranstaltung ein, weil aufgrund vorausgegangener Erfahrungen Eigentum und Leben der Arbeiter nicht geschützt seien. Trotz eines Umzugsverbotes des Reichsinnenministers konnte die ursprünglich als Aufmarsch angekündigte Großveranstaltung stattfinden - weil sie zur Sportveranstaltung mit anschließendem Gartenfest „umbenannt" und zur „Wohltätigkeitsveranstaltung zu Gunsten unserer erwerbslosen Parteigenossen" erklärt worden war.³ Erwartet wurden mehr als 2500 Teilnehmer.

Am 30. Januar 1933 wurde der NSDAP-Vorsitzende Adolf Hitler von Reichspräsident Paul von Hindenburg zum neuen Reichskanzler berufen. Zu diesem Zeitpunkt hatte die Partei ihren ersten Höhepunkt in der Wählergunst schon überschritten: Im Vergleich mit der Reichstagswahl vom 31. Juli 1932 hatten sie bei der zweiten Reichstagswahl des Jahres am 6. November 34 Mandate verloren (von 230 auf 196).

30. Januar 1933 in Wedel

Bürgermeister Ladwig, der zu diesem Zeitpunkt der Partei wie erwähnt noch nicht angehörte, leitete am Abend des 30. Januar 1933 trotz einer Erkrankung die etatmäßige Sitzung der Gemeindevertretung. Einer späteren Selbststilisierung zufolge will er das mit entsicherter Pistole getan haben. In einem Schreiben an einen Parteigenossen vom August 1938 berichtet er, zwei Hundertschaften Polizei seien notwendig gewesen, „um den kommunistischen Einbruchsversuch zu verhindern..."⁴ Dem war allerdings keineswegs so: Vielmehr war einem Polizeibericht zufolge gegen 21 Uhr ein Demonstrationszug von Arbeitslosen vor dem Lokal von Rösicke aufgezogen, wo die Stadtverordneten tagten. Sie wollten von den Politikern die Annahme einer Resolution, wurden aber gar nicht erst

122 Polizeimeister Claus Lassen schrieb das Protokoll zu den Vorgängen in Wedel am Abend des 30. Januar 1933; in dessen Verlauf wurde eine Arbeiter-Abordnung nicht zu den im städtischen Gasthof tagenden Stadtvertretern vorgelassen.

gehört. Daraufhin wurde die Demonstration unter Anwendung von Gewalt von der Polizei aufgelöst.[5]

Mit dem Tag der Machtübergabe an Adolf Hitler richteten sich alle Hoffnungen, was sowohl die wirtschaftliche Situation der Menschen als auch das angeschlagene nationale (Selbst-)Bewusstsein anging, auf den neuen Reichskanzler. Bei keiner Reichstagswahl hatte die NSDAP genug Stimmen erhalten, um allein regieren zu können, und obwohl sofort die gewalttätige Verfolgung und Verhaftung der politischen Gegner einsetzte - insbesondere nach dem Reichstagsbrand in Berlin vom 27. Februar 1933 -, erhielt sie auch bei der letzten freien Wahl vom 5. März nur 43,9 Prozent der Wählerstimmen und war nach Maßstäben der Legalität auf die 8,0 Prozent der Deutschnationalen Volkspartei (DNVP) angewiesen - ein Zustand, dem bald mit Gewalt ein Ende bereitet wurde.

Alltag im Dritten Reich

Der Aufbau einer NSDAP-Ortsgruppe hatte erst 1930 unter Führung des späteren Stadtrats Richard Lemcke begonnen. Sie gehörte organisatorisch zunächst zur Ortsgruppe Blankenese. Zum 1. Juli 1931 wurde die Gruppe selbständig; 1932 wurde sie vorübergehend mit der Ortsgruppe Rissen zusammengelegt. Nach einer Neuorganisation wurde Emil Cordes im Herbst 1932 neuer Ortsgruppenleiter, 1935 übernahm Julius Timmermann das Amt. Auch der Aufbau einer SA-Truppe stieß 1930/31 auf Probleme: Noch im Frühjahr 1932 scheint es nur eine gemeinsame Gruppe von Rissener und Wedeler SA-Männern mit einer Stärke von 60 Mann gegeben zu haben.[6]

Die neuen Machthaber blieben ihrem Stil zunächst treu und versuchten, mit einer Vielzahl von Aktivitäten die Menschen von ihrer Handlungs- und Durchsetzungsfähigkeit zu überzeugen. Wiederum schlug das Phänomen von der Hauptstadt bis auf die Provinz durch: In Wedel übernahmen Anfang April nach der Neuwahl der Stadtverordnetenversammlung - der noch fünf Mitglieder der SPD angehörten - erstmals führende Nationalsozialisten wichtige Verwaltungsposten. Zu den ersten Vorschlägen des neuen Gremiums gehörte am 11. April die Umbenennung des Rathausplatzes in „Adolf-Hitler-Platz"; der Vorschlag wurde auch bereits neun Tage später zu Hitlers 44. Geburtstag umgesetzt. Am 1. Mai wurden die Raffineriestraße (heute Goethestraße) in Hindenburgstraße, am 24. Mai 1934 die Linden- in Skagerrakstraße und der Mühlenweg in Schlageterweg umbenannt.[7]

Neue Straßennamen

Am 22. Juni 1933 wurde die SPD verboten; in den folgenden Tagen lösten sich die Deutschnationale Volkspartei und die Deutsche Volkspartei (27. Juni), die Deutsche Demokratische Partei (28. Juni) und die Deutsche Zentrumspartei (5. Juli) selbst auf. Einzige erlaubte Partei war nunmehr die NSDAP. Das hatte Folgen auch für Wedel: Waren bei der Wahl vom 12. März 1933 außer sieben Nationalsozialisten unter anderem auch sechs SPD- und zwei KPD-Abgeordnete in die Stadtvertretung eingezogen, so bestand das Gremium nach der Parteienauflösung nur noch aus Nationalsozialisten.[8]

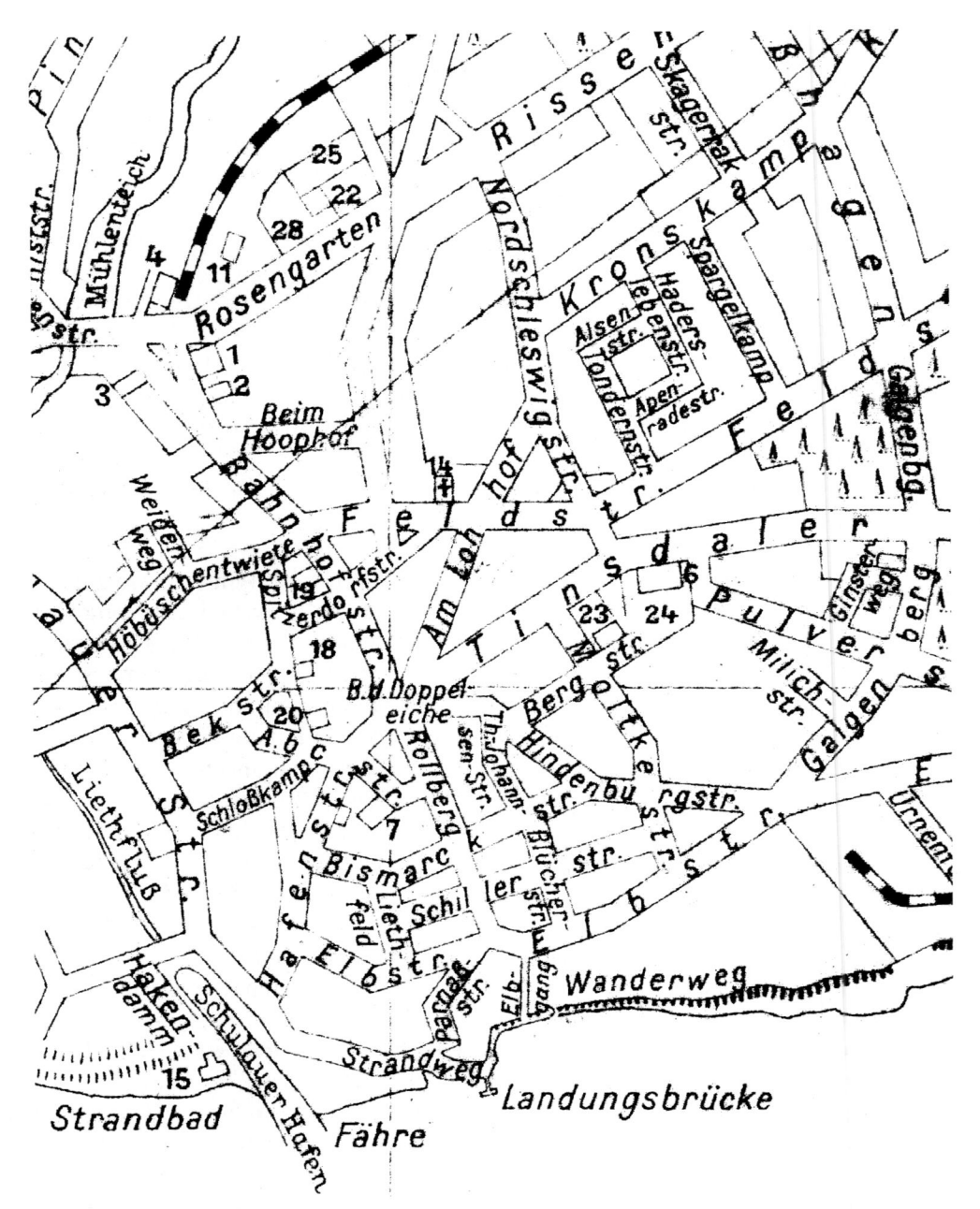

123 Vertraute Straßen, unbekannte Namen: Straßenbezeichnungen wie die im Wedel der 1930er Jahre sind immer auch Ausdruck obrigkeitlicher Auffassungen des öffentlichen Lebens - dem Zeitgeist unterworfen.

Vorläufig ging es aber mitnichten wie von den neuen Machthabern verspro- *Zuckerraf-*
chen bergauf. Wie erwähnt, war der Beginn von Ladwigs Amtszeit durch die *finerie wird*
drohende Stilllegung der Zuckerraffinerie vielmehr gleich mit einem schwer- *stillgelegt*
wiegenden Problem belastet. In einem Brief an den Vorstand der Vereinigten Deutschen Zuckerfabriken fasste er am 2. März 1933 die Auswirkungen zusammen:

„Der Umsatz der Geschäftsleute im Stadtteil Schulau ging wesentlich zurück, auch sie mussten Angestellte entlassen, ihre Steuerkraft sank erheblich. Die Kasse der Stadt aber musste nicht nur auf die bisherigen Steuereinnahmen verzichten, sondern dem Fürsorgezweckverband ganz erheblich höhere Summen zuweisen, um die plötzlich gestiegene Zahl der Erwerbslosen betreuen zu können... Aber auch die Kosten der von der Stadt finanzierten Ortspolizeibehörde wurden höhere. Die gewaltig angestiegene Zahl der Erwerbslosen (in Wedel leben z.Zt. 35% der Einwohnerschaft von Unterstützungen) vergrösserten den Unruheherd, der hier wegen der unmittelbaren Grosstadtnähe Wedels ohnehin ständig vorhanden ist..."[9]

Zwar hatten die Vereinigten Deutschen Zuckerfabriken Ladwig am 6. März 1933 noch signalisiert, dass die Arbeit im Betriebsjahr 1934/35 wieder aufgenommen werden sollte. Ladwig tat ein übriges und wandte sich mit Briefen um Unterstützung direkt an den Hamburger Bürgermeister Vincent Krogmann und an den preußischen Innenminister Hermann Göring - den er fragt, ob dieser nicht anlässlich des Besuches beim Hamburger Derby auch nach Wedel kommen könne, um sich über die Zuckerfabrik zu informieren. In dem Schreiben heißt es unter anderem: „In der Bevölkerung hat sich der Gedanke festgesetzt, dass die Raffinerie arbeiten könnte, wenn die maßgebenden Herren nur wollten." Aber es half alles nichts mehr: Die Prophezeihung von Eggers und des Betriebsrats-Vorsitzenden August Kudlik trat ein, die vorübergehende Stilllegung ging in eine endgültige Schließung über.

Bis heute erstaunt die Selbstverständlichkeit und die Geschwindigkeit, mit der sich die neuen Machthaber, mit ihnen die neuen Organisationen und schließlich auch die Mehrheit der Deutschen in den neuen Verhältnissen einrichteten. Die Straßenumbenennungen - sie haben nicht selten die Funktion, die durch sie bezeichnete Vergangenheit vergessen zu machen und die neue Gesinnung zu verdeutlichen - sind da nur ein Beispiel. Schon am 20. Juli 1933 wurde der sogenannte Deutsche Gruß (Erheben des rechten Arms) in Behörden verbindlich gemacht; am 22. Januar 1935 trat verbindlich der Ausspruch „Heil Hitler" hinzu.[10] Die vom nationalsozialistischen Staat neu eingerichteten Partei- und parteinahen Organisationen richteten ihre Forderungen auch wie selbstverständlich an die Kommunen oder gingen gezielt nachlässig mit Eigentum von Kommune und Privatleuten um. So missbrauchte die Wedeler Hitler-Jugend-Gruppe (HJ) im Januar 1934 Schilder und Gebäude von Gärtnereibesitzer Karl Kleinwort, um Werbeparolen darauf zu schmieren. Auf Rückfrage von Polizeihauptwachtmeister Claus Lassen bei der HJ-Führung lehnte diese die Verantwortung für die Aktion zunächst ab. Erst am 15. März 1934 waren die Schmiereien verschwunden. Ein anderes Beispiel ist die Nutzung des Ihlenseegebietes durch das Jungvolk, der der HJ vorausgehenden Jugendorganisation. Das Jungvolk veranstaltete in dem Gebiet regelmäßig Übungen. Entstanden waren dafür im Laufe der Zeit regelrechte Unterstände und Schützengräben. Wegen der offenbar erheblichen Geländeverwüstung ließ Ladwig das Gebiet am 12. Juli 1935 zur Schonung erklären und das Betreten verbieten. Und wenn es Ortsgruppen der HJ oder des Bundes Deutscher Mädel (BDM) an Ausrüstungsgegenständen fehlte, wandten sie sich nicht etwa an ihre Vorgesetzten, sondern an die Kommune, so die HJ am 7. August 1935 mit der Bitte um Sportgeräte. Gewünscht wurden unter anderem „4 Handbälle, 3 Fußbälle, 10 Schlagbälle... 3 Schleuderbälle, 10 Handgranaten..." Ebenfalls in der Pflicht war die Stadt, wenn es um die Schaffung von Unterkünften für die neuen Organisationen und Gruppen ging. So sparte Wedel spätestens seit 1938 für den Bau eines HJ-Heims.[11]

Jede Gelegenheit wurde genutzt zur Veranstaltung eines Festes, egal ob auf Reichs- oder auf lokaler Ebene. Ob traditionelle Feste oder Straßenumbenennungen - alles wurde mit großem Aufwand „aufgezogen", wie es im Sprachgebrauch der Zeit verräterisch hieß. So erhoben sie den 1. Mai im Jahr 1933 zu einem bezahlten Feiertag - was die Arbeiter lange gefordert hatten -, aber sie gaben nichts, ohne nicht auch etwas zu nehmen: Bekanntlich wurden am 2. Mai 1933 die Gewerkschaftshäuser besetzt und die Organisationen verboten. In den kommenden Jahren war die Teilnahme an der Maifeier für die Verwaltungsangestellten wie auch für die Betriebsbelegschaften vorgeschrieben. 1934 legte Ladwig noch selbst fest, wie der Tag verlaufen

124 In den 30er Jahren wurden weite Teile Schulaus baulich erschlossen. Das Bild aus dem Jahr 1935 zeigt Häuser der neuen Voßhagen-Siedlung.

soll; im Laufe der Jahre wurde das Ritual von der Reichshauptstadt her verbindlich festgelegt. Ladwig nahm es damit sehr genau: Gereizt fragte er den Krankenhaus-Arzt Dr. Edmund Müller am 4. Mai 1938, warum so wenig Bedienstete aus dessen Haus zur Feier erschienen seien...[12]

Den Nationalsozialisten missliebige Gegner fanden sich in Wedel vor allem in den Sportvereinen. Neben dem TSV gab es bis 1933 noch den politisch links stehenden „Arbeiter-Turn- und Sportverein" und, Ende der 20er Jahre als Abspaltung von diesem entstanden, den kommunistischen „Rot-Sport"-Verein. Beide wurden im Mai 1933 verboten, den Sportlern wurde am 10. Mai das Betreten der Halle an der Bergstraße untersagt. Schon seit März hatte es Hausdurchsuchungen bei SPD- und KPD-Mitgliedern gegeben. Widerstandsgruppen mit Mitgliedern und Sympathisanten beider Parteien konnten bis 1935 in Wedel aktiv sein.[13]

Gegner in den Sportvereinen

Vorangetrieben wurde in den 30er Jahren der Haus- und Wohnungsbau vor allem in Schulau. Zu den bekanntesten Beispielen gehört die Siedlung an der Straße Voßhagen. Auf Erbbaugrundstücken entstanden dort 1934/35 mehr als zwei Dutzend Häuser. Am 13. April 1935 wurde das Richtfest für die Siedlung gefeiert. Weiterhin wurden Bauplätze im sogenannten Nordschleswig-Viertel (Hadersleben-, Alsen-, Apenrade- und Tondernstraße, heute in gleicher Reihenfolge Theodor-Haubach-, Geschwister-Scholl-, Molkenbuhr- und Tondernstraße) erschlossen.

Neuerungen gab es auch bei verschiedenen Einrichtungen in der Stadt. So waren die beiden Feuerwehren von Wedel und Schulau nach der Zusammenführung der Ortschaften 1909 zwar selbstständig geblieben, wurden von der Stadtvertretung aber als

125 Warengutscheine - deutliches Zeichen für Rohstoffknappheit und Mangelwirtschaft.

126 Während einer Leistungsschau zeigte die Wedeler Feuerwehr 1939 auf dem Marktplatz ihren Ausrüstungsstand.

eine Wehr angesehen. Sie unterstanden seither jeweils dem dienstältesten Wehrführer. Neuanschaffungen wurden je nach Bedarf auf die Wehren verteilt und in beiden Spritzenhäusern verwahrt. Erst am 12. Februar 1934 wurden die beiden Gruppen unter dem Namen Feuerlöschpolizei zusammengeführt. Zufällig erreichten beide Wehrführer in jenem Jahr die Altersgrenze. Die Wehr Alt-Wedel wurde fortan als Löschzug I (63 Mitglieder), die Schulauer als Löschzug II (73 Mitglieder) bezeichnet. Nach der Zusammenlegung wurde eine umfassende Modernisierung und Motorisierung der Wehr eingeleitet - aus gutem Grund, wie heute klar ist. Noch im gleichen Jahr wurde für 1000 Mark ein Lastkraftwagen „Hansa-Lloyd" als Zugmaschine gekauft, der für die Mannschaftsbeförderung umgebaut wurde. Eine weitere Zugmaschine und ein Stabswagen, der zugleich als Zugmaschine für die gummibereifte mechanische Leiter diente, vervollständigten den Wagenpark im Verlauf der 30er Jahre.

Ein neues Rathaus für Wedel

Zu den wichtigsten Neubauten der 30er Jahre gehörte das Rathaus, das bis auf den heutigen Tag als „Altbau" noch in gleicher Funktion im Dienst ist. Nach der Zusammenlegung von Wedel und Schulau 1909 waren auch die Verwaltungen vereinigt worden. Friedrich Eggers war der erste Bürgermeister des „neuen" Ortes, sein Amtssitz war seit 1906 das erste Wedeler Rathaus an der heutigen Schulauer Straße. Zuvor hatte dieses Haus auf dem Grundstück des alten Heinrich Gau-Heims den Gasthof „Wedeler Park" beherbergt.

Diese Nähe von Gastronomie und Stadtverwaltung sollte nach 1909 noch fast 30 Jahre lang anhalten. Das kam so: Wegen des gestiegenen Verwaltungsaufwands erwies sich das Rathaus von 1906 schon im Laufe des Ersten Weltkrieges als zu klein. Endgültig zu eng wurde es, als die Gesetze der neugegründeten Weimarer Republik 1919 die Vergrößerung der städtischen Gremien verlangten: Statt zwölf amtierten nun plötzlich 24 Stadtverordnete. Weil im Rathaus für die Sitzung eines solchen Kollegiums kein Platz war, zogen die Politiker zunächst um in den großen Saal des Gasthofs „Holsteinisches Haus" von Dittmer Körner an der heutigen Rolandstraße.

Noch im Jahre 1919 hatten die Stadtväter daher ein großes Grundstück an der Grenze von Wedel und Schulau gekauft, um endlich einen neuen Verwaltungssitz im Mittelpunkt des Ortes bauen zu können. Im Jahre 1921 rückten sie diesem Punkt schon mal ein bisschen näher: Sie verlegten ihre Sitzungen in den städtischen Gasthof[14] auf dem Grundstück des heutigen Rathausvorplatzes. Pächter des Gasthofes waren 1921 Friedrich Kindt und ab 1922 der stadtbekannte August Rösicke. Aus den Protokollen des Gremiums geht im übrigen nicht hervor, ob die Verwaltung, die auf diese Sit-

127 *Als Stadtsparkasse geplant, empfahl die städtische Baukommission kurz vor der Fertigstellung 1928 plötzlich, in dem Haus an der Südostecke des heutigen Rathausplatzes auch einen Teil der Stadtverwaltung unterzubringen. Später diente das Haus unter anderem als Stadtbücherei. 1979 wurde es abgerissen.*

128 Das erste Gebäude, das Bahnreisende nach ihrer Ankunft in Wedel sahen, war Petersens Gasthof am Eingang der Bahnhofstraße. Die Stadt übernahm die Gastwirtschaft 1919 und verpachtete sie. Rechts ist der 1901 von Postverwalter Bernhard Gohrbandt errichtete zweite Post-Neubau zu erkennen. In den 1960er und 70er Jahren war dort die Polizei untergebracht.

zungsorte angewiesen war, denn auch den Getränkekonsum der Stadtväter zu bezahlen hatte...

Dem Ziel eines richtigen Rathauses kamen sie allerdings nicht näher. Die Inflation und die leere Stadtkasse verhinderten den Bau des Hauses für viele Jahre. Stattdessen ließ die Stadtsparkasse an der Südseite dieses Grundstücks ein Haus für den eigenen Bedarf errichten. Knapp vor dessen Fertigstellung empfahl die Baukommission 1928 plötzlich, auch die Verwaltung in diesem Haus unterzubringen. Allen Beteiligten war klar, dass das nur eine Übergangslösung sein konnte. Wie Eggers in seinem Jahresbericht pikiert anmerkte, war die Verwaltung nur „durch einen Seiteneingang über eine Hintertreppe" zu erreichen. Das Haus stand dort, wo heute der Südflügel des Rathaus-Neubaus mit dem Sitzungssaal (!) steht. In den 1960er Jahren war dort die Stadtbücherei untergebracht, abgerissen wurde es erst 1979.

Zu ihren Sitzungen trafen sich die Stadtvertreter im übrigen auch nach 1929 weiterhin im städtischen Gasthof. Erst in den Jahren 1936/37 ging die Stadt an den

129 Am 16. November 1936 legte Bürgermeister Ladwig den Grundstein zum neuen Rathaus.

Bau des Rathauses. Verantwortlich für Planung und Gestaltung zeichnete der Architekt Hermann Pikull. Am 14. Oktober 1936 wurden die Bauanträge eingereicht, am 16. Oktober nahm Bürgermeister Ladwig den ersten Spatenstich vor. Schon am 16. November des Jahres wurde die Grundsteinlegung gefeiert, wiederum einen Monat später wurde der Auftrag für die Giebelfigur an den Bildhauer Hans Lissow vergeben.

Am 2. August 1937 übernahm die Verwaltung die neuen Diensträume. Die Gesamtbaukosten beliefen sich auf 163 458 Reichsmark, hinzu kamen 11 371 Mark für die Inneneinrichtung. Untergebracht war zu diesem Zeitpunkt in dem Haus auch die Wedeler Polizei; sie verfügte über einen eigenen Eingang an der Nordseite.

Dem Mann, der die Verwaltung 30 Jahre lang geführt und viel für die Entwicklung Wedels getan hatte, wurde im Herbst des gleichen Jahres die Ehrenbürgerwürde verliehen. Gegenüber NSDAP-Kreisleiter Ferdinand Schramm begründete Ladwig die Auszeichnung vor allem mit den Leistungen im Zusammenhang mit dem Ausbau der Stadt. Die Ehrung erfolgte aus Anlass von Eggers' 70. Geburtstag. Um sicherzustellen, dass er seinen Amtsvorgänger zu Hause antreffen würde, schrieb Ladwig am Vortag in dem für die Zeit charakteristischen unterkühlt-militärischen Ton:

130 1937 wurde das Rathaus in Dienst genommen. An der Nordseite des Gebäudes ist der Eingang zur Polizei zu erkennen.

"Anlässlich Ihres morgen stattfindenden 70. Geburtstages sage ich mich hiermit mit einer Abordnung zu Besuch an. Ich werde um 11 Uhr mit den Herren Stadtinspektor Maushake, Stadtobersekretär Hinz, Sparkassendirektor Metzger, kaufmännischer Leiter Ehlers von den Betriebswerken und Polizeimeister Lassen in Ihrer Wohnung erscheinen. Wenn es der Dienst des Krankenhausleiters erlaubt, wird auch dieser sich beteiligen. Heil Hitler!"

In seiner Rede auf den Amtsvorgänger stellte Ladwig vor allem das Pflichtbewusstsein von Eggers heraus:

"Siebzig Jahre sind eine lange Zeit, liegen sie vor uns; sie sind aber nichts in der Erinnerung. Die Hälfte Ihres Lebens haben Sie der Stadt Wedel gewidmet, eine Leistung, wie sie höchst selten dasteht. An besonders verantwortlicher Stelle in der Eigenschaft als Leiter eines Gemeinwesens während einer solch langen Zeit zu stehen, zeugt von Treue, die an Grösse ihresgleichen sucht."

Schenkt man Eggers' Dankschreiben Glauben, so wurde dieser von der Ehrung völlig überrascht. Im Dezember des Jahres wurde sein Porträt in der Ehrenbürger-Galerie im neuen Rathaus aufgehängt.[15] Noch knapp acht Jahre konnte er sich an dieser Auszeichnung erfreuen: Er starb unmittelbar nach Kriegsende am 10. Mai 1945 in Wedel.

Auf der Suche nach der verlorenen Kindheit: Rudolf Höckner

Und noch ein Wedeler wurde in den 30er Jahren zum Ehrenbürger ernannt: der Maler Rudolf Höckner, der sich 1915 in der Stadt niedergelassen hatte. Als „Maler der Stille", als „Malerpoet", gar als „Corinth im Kammerstil" wurde er schon zu Lebzeiten und seither immer wieder bezeichnet. Bekannt geworden ist er vor allem als Maler der norddeutschen Landschaft; seine scheinbar so anspruchslosen Sujets haben ihm immer mal wieder den Ruf eines Idyllikers eingetragen. Doch ganz so einfach sollte man es sich mit Höckner nicht machen.

Rudolf Höckner, am 28. Juli 1864 als Sohn des Gutsbesitzers Adolf Woldemar Höckner und dessen Frau Marie Sophie in Hilmersdorf bei Wolkenstein im Erzgebirge zur Welt gekommen, verbrachte die ersten acht Jahre seines Lebens auf dem Land. Nach dem Tod seines Vaters 1872 zog die Mutter mit ihren fünf Kindern erst ins sächsische Freiberg, dann nach Leipzig, wo Rudolf das Thomasgymnasium besuchte. Nach dem Abitur 1885 nahm er ein Theologie-Studium in Leipzig und Tübingen auf, das er aber schon im folgenden Jahr zugunsten des Besuchs der Kunstschule in Weimar wieder abbrach.

Notizen zur Biographie

An der Großherzoglich Sächsischen Kunstschule erlernte er die Grundlagen der Landschaftsmalerei. Der Versuch, sich in Weimar als freischaffender Maler eine Existenz aufzubauen, scheiterte zunächst. Um sich und seine Frau Brigitte durchzubringen, arbeitete er nach ihrer gemeinsamen Übersiedlung erst nach Flensburg und dann nach Hamburg als Dekorationsmaler und Journalist. Nach dem Zeugnis seines Freundes Hugo Sieker führte Höckner während seiner Wanderungen und wohl auch in seiner Journalistenzeit unauffällige Malkästen mit sich, um hier und da kleine Studien zu Papier bringen zu können. „Der kleine, heimliche Malkasten muss für Höckner die Arche gewesen sein, mit der er sein Talent und seine Liebe zur Kunst über eine bedrohliche Seelennot hinwegrettete", erinnerte sich Sieker später.[16]

Erst 1907 wagte Höckner wieder den Sprung in die Existenz als selbstständiger Maler, aber leben konnte er von seiner Kunst immer noch nicht. Im Jahre 1915 entdeckte er Wedel für sich. Zunächst wohnte er in einem Haus an der Rissener Chaussee, dann in einer Wohnung am Mühlenteich. Dort lebte er nun wieder unmittelbar am Rand der Landschaftsart, die ihm am vertrautesten war - einer, die er aus der Kindheit kannte. Seine Sujets fand er in der freien Natur, zu jeder Jahreszeit und bei allen Lichtverhältnissen.

131 Der Maler Rudolf Höckner (1864-1942), der sich 1915 in der Rolandstadt niedergelassen hatte, wurde am 28. Juli 1939 zum dritten Ehrenbürger der Stadt ernannt.

Auf den ersten Blick scheint die Bezeichnung Höckners als Idylliker zu passen: Seine Bilder weisen zurück in die „gute alte Zeit", beschwören eine vermeintlich stehen gebliebene Zeit herauf. Die Zerstörung der Landschaft hatte aber schon im 18. Jahrhundert begonnen, im 19. Jahrhundert machtvoll eingesetzt. Es waren die romantischen Schriftsteller um die Wende zum 19. Jahrhundert, die als erste weit reichende Veränderungen in ihrer Lebenswelt diagnostizierten. Mit Bezug auf Höckner sei daran erinnert, dass, als er nach Wedel kam, die Stadt seit mehr als 30 Jahren an das Bahnnetz angeschlossen war, und dass in Schulau unter anderem eine große Zuckerraffinerie mehreren hundert Wedelern Arbeit gab.

Inzwischen ist auch hinlänglich bekannt, dass die romantische Kunst keineswegs harmlos, unpolitisch und idyllisch, sondern unterschwellig kritisch war. Ohne nun Höckner als Romantiker zu bezeichnen, muss bei der Betrachtung seines Oeuvres doch beachtet werden, dass die Zersiedelung der Landschaft zu seiner Zeit schon in vollem Gange war. Wenn also nirgends ein Strom-Mast, ein Auto oder andere Zeichen der enormen Modernisierungsbewegung in seinen Bildern zu sehen sind, deutet das auch auf Verstörung und Ratlosigkeit auf seiten des Künstlers.

> **Dr. Goebbels gratulierte**
> Unter den zahlreichen Ehrungen, die den Maler Rudolf Höckner erreichten, ist ein Telegramm des Reichspropagandaministers besonders hervorzuheben. Der Glückwunsch hat folgenden Wortlaut:
> „In Anerkennung Ihrer Verdienste um die deutsche Kunst in Schleswig-Holstein übermittele ich Ihnen zum 75. Geburtstag meinen herzlichsten Glückwunsch. Heil Hitler! Reichsminister Dr. Goebbels".

132 Dass sich Höckner nach anfänglicher Erfolglosigkeit doch noch einen gewissen Namen in deutschen Kunstkreisen erarbeitet hat, belegt diese Zeitungsnotiz vom 29. Juli 1939 aus den Norddeutschen Nachrichten.

Gegen Ende seines Lebens stiegen Bekanntheitsgrad und Marktwert seiner Bilder allmählich. 1939 wurde ihm von Bürgermeister Ladwig die Ehrenbürgerwürde verliehen. In den Unterlagen des Stadtarchivs findet sich Höckners Dankschreiben:

133 Dieser Winkel an der Straße Hinter der Kirche hatte es Rudolf Höckner so angetan, dass er ihn nicht nur einmal auf die Leinwand bannte.

„Anlässlich der Vollendung meines 75. Lebensjahres hatten Sie, sehr geehrter Herr Bürgermeister, die grosse Güte, mich durch Verleihung der Ehrenbürgerschaft der Stadt Wedel zu ehren und zu erfreuen. Ich bitte Sie, hierfür meinen herzlichsten und verbindlichsten Dank entgegennehmen zu wollen. Ich bitte Sie, diesen meinen Dank auch den Herren übermitteln zu wollen, die seiner Zeit Ihrer Entscheidung zugestimmt haben. Heil Hitler! Rudolf Höckner Landschaftsmaler."

Die „Norddeutschen Nachrichten" vermeldeten am 29. Juli, dass Reichspropagandaminister Joseph Goebbels ein Glückwunschtelegramm zur Verleihung geschickt habe.[17] Belege für die Behauptung, dass Höckner die Ehrenbürgerwürde nach seinem Tod 1942 durch Nachbarn hat zurückgeben lassen, haben sich im Stadtarchiv bislang nicht gefunden.

Soll Wedel Hamburg zugeschlagen werden?

Aber Ladwigs Amtsführung beschränkte sich nicht auf die Vergabe von Ehrenbürgerwürden und ähnlich erfreuliche Anlässe. Doch die Durchsicht einer ganzen Reihe von Akten des Stadtarchivs zu verschiedensten Themen erlaubt kaum Aussagen darüber, wie Ladwigs Beamten-Alltag aussah. Nur wenige Daten sind bekannt. So hat Ladwig 1935 an der „Verwaltungswissenschaftlichen Woche für Kommunalbeamte" teilgenommen und dort unter anderem eine Vorlesung über „Führertum in der Verwaltung" gehört. 1937 wurde er, der keine militärische Dienstzeit abgeleistet hatte, zu einer militärischen Reserveübung eingezogen. Am 9. Mai 1938 unterrichtete er Landrat Johann Justus Duvigneau über seinen Austritt aus der evangelischen Kirche.[18]

Es gibt vereinzelte Hinweise darauf, dass Ladwig sich nicht immer an die geltenden Hierarchien gehalten hat. Von seinem Versuch, im Sommer 1933 den Reichsminister ohne Geschäftsbereich und kommissarischen preußischen Innenminister Hermann Göring persönlich für die Belange der Zuckerraffinerie zu interessieren, war bereits die Rede. Ein zweiter Zwischenfall wirft ein interessantes Licht auf Ladwig: Nach dem Groß-Hamburg-Gesetz von 1937 wandte sich der Bürgermeister am 22. Februar 1937 an den Hamburger Verwaltungschef, den Reichsstatthalter Karl Kaufmann, um in Erfahrung zu bringen, warum Wedel nicht in Hamburg eingemeindet worden sei. Aus der neuen Situation ergäben sich viele Nachteile für die Rolandstadt. Dieser Vorstoß brachte Ladwig einen scharfen Verweis vom Oberpräsidenten der Provinz Schleswig-Holstein und Gauleiter Hinrich Lohse ein: „Eine derartige Unverfrorenheit und unglaubliche Außerachtlassung des Dienstweges ist mir noch nicht vorgekommen", heißt es in dessen Schreiben vom 13. März 1937.

Kontroverse mit dem Gauleiter

„Die Frage, welche Gebietsteile von Preußen an den Staat Hamburg abgetreten werden sollen, haben allein der Führer und das Reichskabinett zu entscheiden und sie haben entschieden. Es entzieht sich unter allen Umständen der Zuständigkeit des Bürgermeisters der preußischen Stadt Wedel darüber Verhandlungen zu führen, ob die ihm von der preußischen Staatsregierung zur Verwaltung anvertraute Stadt bei Preußen verbleiben oder unter Hamburger Staatshoheit kommen soll."

Ladwig habe mit Konsequenzen zu rechnen: „Dem Herrn Regierungspräsidenten habe ich Abschrift dieses Schreibens mit dem Ersuchen geschickt, von Dienstaufsichtswegen das Erforderliche zu veranlassen."

Das eigenmächtige Vorgehen in Sachen „Eingemeindung in Hamburg" hatte unangenehme Konsequenzen für Ladwig. Zwar versuchte er dem Regierungspräsidenten seine Beweggründe am 26. März 1937 in einem fünfseitigen Schreiben zu erläutern - unter anderem auch, dass er den Brief an den Hamburger Reichsstatthalter im Auftrag der Wedeler Stadtverordneten verfasst hatte -, aber Lohse blieb hart. Gegenüber Landrat Duvigneau äußerte Lohse: „Ich will Dr. Ludwig [!] aber zugutehalten, dass er einerseits nicht oder doch nicht ausschließlich aus eigenem Antriebe gehandelt hat und dass er sich jetzt zu seinem Fehler bekennt, ohne die Verantwortung für sein Handeln auf andere abzuschieben." Dennoch sah sich Duvigneau am 8. Mai 1937 gezwungen, Ladwig einen schriftlichen Verweis gemäß Beamtendienststrafordnung zu erteilen.[19]

Dass Ladwig seiner Arbeit bisweilen offenbar ohne Rücksicht auf Risiken und mögliche Konfrontationen nachkam, belegt auch eine Auseinandersetzung mit Hugo Möller im Jahr 1939. Der Vorgang beginnt mit einem Brief Möllers an Ladwig vom 12. Oktober:

134 Landrat Johann Justus Duvigneau, im Amt von 1932 bis 1945, musste Bürgermeister Ladwig wegen dessen Eigenmächtigkeit in der Hamburg-Frage im Mai 1937 einen schriftlichen Verweis erteilen.

„Mir ist berichtet, daß von dem Herrn Bürgermeister die Weiterarbeit an der Wegeinstandsetzung Parnaßstraße - Fährhaus verboten worden ist. (...) Ich habe demnach nochmals den Auftrag gegeben, die Arbeiten ordnungsmäßig zum Abschluß zu bringen."

Ladwig antwortete auf diese Brüskierung mit der Ankündigung eines Disziplinarverfahrens und unterrichtete die Ratsherren, die sich darüber beklagten, dass sie von Möller wieder einmal vor vollendete Tatsachen gestellt worden seien. Schon im Juli des Jahres hatte dem Bauamt ein Bericht über nicht genehmigte Arbeiten am Fährhaus, das der Familie Möller gehörte, vorgelegen; im Oktober kamen Bauarbeiten am Rosengarten hinzu, für die ebenfalls keine Erlaubnis ausgestellt worden war. Der Streit, den Ladwig schließlich dem Uetersener Rechtsanwalt Harms übergab, zog sich offenbar tief in das Jahr 1940 hinein. Über den Ausgang sagt die Akte des Stadtarchivs nichts.[20]

Strandfeste - die trügerische Idylle

Nicht wenige der von den Nationalsozialisten arrangierten Feste dienten dazu, die Deutschen in Sicherheit zu wiegen und eine Idylle vorzuspiegeln. Was die Wirtschaft anging, so hatte den Nationalsozialisten anfangs die Weltkonjunktur geholfen, wieder mehr Menschen in Arbeit zu bringen. Die Nationalsozialisten halfen aller-

135 In den 20er und 30er Jahren erlebte der Schulauer Hafen seine Hochzeit als Wirtschafts- und Fischereihafen. Fischkutter, die hier beheimatet waren, trugen das Bugzeichen „SS" für Schleswig-Holstein/Schulau. Die Aufnahme stammt aus dem Jahr 1937.

dings auch nach, indem sie insbesondere Bauarbeiten lieber von Dutzenden Menschen als von einer Maschine ausführen ließen. Und noch nicht einmal das half: Wie man heute weiß, fand beispielsweise beim Autobahn-Bau nur ein verschwindend kleiner Prozentsatz von Arbeitern eine neue Beschäftigung. Doch subjektiv kam für viele Menschen damit die Welt wieder in Ordnung.

Nach der Formel „Brot und Spiele" kümmerten sich die Nationalsozialisten aber eben auch um Feiern und Gemeinschaftserlebnisse, die die Menschen den Alltag vergessen lassen sollte. Wenn die tatsächliche Zahl derer, die eine „Kraft durch Freude"-Reise nach Madeira oder Norwegen antreten konnten, auch klein war, so sorgten die Nationalsozialisten doch für viel Betrieb auf der lokalen Ebene. Selbst diese Veranstaltungen entstanden zu einem guten Teil aus wirtschaftlichen Gründen. So vergab beispielsweise die Hauptvereinigung der Deutschen Garten- und Weinwirtschaft im Frühsommer 1936 sogenannte Weinpatenschaften an deutsche Städte, die unter anderem dazu dienen sollten, die Ernteerträge im wünschenswerten Maß abzubauen. Am 11. Juni 1936 wurde Wedel dem Gebiet Niederrheinbach am Mittelrhein zugeteilt. In seinem Antwortschreiben ging Ladwig auf die Vorlieben der Wedeler ein, soweit sie ihm bekannt waren:

„Indessen wurde darauf aufmerksam gemacht, dass die Weinwerbewoche des Vorjahres deswegen bei uns einen geringen Erfolg hatte, weil die hiesige an Wein nicht gewöhnte Bevölkerung herbe Weine nicht gern trinkt. Ich wurde gebeten, Sie zu bitten, uns milde Weine zu schicken, wenn dies möglich sein wollte..."

Im Kino und in den Schulen wurden Anfang September 1936 Lehrfilme über die Herstellung von Wein und Sekt gezeigt. Mit großem organisatorischen Aufwand wurde diese Weinwerbung 1937 wiederholt.[21]

Zu den größten Veranstaltungen gehörten in Wedel seit 1933 alljährlich die Strandfeste. Die größte Veranstaltung dieser Art war das Fest von 1939. Bei seiner Organisation wurde nichts dem Zufall überlassen. Um beispielsweise die Hamburger über den Termin zu informieren, wurden in der Woche zuvor „Lichtreklamebilder" unter anderem in den „Schauburg"-Kinos St. Pauli, Hauptbahnhof, Hamm und Altona gezeigt, außerdem fuhren Lautsprecherwagen durch die Hansestadt. Ferner wurden großformatige Plakate gedruckt und überall im Kreisgebiet verteilt. Zum Programm der beiden Festtage am 15. und 16. Juli gehörten unter anderem Auftritte des Spitzerdorf-Schulauer Männergesangvereins, der Frauen-Tanzgruppe unter der Leitung von Kreisfrauenturnwart Kurt Gellert, eines Chors aller Wedeler Schulkinder und des Musikkorps der 14. Schiffsstammabteilung Glückstadt. Außerdem war für Fessel- und Freiballon-Aufstiege, für Kunstflug-Vorführungen sowie für eine Hundeschau gesorgt worden. Höhepunkt der Feste war stets eine Rosenschau; an den Schaubildern wurde jeweils bis unmittelbar vor Eröffnung des Festes gearbeitet. Der Eintritt für beide Tage belief sich auf 60 Pfennige; Kinder, uniformierte Angehörige der Wehrmacht, des Arbeitsdienstes und der SS-Verfügungstruppe zahlten die Hälfte.[22]

Wedel zwischen 1933 und 1945

136 Ab 1934 erfreuten sich die Strandfeste im Wedeler Strandbad eines stetig steigenden Zuspruchs.

137 Beim Strandfest von 1935 wurden die schönsten Strand- und Badekostüme prämiert.

138 Zu den Höhepunkten der Strandfeste gehörten die von den Junggärtnern ausgestatteten Rosenschauen. Diese Aufnahme entstand 1939.

Gründung des „SVWS"

Wie sehr Wedel mit dem Wasser verbunden war (und ist), belegt übrigens auch die Gründung des nach wie vor aktiven „Segel-Verein Wedel-Schulau" 1936. 20 Segelbegeisterte fanden sich am 18. Februar in der „Elbburg" zusammen und gründeten unter der Leitung von Ernst Neumann den ersten eigenständigen Verein für Wedels Skipper, die bis zu diesem Zeitpunkt vielfach Hamburger Vereinen angehört hatten. Von politischen Einflüssen konnte sich der Verein fern halten.

Dass die Daten im Dritten Reich gefeiert wurden, wie sie sich gerade anboten, geht auch daraus hervor, dass 14 Tage vor dem Strandfest von 1939 eine Feierstunde aus Anlass der Zusammenlegung von Wedel und Schulau 30 Jahre zuvor stattgefunden hatte. Bei einer Festsitzung - „Anzug: Uniform oder dunkler Anzug", hieß es auf dem mattgrünen Karton der Einladungskarte - stand nach Musik und einem Festvortrag (von Ladwig) wie selbstverständlich um 21 Uhr auch eine „Führer-Ehrung" auf dem Programm; anschließend ging es weiter in kleinerem Rahmen. Bei dieser Gelegenheit erzählte Bürgermeister a.D. Friedrich Eggers den Jüngeren noch einmal, wie es zur Zusammenlegung gekommen war.[23]

Der Zweite Weltkrieg in Wedel

Mit den Festwochen hatten die Wedeler Glück - es regnete nicht. Überhaupt: Ganz Europa hatte noch einmal einen schönen Sommer gehabt. Doch hinter den Kulissen steuerte Hitler längst einen Krieg an. Im kleinen Kreis hatte der Diktator schon 1937 seine Vorstellungen skizziert; an einen Krieg gegen die Sowjetunion hatte er schon wesentlich länger gedacht. In Jahresfrist hatte er 1938/39 deutsche Truppen in Österreich, in das Sudetenland, in die Tschechoslowakei und in das Memelgebiet einmarschieren lassen - England und Frankreich protestierten zwar, ließen sich aber immer wieder beruhigen durch Hitlers Behauptung, die jeweilige sei nun die letzte territoriale Forderung. Erst mit dem Überfall auf Polen am 1. September 1939, für das beide Länder eine „Garantieerklärung" abgegeben hatten, entschlossen sie sich, nicht länger zuzusehen.

Wenn von Kriegshandlungen und ihren Auswirkungen auf Wedel heute die Rede ist, steht im allgemeinen Bewusstsein die Bombardierung vom 3. März 1943 eindeutig im Vordergrund. Gemessen an den Auswirkungen auf die Stadt - etwa 70 Prozent aller Gebäude wurden beschädigt oder zerstört - war dieser Bombenabwurf ohne Zweifel die schwerste Angriffshandlung der alliierten Truppen. Es war jedoch weder die erste noch die einzige Luftkriegshandlung, von der Wedel betroffen wurde.

Um es vorwegzunehmen: Die Mehrheit der insgesamt 29 Luftkriegshandlungen über Wedel ist auf Navigationsfehler, Fehlinterpretationen von Sicht- oder Radarbeobachtungen, technische Fehler oder Notfälle an Bord der angreifenden Flugzeuge zurückzuführen.[24] Das Ziel der Angriffe war - abgesehen von der Bombardierung der Raffinerie am 6. August 1944 - in jedem Fall Hamburg. Das macht die Sache für die Stadt oder die Opfer nicht besser oder schlechter; es zeigt aber auf besonders dramatische Weise die Ziel- und Maßlosigkeit dieses Krieges.

Bereits die erste Luftkriegshandlung über Wedel vom 28. Mai 1940 stand im Zusammenhang mit einem der ersten großen Angriffe auf Hamburg. In Wedel entstand durch frühzeitigen Abwurf ein Sachschaden an einer Gärtnerei im Kronskamp. Bei der zweiten Luftkriegshandlung gab es das erste Todesopfer zu beklagen: Bei einem Abwurf in der Nähe des Gehöftes Scharenberg wurde ein Arbeiter so schwer verletzt, dass er auf dem Transport ins Krankenhaus seinen Verletzungen erlag. Den umfangreichsten Bombenabwurf vor dem 3. März 1943 verzeichnete die Stadt am 3. Februar 1943, als 2000 Brand- und drei Sprengbomben auf Wedel fielen.

Erste Bombe fällt 1940

Um die Jahreswende 1942/43 kamen auf beiden Kriegsseiten erstmals elektronische Ortungssysteme zum Einsatz, die in der Lage waren, den Gegner auch außerhalb der Sichtweite aufzuspüren oder die Nacht „durchsichtig" zu machen. Das britische H2S-Radar konnte - vorerst nur unklar - die Bebauungs- oder Geländestruktur des überflogenen Gebietes erkennen. Hatten die vorausfliegenden Pathfinder-Flugzeuge anhand dieses Radars das Zielgebiet gefunden, warfen sie Leuchtmunition ab, sogenannte Tannenbäume. Es war unter anderem die Fehlinterpretation eines solchen Radarbildes, die Wedel am 3. März 1943 zum Zielgebiet bestimmte.

139 Beim Bombenabwurf am Abend des 3. März 1943 wurde unter anderem der Bahnhof völlig zerstört.

140 Auch in der Bahnhofstraße richtete der Bombenabwurf zahlreiche Schäden an. Fotograf Gustav Maushake blickt von Süden in Richtung Kreuzung Spitzerdorfstraße.

Weitere Fehler kamen hinzu, und zur Verwirrung trugen schließlich der Mühlenteich und die Tatsache bei, dass der Anflug bei Niedrigwasser erfolgte, als ausgedehnte Sandbänke in der Elbe freilagen. Aus der Höhe der Flugzeuge, die für die Bomber den Weg markierten, sah es so aus, als verengte sich der Fluss westlich von Wedel; eine solche Verengung hatten die Briten aber für Altona (und zwar bei Hochwasser!) ermittelt. Diese Verengung und der aufgestaute Mühlenteich, den die Piloten offenbar für die Außenalster gehalten haben, wurden demnach nicht korrekt identifiziert. Soweit die Unterlagen aus britischen Archiven.

Im Laufe der Nacht vom 3. auf den 4. März 1943 wurden über Wedel 259 Sprengbomben, 22 Luftminen und mindestens 22 200 Brandbomben abgeworfen. Zu beklagen waren insgesamt 37 Tote und 157 Verletzte. Nach einer Bestandsaufnahme des Reichsluftschutzbundes wurden 394 Wohngebäude leicht und etwa 860 erheblich bis total zerstört. Nur 19 Häuser sollen ohne jeglichen Schaden geblieben sein. Betroffen waren unter anderem der Bahnhof, die Kirche, das Kinderheim - und ironischerweise die Geschäftsstelle des Reichsluftschutzbundes. In der Nacht sind 627 Brände gezählt worden. In den auf die Bombardierung folgenden Tagen wurden 3000 der 8650 Einwohner unter anderem nach Uetersen und Elmshorn evakuiert. Nach Errichtung einer Reihe von Baracken konnten sie im Laufe des Frühjahrs zurückkehren. Noch dramatischer wurde die Unterbringungssituation, als im August 1943 nach dem Hamburger „Feuersturm" zwischen 1000 und 2000 Hansestädter nach Wedel ausquartiert wurden.

3./4. März 1943: 37 Tote

141 Erst jüngst aufgetaucht ist dieses Foto. Es zeigt Wehrmachtangehörige, die mit dem Einsammeln von Munitionsteilen und Blindgängern beschäftigt waren. Im Hintergrund ist die alte Lüchausche Villa am heutigen Strandweg zu erkennen. Das Haus wurde in den 1990er Jahren abgerissen.

Vermutlich die einzige Aktion, die wirklich Wedel galt, war die 25. Luftkriegshandlung vom 6. August 1944, der Angriff auf die Raffinerie der Deutschen Vacuum Oil AG. 72 schwere amerikanische Bomber flogen diesen Angriff, der den Ölvorräten und den Treibstoff-Produktionsanlagen, unterhalten von der Tochterfirma „Deutsch-Amerikanische Petroleum-Gesellschaft", galt. Bei diesem Angriff wurde die Fabrik, die bereits am 3. März 1943 schwer beschädigt worden war, zu etwa 75 Prozent zerstört.

Zu den letzten Luftkriegshandlungen über Wedel gehörten der Angriff vom 9. April 1945 und eine Reihe von Tiefflieger-Angriffen in den letzten April-Tagen, über die es nur sehr vage Informationen gibt.

Dass nach der Bombennacht vom 3. März 1943 „nur" 37 Tote und 157 Verletzte zu beklagen waren, überrascht: Gemessen an der Zahl der vorhandenen Luftschutzbunker war das außerordentlich wenig. Erst 1941 hatte das zuständige Luftgaukommando den Befehl zur Errichtung von vier Bunkern erteilt. Bis zu diesem Zeitpunkt hatte es nur einen Luftschutzkeller unter dem Rathaus und vergleichbare Einrichtungen auf dem Gelände des Mineralölwerkes gegeben.

Ende 1943 wurde die Erlaubnis zur Errichtung von sogenannten Luftschutzdeckungsgräben gegeben. Reste einiger dieser unpräzise Bunker genannten Einrich-

142 Bei einem der wenigen Angriffe, die tatsächlich Wedel galten, wurde die Ölraffinerie am Elbufer am 6. August 1944 zum größten Teil zerstört.

tungen sind bis heute im Stadtbild zu sehen, beispielsweise an der Ecke Riststraße/Pinneberger Straße. Schutz vor Volltreffern boten sie nicht: Die Wände waren 40 und die Decke lediglich 50 Zentimeter dick. Ausgestattet waren die etwa 20 Meter langen und bis zu 2,80 Meter breiten tunnelartigen Anlagen mit Sitz- und Liegemöglichkeiten, einer Kochgelegenheit, einer Heizung und Toilettenanlagen.

„Wenzel" - ein Beispiel für den Größenwahn

Der Krieg hinterließ aber auch noch andere Zeichen in Wedel. Im Frühjahr des verheerenden Bombenabwurfs begannen die Vorarbeiten für eine großräumige Marineanlage. Das Projekt erhielt von den Machthabern den Tarnnamen „Wenzel". Es handelte sich dabei um einen riesigen Bunker mit einem U-Boot-Werft-Betrieb auf dem Gelände zwischen dem heutigen Elbe-Stadion, dem U-Boot-Teich und der Kreuzung Schulauer Straße/Gorch-Fock-Straße. Mit der Elbe wäre die Anlage durch einen Stichkanal, mit dem Bahnhof durch diverse Gleisstränge verbunden worden. Nach seiner Fertigstellung wäre der Bunker vermutlich mit elf kleinen Hafenbecken zu je zwei Liegeplätzen ausgestattet gewesen. Nach einer Planungsvariante würde das Gebäude eine Länge von 247 und eine Breite von 284 Metern erhalten haben. Selbst das scheint nur die erste Ausbaustufe gewesen zu sein: Laut Hamburger Generalbebauungsplan von 1944 war das Gelände zwischen dem Hamburger Yachthafen und der Hetlinger Schanze als Gewerbe- und Industriefläche ausgewiesen.[25]
Die Erdarbeiten wurden im Frühjahr 1943 aufgenommen, doch schon im gleichen Sommer erzwangen der Material- und der Arbeitskräftemangel erstmals eine Unterbrechung. In mehreren Schüben wurde bis Februar 1945 weitergearbeitet an „Wenzel". Eingesetzt wurden auf der Baustelle unter anderem Häftlinge, die in der Außenstelle Wedel des Hamburger Konzentrationslagers Neuengamme interniert waren. Dieses Lager, eingerichtet 1943, befand sich auf dem Gelände zwischen Kronskamp, Rissener Straße und Industriestraße. Mehr als 50 Baracken dienten als Materiallager und zur Unterbringung der Zwangsarbeiter.
Im weiteren Verlauf der Kriegsjahre wurde ein Teil des Lagers in ein Kriegsgefangenenlager als Außenstelle von Neuengamme umgewandelt. Nach bislang vorliegenden Erkenntnissen war das Lager weder durch Wachtürme noch durch einen elektrischen Zaun von der Umgebung getrennt. Im Herbst 1944 waren dort zunächst etwa 500 Frauen aus der Tschechoslowakei und Ungarn und danach etwa 500 Männer untergebracht. Außer Österreichern jüdischer Abkunft waren es vor allem Männer aus Polen, der Sowjetunion und den Niederlanden. Sie hatten Schanzarbeiten zu verrichten, die Hamburg gegen die anrückenden englischen Truppen absichern sollten. Zum An- und Abtransport wurden die Gefangenen jeweils in Waggons verladen. Im Spätherbst 1944 starben innerhalb kurzer Zeit zahlreiche Häftlinge an den Folgen unzureichender Nahrungsmittelversorgung und der Entkräftung aufgrund der anstrengenden Arbeiten.[26]

Die Opfer

Auch eine lokale Geschichte der Jahre zwischen 1933 und 1945 ist nicht vollständig ohne einen Blick auf die Opfer jüdischer Abkunft. Wer sich heute mit der Verfolgung und Ermordung der deutschen Juden beschäftigt, muss wissen, dass 1933 gerade einmal rund 500 000 Juden im deutschen Reich lebten. Mit anderen Worten: Sie machten nicht einmal ein Prozent der Bevölkerung aus. Die weitaus meisten von ihnen lebten in Berlin und Hamburg. In kleineren Städten gab es vielfach nur eine Familie oder gar nur einzelne Personen.

Nach den bislang vorliegenden Erkenntnissen lebte in den 30er Jahren eine jüdische Familie in der sogenannten „Villa Sternberg" am Schulauer Moorweg. Die Familie soll ausgewandert sein. Das Haus wurde danach als SA-Heim genutzt. Außerdem lebte in Wedel die jüdische Geschäftsfrau Jetta Husmann. Sie nahm sich am 17. Juli 1942 das Leben, nachdem sie den Befehl erhalten, sich zu einem Transport in ein Konzentrationslager einzufinden. Recherchen zufolge sollte sie zunächst in das Lager Theresienstadt gebracht werden.[27]

Die Befreiung: 3. Mai 1945

Von der Auseinandersetzung zwischen Bürgermeister Harald Ladwig und Hugo Möller, dem Chef der Optischen Werke Möller am Rosengarten, über nicht genehmigte Bauarbeiten am Firmengelände und am Fährhaus war bereits die Rede. Zur gleichen Zeit, im Herbst 1939, war Ladwig in eine weitere Kontroverse verwickelt. Im Stadtgartenamt, eingerichtet im Jahr 1935, war es zu finanziellen Unregelmäßigkeiten gekommen. Eine unangemeldete Kassenprüfung hatte einen umfangreichen Schriftwechsel zwischen dem Bürgermeister und seinen vorgesetzten Dienststellen zur Folge. Die Angelegenheit ist nicht restlos aufzuklären; jedenfalls scheint sie der Ausgangspunkt für Ladwigs wachsendes Desinteresse an der Arbeit in Wedel gewesen zu sein. Während diese Auseinandersetzungen noch schwelten, wurde der Verwaltungschef Ende Dezember 1939 zur Wehrmacht einberufen. Im Herbst 1941 bewarb er sich um eine Stadtratsstelle in der Stadt Luxemburg. Landrat Duvigneau schrieb dazu im Frühjahr 1942:

> *„Ein Anfang des Krieges gegen ihn* [= Ladwig] *von ihm nicht wohlgesinnter Seite angestrengtes Verfahren wegen Untreue musste von der Staatsanwaltschaft wegen Amnestie eingestellt werden. Ein Disziplinarverfahren konnte aus gleichem Grunde nicht eingeleitet werden. Doch habe ich als Leiter der Einleitungsbehörde aus den Akten die Überzeugung gewonnen, dass der ihm gemachte Vorwurf auch in einem durchgeführten Verfahren nicht hätte gehalten werden können. Dr. Ladwig ist ein durchaus sauberer Charakter."*[28]

Anstelle von Ladwig hatte Stadtrat Richard Lemcke die Führung der Verwaltung übernommen. Erst nach dem Bombenabwurf vom 3. März 1943 wurde vom Regierungspräsidenten in Schleswig mit dem Regierungsbeamten Georg Jessen ein kommissarischer Verwaltungschef eingesetzt. Er musste sich einerseits mit den Folgen der Bombardierung, dem Zuzug von Evakuierten aus Hamburg und der sich rapide verschlechternden Wirtschaftslage und andererseits mit den Folgen des Marinebauprojektes „Wenzel" beschäftigen. Unter anderem musste dafür die Stromversorgung der Stadt von Gleich- auf Drehstrom umgestellt werden. Die Militärs hielten bis in die letzten Kriegstage hinein an ihrem Projekt fest.

Komissarischer Verwaltungschef

Am 30. April 1945 beging Hitler in seinem Bunker unter der Berliner Reichskanzlei Selbstmord. Sein „Politisches Testament" ist das Vermächtnis eines unbelehrbar Starrsinnigen, der an den 25 Jahre zuvor konzipierten Wahnvorstellungen fest hält. 30 Stunden später folgten ihm sein Nachfolger im Amt des Reichskanzlers, Propagandaminister Joseph Goebbels, und zwei ranghohe Militärs. Am Morgen des 3. Mai, während Marinechef Karl Dönitz von Flensburg aus den auf wenige hundert Quadratkilometer zusammengeschmolzenen Rest des Deutschen Reiches zu lenken versuchte, wurde Hamburg bereits zur freien Stadt erklärt. Um 18 Uhr dieses Tages wurde die Kapitulation der Stadt rechtskräftig. Damit war der Krieg auch für Wedel beendet - fünf Tage vor der bedingungslosen Kapitulation des Reiches.

Im Laufe des 4. Mai wurde Wedel von britischen Truppen besetzt. Die Befehlsgewalt ging widerspruchslos an das britische Militär über. Bürgermeister Jessen wurde von den Briten zunächst im Amt belassen; Ladwig war Ende Januar 1945 an der Front ums Leben gekommen. Etliche der wenigen mehr oder weniger intaktgebliebenen Gebäude, darunter die Schulen, das Fährhaus und eine Reihe von Häusern in der Riststraße, wurden von den Militärs beschlagnahmt.

25 Jahre für den Wiederaufbau

Im Herbst des Jahres 1945 ernannten die Briten eine Stadtvertretung. Sie bestand aus 23 Männern und einer Frau und trat erstmals am 22. November zusammen. Die Arbeit begann mit einem Fehlstart: Die von der Vertretung erarbeitete Ortssatzung wurde von der Militärregierung nicht genehmigt. Eine überarbeitete Fassung wurde in der zweiten Sitzung vom 12. Dezember trotz erheblicher Bedenken beschlossen. Ihrzufolge sollten Arbeiter, Angestellte und Beamten der Stadtverwaltung von der politischen Betätigung ausgeschlossen werden. Aber es gelang, die Militärregierung umzustimmen. Zum Jahreswechsel löste Andreas Huck auf Vorschlag der britischen Militärs den kommissarischen Bürgermeister Georg Jessen im Amt ab. Jessen übernahm das Amt des Stadtdirektors. Zwischen ihm und Huck kam es zu atmosphärischen Störungen. An Hucks Stelle trat am 27. Juni 1946 der Sozialdemokrat Heinrich Schacht. Am 14. November 1946 wurde Heinrich Gau Stellvertreter des von der britischen Militärregierung beurlaubten Stadtdirektors Jessen. Seit Januar 1946 unterhielt die Stadt eine Entnazifizierungskommission für Beamte, Angestellte und Arbeiter der Stadt.

Am Ende des Jahres 1945 war die Stimmung in der Stadt durchwachsen. In einem von Jessen für den Landrat in Pinneberg zusammengestellten Lagebericht vom Dezember des Jahres heißt es:

„Begreiflicherweise ist die allgemeine Stimmung der Bevölkerung infolge des Zusammenbruchs gedrückt, da man sich allgemein viel sorgende Gedanken um die Zukunft macht. Leider muß ich hervorheben, daß die Moral sich sehr lockert. Das zeigt sich im Verhalten der Frauen und der ständig zunehmenden Diebstähle und anderer Delikte... Allgemein macht sich eine... Verknappung des Geldes bemerkbar. Die Löhne reichen vielfach bei den Flüchtlingen nicht aus, um die notwendigen Lebensbedürfnisse zu bestreiten... Die Versorgungslage ist gegenwärtig noch erträglich. Schlecht ist die Versorgung mit Kartoffeln und Gemüse. Die Brotversorgung ist jedoch bis Anfang Februar einigermaßen gesichert. (...) Das Verhältnis der Stadtverwaltung zur Britischen Militär-Regierung kann ich erfreulicherweise als außerordentlich günstig bezeichnen. Der Verkehr wickelt sich in den angenehmsten Formen ab."[1]

Eines der drängendsten Probleme war die Unterbringung der Flüchtlinge. Sie kamen nicht erst nach Kriegsende nach Wedel, sondern spätestens seit 1943. Dabei handelte es sich in erster Linie um die bereits erwähnten Evakuierten. Von den etwa 14 500 Einwohnern, die im Juli 1947 gezählt wurden, galten 7902 als Einheimische; mehr als 6500 Flüchtlinge, Fliegergeschädigte und Hamburg-Evakuierte kamen hinzu.

Es fehlt an Wohnraum

Unter diesen Umständen wurde die Wohnraumlage äußerst prekär. In der Stadt entstanden mehrere große Barackenlager; teilweise wurden auch die Baracken des vormaligen Konzentrationslagers an der Rissener Straße zur

Unterbringung genutzt. Vor allem sogenannte Displaced Persons (DPs), verschleppte oder von den Nationalsozialisten zur Flucht in das Deutsche Reich gezwungene Angehörige anderer Nationen, wurden dort untergebracht.[2] Außerdem dienten die Schulen, das Heimatmuseum und viele Privathäuser als Unterkünfte. So kam es schnell zu Unzuträglichkeiten bei der Wohnraumverteilung. Wie eng es nicht selten zuging, ist dieser Darstellung zu entnehmen:

„Alsbald wurde die Belegungsquote so hoch, daß einer Person noch ganze 4,9 m² zur Verfügung blieben. Noch deutlicher wird die vorherrschende Enge an folgendem Beispiel: Aus einem Schreiben vom 27. Januar 1946 geht hervor, daß im Einzelfall ein vierköpfiger Privathaushalt, der über eine Wohnfläche von 80 m² verfügte, bis zu 11 Personen aufnehmen mußte."[3]

143 Hermann Oppermann, vor 1933 in der KPD aktiv, wurde am 16. November 1945 zum Leiter des Wedeler Wohnungsamtes ernannt.

Koordiniert wurde die Unterbringung der Menschen durch das städtische Wohnungsamt, dessen Leiter ab November 1945 Hermann Oppermann war. Im Oktober 1947 fasste er die Probleme seiner Arbeit in einem eindringlichen Bericht zusammen. Darin heißt es unter anderem:

„In weiten Kreisen der Bevölkerung besteht Unklarheit darüber, wie die Wohnraumverteilung unter Flüchtlingen und Einheimischen vorgenommen werden soll. In der einheimischen Bevölkerung von Wedel besteht die Meinung, daß Wohnungsinhaber und Hausbesitzer ein mehr an Wohnraum beanspruchen können als Flüchtlinge und Evakuierte. Diese Auffassung ist irrig. Nach dem Erlaß der britischen Militärregierung sind alle Deutschen, gleich wie, ob es sich um Einheimische oder Flüchtlinge handelt, bei der Wohnraumzuteilung gleichzustellen. Nach diesem Erlaß stehen jedem Deutschen grundsätzlich nur 4,9 m² Wohnfläche zur Verfügung (...) Grundsätzlich hat ein alleinstehendes Ehepaar neben ausreichendem Schlafraum keinen Anspruch auf einen Wohnraum. Das heißt also, daß alleinstehende Eheleute sich ohne Wohnzimmer behelfen müssen. Kinder bis zu 14 Jahren müssen sich das elterliche Schlafzimmer teilen. Bewohnen ausge-

wachsene Kinder bei ihren Eltern eine Dreizimmerwohnung, so ist es diesen Kindern zuzumuten, den Wohnraum als Schlafraum zu nutzen. Das dritte Zimmer muß in diesem Fall für Flüchtlinge und Evakuierte bereitgestellt werden. Private Arbeitszimmer werden grundsätzlich nicht mehr anerkannt..."4

Ergänzend sei aus dem bereits erwähnten Lagebericht des kommissarischen Bürgermeisters Georg Jessen vom Dezember 1945 zitiert. Außer dem fehlenden Raum schlage auch die mangelhafte Ausstattung mit Betten, Decken und Öfen empfindlich zu Buche. Über daraus resultierende Probleme heißt es bei Jessen:

„Die gedrängte Unterbringung der Menschen birgt fraglos große gesundheitliche Gefahren in sich. Es sind auch schon eine Anzahl Typhusfälle und andere ansteckende Krankheiten vorgekommen. Um diesen Gefahren zu begegnen, ist gegenwärtig die Einrichtung einer großen Seuchenbaracke in die Wege geleitet. Auch diese Einrichtung stößt nahezu auf unüberwindliche Schwierigkeiten."5

Im März 1948 wurde zusätzlich eine Schlichtungsstelle für Wohnraumfragen eingerichtet. Mit dem Versuch, Umquartierungen und Rückführungen von Evakuierten vorzunehmen, hatten Oppermann und seine Mitarbeiter 1947/48 noch kaum Glück: So erklärten sich nur wenige der 2000 Evakuierten aus Hamburg, dem Rheinland, Niedersachsen, Bayern, Hessen und Baden-Württemberg zu einer Rückkehr in ihre Heimat bereit. Solche Aktionen gelangen erst ab etwa 1950.

Baumaterialien blieben wie überall im Land auch in Wedel Mangelware; in jedem Verwaltungsbericht, den die Briten vom Rathaus fordern, kehrten die Klagen darüber wieder. In einem Verwaltungsbericht vom November 1946 heißt es:

„Bis heute konnten 515 Wohnungen wieder bezugsfertig gemacht werden, davon 36 in den letzten 12 Monaten. 95 Wohnungen sind noch nicht wieder errichtet. Davon wird an 25 Wohnungen z.Zt. gearbeitet. Alle Aufbaubestrebungen scheitern an Materialmangel. Holz und Steine werden seit einiger Zeit überhaupt nicht mehr zugeteilt. Dachpappe und Zement nur in ganz geringen Mengen. Alle Bestrebungen auf erhöhte Materialzuteilungen sind bisher fruchtlos verlaufen."6

Nach dem strengen Winter 1946/47 fasste Stadtdirektor Heinrich Gau in einem Bericht für Bürgermeister Heinrich Schacht die Situation zusammen:

„Die verflossenen 3 Monate haben das Bauamt vor schwere Aufgaben gestellt. Durch den Frost sind besonders in Baracken Schäden aufgetreten. Die Schneefälle taten ein Übriges dazu. Besonders schwierig ist weiterhin die Materiallage. Seit meinem letzten Bericht sind dem Bauamt keine Baustoffe mehr zugeteilt worden, sodass es unmöglich wurde, auch nur die notwendigsten Instandsetzungen vorzunehmen."

Im Detail berichtet der spätere Bürgermeister:

*„Unter den Frostschäden haben besonders die Behelfsunterkünfte in der Feldstrasse und am Steinberg gelitten. Die Kanalisation war teilweise eingefroren, ebenso ein grosser Teil der Frischwasserleitungen."*⁷

Zusätzlich erschwerte ein Unwetter die Situation. Hausbesitzer meldeten nach einem Sturm bei der Stadt Schäden im Unfang von insgesamt 3000 Dachpfannen, 50 Quadratmetern Glas und einigen Tonnen Zement an.

Notunterkünfte

An sogenannten Not- oder Behelfsunterkünften - Baracken verschiedenster Bauweise und Größe - wurden zu diesem Zeitpunkt, da Gau seinen Bericht verfasst, im ganzen Stadtgebiet 231 mit insgesamt 742 Wohnungen gezählt. Ein Viertel der 14 315 Wedeler lebte in diesen Unterkünften. Teilweise wurden diese Behelfs- oder Notunterkünfte zu regelrechten Lagern zusammengefasst. Ihre Geschichte ist ein eindrucksvoller Beleg für die Schattenseiten des Kapitels „Wiederaufbau". Zwar

144 Zweigeschossige Baracken, so genannte Neuffert-Häuser, wurden 1943 am Steinberg errichtet. Ausgebombte Wedeler fanden dort vorübergehend eine Bleibe.

entstanden in den 50er Jahren wie überall im Land auch in Wedel zahlreiche Neubauten, aber es ging eben doch nur langsam voran. Wer an den Wiederaufbau denkt, muss auch an die Menschen denken, die nicht von Anfang an von ihm profitierten. Zu den größten Lagern gehörte im Oktober 1946 die Siedlung „Lager II" am Beksberg. Sie umfasste 80 Baracken mit insgesamt 312 Wohnungen und vier Küchenbaracken. Teile der Siedlung hatten 1944/45 wie erwähnt zu einem Lager für ausländische Zwangsarbeiter und ab 1945 zu einem Lager für Displaced Persons gehört. Nach 1949 diente das Lager der Unterbringung von Flüchtlingen. Der Großteil von ihnen war erwerbslos. Weil die Bewohner daher kaum Miete zahlen konnten, verfielen die Häuser: Dächer, Türen und Fenster waren undicht, die Wasserversorgung reichte nicht, Öfen und Sanitäranlagen fehlten überall. Die Stadt bemühte sich um die Verbesserung der Zustände, konnte jedoch nur wenige Erfolge erzielen. 1949 lebten im „Lager II" mehr als 1300 Menschen, 1961 waren es immer noch 289 Menschen in 16 Baracken.

Beksberg

Das „Lager Rosengarten" umfasste 1946 neun Baracken mit insgesamt 90 Wohnungen. Es gab keine getrennten Sanitäranlagen und nur wenige private Kochmöglichkeiten. Die Verpflegung wurde über eine Kantine abgewickelt, in der die Lagerbewohner ihre Lebensmittelmarken abgaben. Im Januar 1953 lebten noch immer 302 Menschen in dieser Siedlung; erst im August 1954 konnten die Baracken abgerissen werden.

Rosengarten

Aufgrund ihrer Größe erwähnenswert ist ferner die Siedlung „Feldstraße" zwischen Friedrich-Ebert-Straße/Tannenkamp und dem Voßhagen. Dort standen 1946 insgesamt 13 zweigeschossige Neufert-Häuser mit insgesamt 208 Wohnungen. Sie waren schon 1943 zur Unterbringung von Bombengeschädigten er-

Feldstraße

145 Die Barackensiedlung an der Feldstraße hatte bis in die 1960er Jahre hinein Bestand.

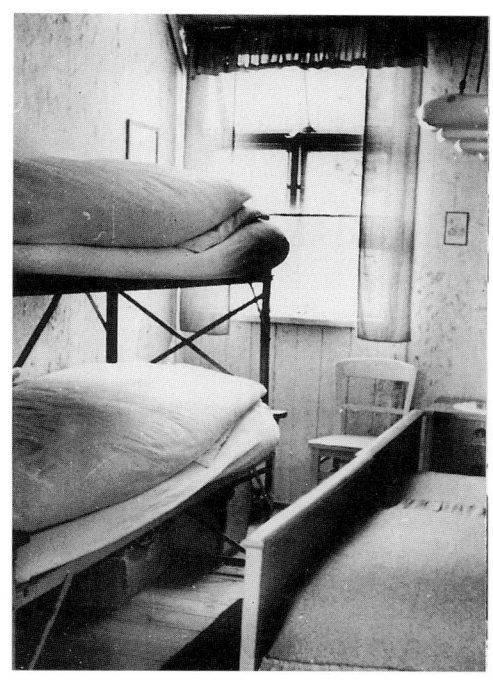

146 Die Baracken waren nicht nur spartanisch ausgestattet, sondern boten auch keinerlei Raum für eine Privatsphäre.

147 Das dänische Rote Kreuz richtete im Sommer 1947 für die Schüler der Altstadt-Schule eine Schulspeisung ein.

richtet worden. Im März 1947 wohnten 218 Familien in diesen Häusern. Die Räumung dieser Siedlung begann 1962; im Jahr 1966 wurde das letzte Haus abgebrochen. Bald darauf wurden auf dem Geländeteil südlich der Feldstraße Hochhäuser gebaut.

Die Verwaltungsberichte mit ihren wiederkehrenden Klagen über fehlende Baumaterialien geben auch regelmäßig Auskunft über die Versorgung der Bevölkerung mit Lebensmitteln. Es sei an dieser Stelle daran erinnert, dass sich Wedels Einwohnerzahl zwischen 1939 und 1948 nahezu verdoppelte. Insbesondere Schleswig-Holstein nahm zahlreiche Flüchtlinge aus dem Osten des ehemaligen Reiches auf, aber auch andere Bundesländer verzeichneten sprunghafte Bevölkerungszuwächse. So gab es Nahrungsmittel noch lange Zeit nach Kriegsende nur gegen Lebensmittelkarten und Bezugsscheine. In Wedel wurden die Karten in vierwöchentlichem Rhythmus jeweils sonntags im Sitzungssaal des Rathauses ausgegeben. Einem „Normalverbraucher" standen nach Berechnung von Arnold Hufe, Rektor der Altstadt-Schule, im Januar 1947 unter anderem durchschnittlich 350 Gramm Brot, 16 Gramm Fleisch oder Wurst, sieben Gramm Fett, 4,2 Gramm Kaffee pro Tag und ein Viertelliter Magermilch pro Woche zur Verfügung. Insbesondere Kinder litten unter diesen Einschränkungen.[8] Auf Initiative unter anderem von Hufe richteten einige Landwirte Mittagsfreitische für unterernährte Kinder ein.

Als wichtige Quelle der Lebensmittelversorgung wurde der Obst- und Gemüseanbau im eigenen Garten wiederentdeckt. Allerdings wurden die Haus- und Schrebergärten oft von Dieben geplündert, so dass die Stadt sich im Juni 1946 genötigt sah, eine Stadt- und Landwacht zur Bewachung der Felder und Äcker aufzustellen. Wohnungsknappheit und Lebensmitteldiebstähle waren aber nicht die einzigen Probleme, mit denen sich die Menschen in der Nachkriegszeit herumschlagen mussten. Schon im März 1946 schrieb Bürgermeister Schacht an den Landrat in Pinneberg:

„Im vergangenen Monat ist die allgemeine Stimmung und Moral infolge der empfindlichen Kürzung der Lebensmittelrationen weiter erheblich gesunken. Ich halte es nicht für ausgeschlossen, daß die Leute, die bei den jetzigen Rationen ihre Kinder nicht mehr auch nur einigermaßen satt machen können und selbst nicht in der Lage sind, ihre Arbeit ordnungsgemäß zu verrichten, sich zu schweren Eigentumsvergehen und Plünderungen hinreißen lassen... Die Diebstähle kommen schon jetzt auch am hellen Tage vor." [9]

Noch zwei Jahre später war das Problem aktuell: Im April 1948 erschien ein von Stadtdirektor Gau und Schacht unterzeichnetes Plakat, in dem zur Mitarbeit in einer Selbstschutzorganisation aufgefordert wurde. Aufgabe der Organisation war ein weit verzweigter Streifendienst.[10]

Dutzende weiterer Umstände erschwerten das Leben in den unmittelbaren Nachkriegsjahren. Zum Mangel an Baumaterialien trat beispielsweise der Umstand, dass die Schutt- und Trümmerbeseitigung aufgrund fehlender Fuhrwerke und Arbeitskräfte nur langsam voranging. Ferner fehlte Kleidung: Beim Wirtschaftsamt der Stadt gingen zwischen Oktober 1946 und Oktober 1947 unter anderem 946 Anträge auf Anzüge (bewilligt: 75), 512 auf Arbeitshosen (127) und 247 auf Wintermäntel (22) sowie 113 Anträge auf Nähmaschinen (0) ein.[11]

Aber es gab auch Anlass zur Zuversicht. Besonders für die Jugend setzten sich Wedel und der Kreis Pinneberg in großem Umfang ein. Zu den ersten Projekten gehörte das Fünf-Städte-Heim in Hörnum auf der Insel Sylt. Im September 1947 hatten die Bürgermeister von Wedel, Elmshorn, Kellinghusen, Pinneberg und Uetersen von dem leer stehenden früheren Wehrmachtgebäude erfahren. Nach einer Besichtigung im darauffolgenden Monat stand fest, dass auf der Insel ein Erholungsheim für die Jugend eingerichtet werden sollte. In seiner Rede zur Einweihung am 22. August 1948 betonte Wedels Bürgermeister Heinrich Schacht als Vorsitzender des „Fünf-Städte-Vereins Pinneberg":

Fünf-Städte-Heim entsteht

„Der Plan dieser Städte ist dem Gedanken entsprungen, ein Erholungswerk für die schulentlassene Jugend aufzubauen, die teilweise unter denkbar ungünstigsten Verhältnissen heute in unserem Lande aufwächst. Wir sind der Meinung, dass wir es nicht verantworten können, unsere Jungen und Mädel den Gefahren der Straße, der Arbeitslosigkeit und den sonstigen Nachwirkungen des Krieges und des Zusammenbruchs auszusetzen." [12]

Neue Häuser, neue Parteien

Drei Ereignisse haben in den Jahren 1948 und 1949 ihren Einfluss auch auf das Leben der Rolandstadt ausgeübt. Zunächst wurde das wirtschaftliche Leben mit der Währungsreform vom Juni 1948 auf eine neue Grundlage gestellt: Die Deutsche Mark löste in den drei westlichen Besatzungszonen die Reichsmark ab. Im Mai 1949 wurde das Grundgesetz verkündet. Damit entstand aus den westlichen Besatzungszonen die Bundesrepublik Deutschland. Die russische Zone geriet auf diese Weise unter Druck; ihre Machthaber reagierten im Oktober mit der Gründung der DDR. Diese doppelte Staatsgründung stand am Anfang der 40 Jahre dauernden Teilung Deutschlands.

Dass die Wohnungsnot zunächst kaum gelindert werden konnte, lag an dem anhaltenden Zuzug von Heimatvertriebenen und Flüchtlingen aus der sowjetisch besetzten Zone (spätere DDR). Zu den ersten größeren Neubauprojekten gehörten die Mietshäuser an der Lindenstraße und die „Eigenheim"-Häuser an der Rudolf-Breitscheid-Straße, die Ende der 40er und Anfang der 50er Jahre fertig gestellt wurden. Und noch ein großes Projekt hat die Stadt angepackt: Am Rosengarten wurde nach Plänen des Architekten Hermann Pikull, der auch schon für das Rathaus verantwortlich gezeichnet hatte, die Theodor-Storm-Schule errichtet. Von der Grundsteinlegung am 18. März verging fast genau ein Jahr bis zur feierlichen Einweihung am 7. April 1951. Bei Gelegenheit dieser Feier erklärte Landrat Hermann Schinkel, dass im Kreis noch mindestens 85 Schulen fehlten; gar 142 seien notwendig, um eine normale Klassenstärke zu erreichen.[13] Erster Schulleiter wurde Wilhelm Lucas. 18 Pädagogen standen ihm zur Seite, darunter Wolfgang Schmidt, der 1965 selbst Rektor der Schule wurde.

Nur zögerlich begann in Wedel auch wieder das politische Leben. 1949 lag das Ende von Krieg und Nationalsozialismus vier Jahre zurück, aber die Wunden waren bei weitem nicht verheilt. Das politische Leben vollzog sich in den Jahren nach Kriegsende in den von den Besatzungsmächten vorgeschriebenen Bahnen. Doch England und die USA achteten früh darauf, demokratischen

148 Im Jahre 1950 wurde der Roland gründlich restauriert und an seinen heutigen Standort versetzt.

149 Zu den ersten größeren Neubau-Projekten gehörten die Blocks der Wohnungsgesellschaft „Eigenheim" an der Rudolf-Breitscheid-Straße.

Grundsätzen Geltung zu verschaffen. Hatten unmittelbar nach Kriegsende zunächst Verbote für die Betätigung von Vereinen und die Neugründung von politischen Parteien gegolten, so erlaubten die drei Westmächte doch vom Frühjahr 1946 an immerhin wieder den Zusammenschluss politischer Interessengemeinschaften auch auf regionaler Ebene. Im Frühjahr 1946 - zur gleichen Zeit, da Vereine wie der TSV zur Selbstauflösung aufgefordert wurden - etablierten sich neue Parteien auf der politischen Bühne.

Dabei war das Interesse an politischer Betätigung zu diesem Zeitpunkt durchaus noch gering. In einem Schreiben von Stadtdirektor Jessen an den Oberkreisdirektor vom 27. Februar 1946 heißt es:

Geringes Interesse an Politik

150 Am 7. April 1951 konnte Rektor Wilhelm Lucas „seine" Theodor-Storm-Schule für den Unterricht öffnen.

„Es wird immer deutlicher, daß sich die Bevölkerung nur wenig für die Bildung der politischen Parteien interessiert wie überhaupt für das sich regende demokratische Leben. Das Denken der Menschen, ganz besonders auch der vielen Flüchtlinge, kreist fraglos um die immer brennender werdende Sorge, wie mache ich mich und meine Familie satt, und wie komme ich zu einem warmen Raum." [14]

Dennoch fanden sich im Mai 1946 genügend Menschen, um das politische Leben in Wedel neu zu begründen. Konservativ Gesinnte fanden in der CDU, im Herbst 1945 gegründet, eine neue Heimat. Motor der Gründung in Wedel, vorgenommen am 16. April 1946, war Carl Matthiessen, der auch den Vorsitz des Stadtverbandes übernahm. Er war sich der Probleme der politischen Arbeit durchaus bewusst, wie ein Brief an die Stadtverwaltung zeigt. Darin heißt es:

„Die Bevölkerung geht nur langsam an Parteien heran, besonders an neue Parteien, wie die CDU ist. Ein Hindernis für die politische Aufklärungsarbeit ist der Papiermangel (Zeitungen, Werbematerial), insbesondere für die CDU insofern, als sie eine erheblich kleinere Zeitungsauflage hat als z.B. die SPD." [15]

Einen Tag später wurde auch ein Ortsverein der FDP, die erst kurz zuvor aus diversen regional verankerten liberalen Parteien entstanden war, gegründet. Die Vorarbeiten hatten Moritz Balke, Heinrich Jens, Georg Hoffmann, Johann Hess und Heinrich Westedt geleistet. Westedt übernahm die Leitung des Ortsvereins. Balke war zu diesem Zeitpunkt bereits stellvertretender Bürgermeister; im Herbst wurde er in diesem Amt bestätigt und zum Stadtrat für die Stadtwerke und das Feuerlöschwesen bestimmt.

Anders als CDU und FDP konnten sich SPD und KPD weitgehend auf die Strukturen und teilweise sogar auf das Personal der Zeit vor 1933 verlassen. Zu den großen SPD-Figuren der Nachkriegszeit gehörte ohne Frage Heinrich Schacht, der schon vor 1933 etliche Jahre in der Kommunalpolitik aktiv gewesen war.

151 Heinrich Schacht (1886-1958) amtierte von 1946 bis 1950 als ehrenamtlicher Bürgermeister und von 1955 bis zu seinem Tod als Bürgervorsteher.

Bilanz nach fünf Jahren Aufbauarbeit

Im Laufe des Jahres 1950 zogen Bürger und Verwaltung von Wedel eine Art Bilanz der Aufbaubemühungen. Das Kriegsende lag fünf Jahre zurück. Bürgermeister Heinrich Schacht, der 1946 als 60jähriger die - ehrenamtliche - Leitung der Verwaltung von Andreas Huck übernommen hatte, machte dem fast 20 Jahre jüngeren Stadtdirektor Heinrich Gau Platz. Eine ganze Reihe von Häusern war wiederhergestellt worden, und während am ersten Schulneubau noch gearbeitet wurde, sprach man schon von einer weiteren Volksschule am Elbhochufer und von einem Jugendheim. In diesem Augenblick hielt die Stadt Rückschau - auf die Geschichte und auf das gerade in den vergangenen Jahren Geleistete. Obwohl es keine historischen Dokumente zur ersten Aufstellung eines Roland gibt, lassen sich plausible Gründe dafür anführen, das etwa um 1450 - vor 500 Jahren also - die erste Statue errichtet wurde. Zudem durfte sich Wedel 1950 seit 75 Jahren offiziell „Stadt" nennen. Diese Daten nahm die Stadt zum Anlass, ein Heimatbuch herauszugeben und eine Festwoche unter dem Titel „500 Jahre Roland" zu veranstalten.

Ihre Organisation wurde in erstaunlich kurzer Zeit bewältigt. Im Mai trat erstmals eine Versammlung von Vertretern aus Vereinen und Verbänden zusammen, um zu besprechen, wie eine Feier aussehen könnte. Im Juli gingen Zu- und Absagen für die

152 Die Zeichen der Zeit erkannt: Kurt Barnekow ließ seine drei neuen „Kubah"-Lastkraftwagen am Jubiläumsumzug von 1950 teilnehmen.

Teilnahme am Fest-Umzug im Rathaus ein. Wer diese Schreiben heute liest, erfährt nicht nur etwas über das gesellschaftliche Leben im Wedel der Nachkriegsjahre, sondern bekommt auch eine Vorstellung davon, wie sehr diese Jahre die Zeit grundsätzlicher Veränderungen waren. Manche Betriebe teilten mit, dass es ihnen aufgrund ihrer Größe nicht möglich sei, an dem Umzug teilzunehmen. Kurt Barnekow von der „Kubah"-Möbelfabrik dachte in anderen Dimensionen:

> *„Wir haben vorgesehen, unsere 3 neuen KUBAH-Lieferwagen, welche sehr repräsentativ wirken, an dem Festzug teilnehmen zu lassen und außerdem wollen wir ein Pferdefuhrwerk originell für den Festzug ausstatten lassen mit einem großen Hobel",*

heißt es in der Zusage vom 18. Juli. Nur fünf Tage später folgte dieser zukunftsorientiert-selbstbewussten Vorstellung ein Brief, der von tiefen Wunden und Unversöhnlichkeit sprach. Der Bund der Heimatvertriebenen stellte sich seinen Wagen so vor:

> *„Der Festzug der Heimatvertriebenen wird angeführt von 3-5 Ordensrittern zu Pferde anschliessend der Festwagen mit einer Karte Deutschlands. Besonders stark die Oder-Neisse-Linie und die geraubten Ostgebiete mit ihren Wappen. Der Festwagen soll den Vertrag mit Polen, nachdem diese deutschen Ostgebiete abgetreten werden, als den grössten Verrat der Weltgeschichte brandmarken",*

schrieb Bruno Voigt als Vorsitzender des Bundes der Heimatvertriebenen. Die Wohnungsbaugesellschaft „Eigenheim" sagte ihre Teilnahme ebenso zu wie der „Gemischte Chor Elbflora", gegründet 1893, und der Bund der Junggärtner. Letzterer gestaltete einen Festwagen, der einen Teil eines Schlosses mit einem Turm zeigte. Darin saß die Rosenkönigin 1950, umgeben von zwei oder drei Prinzessinnen. Dieser Wagen erhielt von der Jury die meisten Punkte. Vertreten war auch das örtliche Gewerbe. Beispielsweise gestalteten die drei Drogisten Grote, Hadler und Nickel gemeinsam ein Pferdegespann, und auch die Puddingpulver-Firma „Aromax" - im späteren AEG-Gebäude an der Hafenstraße - entschloss sich zur Teilnahme.[16]
In seinem Rückblick hob Bürgermeister Gau Anfang 1951 hervor, dass die Festwoche vom 27. August bis 3. September zu einem „Treffen aller [geworden sei], die bereit waren, mit der gesamten Bürgerschaft ein Fest des Gemeinsinns und der Verbundenheit zu feiern." Und er beschwor gerade die eben skizzierte Heterogenität der Teilnehmer:

> *„Hier gab es keine Heimatvertriebenen und Einheimische... Ausdruck der Verbundenheit fand die Heimatwoche in einem 'Bunten Abend' mit den Heimatvertriebenen im Fährhaus Schulau, der die Mitwirkenden und Gäste bis in die frühen Morgenstunden vereinte."*

153 Tausende versammelten sich 1950 zur Festkundgebung im Rahmen der Roland-Festwoche auf dem Marktplatz in der Altstadt.

Die Praxis sah etwas anders aus: Noch Mitte der 50er Jahre wurden die Einwohnerstatistiken nach Einheimischen, Heimatvertriebenen und Sowjetzonenflüchtlingen getrennt geführt. Interessant ist, dass die sogenannten Einheimischen 1955 nur knapp die „absolute Mehrheit" hatten...[17]
Bei aller Not und Sorge blieb also Zeit für Feiern - oder vielleicht gerade deshalb. Dass die Vergangenheit noch längst nicht vergangen war, verdeutlichte ein Fest, das nur aus dieser Zeit heraus zu verstehen ist: Am 22. Mai 1952 wurde in Wedel zum ersten Mal der „Schlesische Heiratsmarkt" ausgerichtet.

> *„Namens der Rolandstadt Wedel verlautbart und beurkundet der Rat der Stadt seinen Entschluß, die Patenschaft über den Schlesischen Heiratsmarkt Gorkau-Rosalienthal zu übernehmen. Was seit Jahrhunderten alljährlich am Himmelfahrtstage vor den Toren Breslaus als Volks- und Heimatfest begangen wurde, soll künftig in unserer Stadt vor den Toren Hamburgs fortleben."*

Unterzeichnet hatten diese Urkunde Bürgervorsteher Fritz Lescheck und Bürgermeister Heinrich Gau. Lescheck war es auch, der dem ehemaligen schlesischen Oberpräsidenten Lüdemann im Rahmen einer Festsitzung der Wedeler Stadtvertretung, die die Auftaktveranstaltung zum Heiratsmarkt bildete, diese Urkunde überreichte.

Dieser offizielle Charakter der Veranstaltung sorgte für ein reges Interesse: 30 000 Gäste kamen, teilweise von weither, in die Stadt, um das Ereignis mitzuerleben. Die symbolischen Trauungen wurden gegen ein Entgelt von nur 20 Pfennigen vorgenommen. Vor dem Roland wurden historische Tänze, unter anderem ein „Fischweibertanz", gezeigt. An einem Umzug von Wedel nach Schulau beteiligten sich zwölf Trachtenzüge aus Schlesien, Pommern, Ostpreußen und der Hamburger Umgebung. Entlang seines Weges standen „schlesische Stände mit schlesischen Raritäten".

Warum das Fest nach 1954 nicht wieder gefeiert wurde, ist leicht zu erklären: Nach Polizeiangaben kamen 1953 60 000 Gäste in die Stadt, 90 Polizisten notierten in ihrem „Erfahrungsbericht" 144 Ordnungsverstöße. Die Zahl der Be- und Angetrunkenen schätzte sie auf 6000. Überliefert ist aber auch, dass sich an diesem Tag das eine oder andere Paar für's Leben fand...

Heinrich Gau

Wohl kaum jemand hat Wedel in den beiden Nachkriegsjahrzehnten so geprägt wie Bürgermeister Heinrich Gau. In den 50er Jahren, als Tatkraft und Einsatzfreude besonders wichtig waren - um nicht nur den Wiederaufbau abzuschließen, sondern auch den Sprung in die zweite Moderne zu schaffen -, war mit ihm der richtige Mann am richtigen Ort.

Notizen zur Biographie

Heinrich Fritz Peter Hans Gau, geboren am 10. Januar 1903 in Altona, absolvierte nach dem Besuch der Volksschule zunächst eine Lehre als Schiffbauer bei Blohm & Voß und bei der Deutschen Werft in Hamburg. Zwischen 1921 und 1924 war er als Geselle auf verschiedenen Werften tätig und vervollständigte seine Kenntnisse. Durch den Besuch von Abendkursen holte er die mittlere Reife nach. So ausgebildet nahm er eine Tätigkeit als technischer Angestellter bei einem Hamburger Unternehmen auf.

Nebenbei besuchte er weiterhin Fortbildungskurse. Als er 1937 von einer freien Stelle im Wedeler Bauamt hörte, bewarb er sich sofort und bekam den Posten im Juni des gleichen Jahres. Nach Kriegsbeginn übernahm er die Führung des Wirtschafts- und Ernährungsamtes. Die We-

154 Heinrich Gau (1903-1965) kam vor dem Zweiten Weltkrieg in die Wedeler Verwaltung. Nach einigen Jahren als Stadtdirektor wurde er am 27. April 1950 zum Bürgermeister gewählt. Das Amt versah er bis zu seinem Tod am 15. Juli 1965.

deler, die ihn in dieser verantwortungsvollen Stellung kennen lernten, hatten es dort mit einem Mann zu tun, der für alle Sorgen und Probleme auch dann noch ein offenes Ohr hat, wenn die Dinge über seinen eigentlichen Aufgabenkreis hinausgingen. So hielt er es auch später als Bürgermeister.

Von November 1946 bis März 1947 bekleidete Gau den Posten des Stadtoberinspektors mit dem Geschäftsbereich des Stadtdirektors, am 28. März 1947 wurde er zum Stadtdirektor gewählt. Als ehemaligem Mitarbeiter des Bauamts lag ihm das Bauwesen besonders am Herzen. Am 27. April 1950 wurde er auf zwölf Jahre zum Bürgermeister gewählt, 1962 erfolgte seine Wiederwahl.

Gau war auch außerhalb der Rolandstadt kein Unbekannter: Er gehörte zu den Gründern des bereits erwähnten „Fünf-Städte-Vereins Pinneberg", dessen Vorsitzender er auch in den Jahren von 1948 bis 1952 war, und er war im Vorstand des Deutschen Städtebundes Schleswig-Holstein tätig. Ab 1955 gehörte er auch dem Kreistag an. Hartnäckigkeit gehörte zu den Eigenschaften, die später besonders an ihm gerühmt wurden. Die Wedeler sagten von ihrem Verwaltungschef, dass er hintenherum wieder hineingehe, wo er vorn hinausgeworfen wurde. Doch war diese Eigenschaft in den Jahren, in denen kaum Baumaterialien und kaum Geld für öffentliche Leistungen zur Verfügung stand, besonders wichtig.

Einsatz für die Jugend

Anlässlich der Einweihung des Fünf-Städte-Heims war davon die Rede, dass Wedel sich insbesondere der von den Nationalsozialisten missbrauchten Jugend annehmen wollte. Schon Ende der 40er Jahre gab es den Plan zur Einrichtung eines Jugendhauses in Wedel. Die Umsetzung scheiterte zunächst, aber im Frühjahr 1952 wurde der Plan wieder aufgegriffen. Überraschend bekam die Stadt auch die Zusage für eine Beihilfe in Höhe von 10 000 Mark aus dem Bundesjugendplan. Die Baubeschreibung vom 20. Juni 1952 sah die Errichtung des Hauses in drei Bauabschnitten vor. Im Vertrauen auf die Geld-Zusagen und den Plan begannen die Arbeiten noch im gleichen Jahr. Doch dann kam nicht so viel Geld wie erhofft. Der Magistrat wandte sich deshalb am 26. Februar 1953 an den schleswig-holsteinischen Kultusminister, Briefe gingen hin und her, und schließlich bekam die Stadt im Frühjahr doch eine Zusage - für insgesamt 20 000 Mark in den Jahren 1953 und 1954. In einem Schreiben an den Landrat berechnete der Magistrat am 1. Juli 1953 die Gesamtaufwendungen auf etwa 100 000 Mark; aus Landesmitteln und dem Bundesjugendplan seien insgesamt 30 000 Mark geflossen.

Das Haus wurde ausschließlich von Wedeler Bauunternehmern errichtet. Am 28. November 1953 konnte nach vielem Hin und Her die Einweihung gefeiert werden. Bereits im Januar 1954 wurde nachträglich die Einrichtung einer Waschküche geprüft. Auf Antrag von Heimleiter Friedrich Peters wurde der Einbau eines Waschkessels genehmigt. Kritik an dem Haus kam noch im gleichen Frühjahr auf: Statt eines großen Saals hätten mehr kleine Räume eingerichtet werden sollen. Echte Heimarbeit mit kleinen Gruppen sei in den großen Zimmern unmöglich. Im März 1954 wurden 2702 Besucher gezählt. Zu den Gruppen, die das Haus regelmäßig nutzten, gehörten unter anderem die Jugend des „Segel-Verein Wedel-Schulau" (SVWS), die evangelische Jungschar und die katholische Jugendgruppe sowie die Pfadfinder. Bei Filmvorführungen waren nicht selten mehr als 100 Leute im Haus.[18]

Aber die jungen Wedeler bekamen nicht nur etwas geschenkt - sie mussten auch selbst etwas tun. Ein Beispiel dafür war der Bau des Elbe-Stadions, an dem unter anderem das Jugendaufbauwerk beteiligt war. Schon in den Jahren 1946/47 hatte die Verwaltung Pläne für einen Sportplatz auf einem Geländezipfel des für den erwähnten überdimensionalen U-Boot-Bunker reservierten Grundstücks an der Schulauer Straße in der Schublade. Richtig los ging es aber erst, als sich der Wedeler TSV im März 1949 darum bewarb, das Projekt in eigene Regie zu bekommen.

Zunächst waren es nur die Mitglieder des TSV, die die Herrichtung des Geländes in die Hand nahmen. Ab Februar 1950 erhielten sie Unterstützung durch das Ende 1949 als „offene Maßnahme" gegründete Jugendaufbauwerk (JAW), das Jugendlichen ohne Lehr- oder Arbeitsstelle die Möglichkeit zu einer sinnvollen Beschäftigung bot. Der Zulauf hielt sich anfänglich in Grenzen - zu sehr schien die Einrichtung bei oberflächlichem Hinsehen dem ehemaligen Reichsarbeitsdienst (RAD) der NS-Zeit zu ähneln. Schließlich war es aber doch eine Gruppe von 24, später 30 Jugendlichen, die sich den Sommer 1950 hindurch auf der Baustelle einsetzte.

Bau des Elbe-Stadions

155 Wesentlich am Bau des Elbe-Stadions beteiligt waren die im Jugendaufbauwerk organisierten Wedeler Jungen. Das Stadion wurde 1953 eingeweiht.

Dennoch gingen die Arbeiten nur langsam voran. Der Magistrat kritisierte 1951, dass sich die Sportler selbst nicht genügend beteiligen. Der TSV antwortete darauf mit einer detaillierten Statistik des Mitglieder-Engagements. Ein anderer Grund war die Geldmisere der Stadt und des Vereins. Die für August 1952 geplante Einweihung musste auf unbestimmte Zeit verschoben werden. Schließlich übernahm die Stadt die Bauarbeiten vom TSV. Am 29. und 30. August 1953 konnte das Stadion endlich eingeweiht werden. Das JAW konnte seine Arbeit im gleichen Jahr einstellen, weil die meisten Jugendlichen nach und nach in regulären Arbeitsverhältnissen untergebracht worden waren.

Am Elbhochufer entsteht eine Gartenstadt

Eines der größten und auch landesweit ehrgeizigsten Wiederaufbau-Projekte war jedoch zweifellos die große Siedlung am Elbhochufer. Zwischen dem Fährhaus und den Ruinen der ehemaligen Zuckerfabrik erstreckte sich ein um 1950 noch weitgehend unerschlossenes Gelände. 1953 veranstaltete die Stadt einen auf wenige Teilnehmer begrenzten Ideen-Wettbewerb zur Bebauung des Geländes. Letztlich kam jedoch keiner dieser Vorschläge zur Ausführung. Im gleichen Jahr erwarb eine Arbeitsgemeinschaft, bestehend aus der „Wohnungsbaugesellschaft Schleswig-Holstein", der Baugesellschaft „Neue Heimat" und der „Gemeinnützigen Wohnstättengesellschaft" das Gelände und die angrenzenden Ländereien bis zum Kraftwerk und erarbeitete einen neuen Bebauungsvorschlag. Zwar äußerte die Landesregierung wegen der Größenordnung und der Folgekosten des Bauvorhabens Bedenken, aber am 31. Dezember 1953 stimmte sie schließlich doch zu.

Im folgenden Jahr begannen die Erdarbeiten auf dem 40 Hektar großen Gelände. Das Projekt, bald als „größte Baustelle Schleswig-Holsteins" auch von der überregionalen Presse aufmerksam beobachtet, wurde vorerst auf insgesamt 30 Millionen Mark veranschlagt; Wedel hatte dabei die Erschließung, die Kanalisation und den Straßenbau zu tragen. Das Problem bestand für die Stadtverwaltung darin, die eigene Finanzkraft nicht so empfindlich zu schwächen, dass andere Bauvorhaben hätten zurückgestellt werden müssen. Wedel nahm ein Kommunaldarlehen in Höhe von einer Million Mark auf - ein weiterer Rekord, denn es handelte sich dabei um das höchste, das eine Wedeler Stadtvertretung bis dahin aufgenommen hatte.

Der erste Bauabschnitt umfasste 1100 Wohnungen. Ende 1955 waren davon etwa 750 fertig gestellt und an die Mieter oder Besitzer vergeben. Das zwölfstöckige Hochhaus mit 119 Mietwohnungen - das einzig übrig gebliebene von fünf ursprünglich vorgesehenen - war zu diesem Zeitpunkt bereits im Bau. Im August 1956 wurde das Richtfest gefeiert, und wenig später wurde die tausendste Wohnung der Siedlung fertig gestellt. Der Not gehorchend hatte man sich entschlossen, die große Mehrheit der Unterkünfte im Rahmen des sozialen Wohnungsbaus zu errichten. Bei den Mietwohnungen sollte der Preis 1,30 Mark pro Quadratmeter nicht übersteigen. Vermietet wurde in erster Linie an Lastenausgleichsbe-

750 Wohnungen in zwei Jahren

156 1954 begann eine der landesweit größten Wohnungsbauunternehmungen: der Bau der Gartenstadt am Elbhochufer. Während rechts und im Hintergrund der Aufnahme schon die neuen Unterkünfte entstehen, sind im Vordergrund noch die letzten der einstmals für die Arbeiter der Zuckerfabrik errichteten Wohngebäude zu erkennen.

157 In den 1950er Jahren wurde der Schulauer Hafen zunehmend auch von Sportbootfahrern genutzt. Wedeler Segler waren seit 1936 im „Segel-Verein Wedel-Schulau" (SVWS) organisiert.

rechtigte: Vertriebene, Ausgebombte aus den Westgebieten, Sowjetzonenflüchtlinge und Spätheimkehrer. Ein für damalige Verhältnisse hoher Mietzins brachte es allerdings mit sich, dass vor allem Rentner, Erwerbslose und Geringverdiener kaum in den Genuss einer solchen Wohnung kamen. Ein Ringtausch-System sollte sozialen Härten vorbeugen.

Das Projekt war von vornherein nicht unumstritten. Während die Zeitschrift „Bauwirtschaftliche Information" es in ihrer Ausgabe vom 21. Juli 1956 überwiegend positiv beurteilte („... so großzügig, dass auch ein Wohnhochhaus im Zentrum der Siedlung gebaut werden konnte, ohne den Charakter der Gartenstadt zu beeinträchtigen..."), wurde der Siedlung von überregionalen Tageszeitungen jeder bauästhetische Sinn abgesprochen und Kritik an der Wedeler Entscheidung geübt, die Wohnungen vorrangig den Wedeler Bürgern, dann schleswig-holsteinischen Wedel-Pendlern und erst dann Hamburger Interessenten zugänglich zu machen.

Schulen haben oberste Priorität

Was den Wohnungsbau angeht, so markierte das Jahr 1959 einen Höhe- und Wendepunkt des Wiederaufbaus. Während die Elbhochufer-Siedlung ihrer Fertigstellung entgegenging, reiften noch drei weitere Projekte heran: Das Hochhaus an der Doppeleiche wurde fertig gestellt, und am „Rosenhof" sowie am Fünfeck eingangs der Rudolf-Breitscheid-Straße konnte Richtfest gefeiert werden. 1960 wurden die Erdarbeiten für die Möllers-Park-Siedlung aufgenommen.

In ganz Wedel gab es vor dem Ersten Weltkrieg (1914-1918) nicht weniger als sechs Schulgebäude. Dabei handelte es sich ausschließlich um Volksschulen. Zur Einrichtung einer weiterführenden Schule sah sich Wedel erst in den 30er Jahren gezwungen. Die heutige Ernst-Barlach-Schule wurde 1939 gegründet. Ihr erster Rektor war Richard Rahneberg. Der Unterricht wurde in den ersten Jahren in der Schule an der ABC-Straße erteilt. Im Dezember 1943 - mitten im Kieg - erhielt sie ihr erstes eigenes Gebäude - eine Baracke auf dem Sportplatz an der Bergstraße.

Eine Realschule für Wedel

Im Laufe des Jahres 1945 musste der Unterricht eingestellt werden. Erst im Februar 1946 wurde der Schulbetrieb unter der Leitung von Otto König wiederaufgenommen. In jenem Schuljahr wurden 164 Schüler in fünf Klassen unterrichtet, im Schuljahr 1948/49 waren es schon 265 Schüler in sieben Klassen. Der Unterrichtsbetrieb wurde zeitweilig in Schichten abgewickelt. Mangels eigener Räumlichkeiten wurden die Entlassungsfeiern noch Anfang der 50er Jahre in Wilhelm Köhlers Gasthof an der Spitzerdorfstraße gefeiert.

Nach dem Krieg und auf Grund der ständig wachsenden Schülerzahlen war endlich der Zeitpunkt gekommen, an ein großes eigenes Haus zu denken. Am 21. August 1954 wurde der Grundstein für das Haus am Tinsdaler Weg gelegt. Genau ein Jahr später, am 20. August 1955, wurde der erste Bauabschnitt, errichtet nach einem Plan des Elmshorner Architekten Bruno Jess, seiner Bestimmung übergeben. Der Bau der

Schule war für die Stadt wegen des gleichzeitig laufenden Elbhochufer-Projektes ein finanzielles Wagnis.

Mit dem Bau der mehr als 1100 Wohnungen am Elbhochufer hing auch der nach der Theodor-Storm- und der Ernst-Barlach-Schule dritte große Schulbau der 50er Jahre zusammen. In unmittelbarer Nähe der entstehenden Siedlung begannen am 13. März 1956 die Erdarbeiten für die heutige Albert-Schweitzer-Schule. Schon einige Wochen vor der offiziellen Einweihung am 29. Juni 1957 begann der Unterricht. Mit dem organisatorischen Aufbau der Schule war Wilhelm Lucas, Rektor der Theodor-Storm-Schule, beauftragt worden.

... und noch eine Grundschule

Um den Namen Albert-Schweitzer-Schule führen zu dürfen, musste die Stadt den Namensgeber um Erlaubnis bitten. Das Verfahren verzögerte sich etwas; erst 1958 lag die Genehmigung vor. In den folgenden Jahren wurde Schweitzer von Rektor Hans Baumgärtel auch über die Entwicklung „seiner" Schule auf dem laufenden gehalten. Am 4. Oktober 1959 hatten Baumgärtel und sein Kollege Arnold Hufe von der Altstadt-Schule sogar die Möglichkeit, Schweitzer morgens um 10 Uhr in Hamburg zu treffen. Bei dieser Gelegenheit übergaben sie dem „Urwalddoktor" eine Geldspende für seine humanitäre Arbeit in Afrika.

Kaum eingeweiht, machte sich im Schuljahr 1960/61 bereits Raumnot bemerkbar. 1963 wurden weitere Klassenräume und eine Turnhalle gebaut. Im Dezember 1964 wurde auch die Halle eingeweiht. Im darauffolgenden Jahr erhielt sie ein Wandmosaik, das Schweitzers Arbeit in Afrika verdeutlicht. Zugleich mit den guten gab es aber auch eine schlechte Nachricht für die Schule: Im gleichen Jahr starb Schweitzer in Afrika. Baumgärtel und er hatten bis zu seinem Tod einen regelmäßigen Briefwechsel unterhalten.

158 Mit der Elbhochufer-Siedlung wuchs auch der Bedarf an Schulkapazität. Am 29. Juni 1957 wurde die Albert-Schweitzer-Schule eingeweiht. Der Blick des Fotografen ist gerichtet auf die Südseite des Hauptflügels.

Auch die Wirtschaft wächst

Der rege Neubau von Schulen sowie die Errichtung der beiden großen Siedlungen an der Rudolf-Breitscheid-Straße und an der Elbe sind aber nur ein Hinweis auf das kontinuierliche Wachstum der Stadt nach dem beschwerlichen Neuanfang in den Jahren 1945 bis 1949. Der sprunghafte Anstieg der Einwohnerzahlen wurde bereits erwähnt. Deutlich wird das Wachstum der Stadt aber auch an der Ansiedlung von Betrieben, die Arbeitsplätze für die Neubürger bereitstellten. Am Anfang stand das Aromax-Werk („Pudding-Paradies"), das sich 1945 in der Hafenstraße angesiedelt hatte. Anfangs ging es für den Betrieb steil bergauf, doch 1952 wurde die Produktion aus wirtschaftlichen Gründen eingestellt. Etwa 100 Arbeitsplätze gingen damit verloren. Eine weitere Firma der ersten Stunde war die Metallgießerei Rogge, die am 22. September 1946 nach Wedel kam.

1948 wurde die schon erwähnte „Kubah"-Möbelfabrik an der Rissener Straße eingerichtet. Kurt Barnekow spezialisierte sich auf die serienmäßige Herstellung von Möbeln. In den Folgejahren wurde das Unternehmen mehrfach erweitert. Als drittes großes Unternehmen kam 1949 die Feinstrumpfwirkerei von Richard Wieschebrink nach Wedel. Anfänglich in Räumen der Optik-Firma J. D. Möller untergebracht,

159 Zu den ersten Industriebetrieben, die sich nach dem Zweiten Weltkrieg in Wedel ansiedelten, gehörte die „Aromax"-Puddingpulverfabrik. Später wurden die Gebäude an der Hafenstraße von der AEG bezogen.

160 „Ein Werk im Dienste der Eleganz" - mit diesem Spruch warb die Feinstrumpfwirkerei von Richard Wieschebrink an der Industriestraße Anfang der 1950er Jahre für ihre Produkte.

wurde schon bald eine Erweiterung notwendig. Auf einem eigenen Grundstück an der Industriestraße errichtete Wieschebrink einen großen Betrieb. In seiner Blütezeit beschäftigte das Unternehmen bis zu 1100 Mitarbeiter, doch 1961 wurde der bis dahin sehr erfolgreiche Betrieb eingestellt. Zu den Firmen, die Anfang der 50er Jahre nach Wedel kamen und bis heute in der Stadt tätig sind, gehören unter anderem Possehl (Rissener Straße), der Feinmechanik-Betrieb Georg Hase (Kronskamp) und Dr. Böger-Duplomat (Rissener Straße), heute als Scangraphic firmiert. Alle drei nahmen ihre Arbeit 1954 auf.

Zehn Jahre nach Kriegsende

Gemessen an der Zahl der Wohnungen, die in dem Jahrzehnt nach Kriegsende gebaut wurden, gemessen auch an der Zahl anderer Bauprojekte oder der Firmenansiedlungen ging es für Wedel Mitte der 50er Jahre eindeutig bergauf. Doch Bürgermeister Gau war ein vorsichtiger Mensch; wie aus Redemanuskripten und anderen Unterlagen hervorgeht, neigte er stets dazu, hochgesteckte Erwartungen vorsichtig zu dämpfen.

Ein gutes Beispiel dafür ist die Rede, in der Gau einen Rückblick auf die Legislaturperiode 1951 bis 1955 gab. Er räumt ein, dass die Stadt sich auf dem besten Wege zu ihrer Erholung befindet, betont aber zugleich, dass längst noch nicht alle Aufgaben bewältigt worden seien. Daneben ist die Rede immer auch ein Bericht über die Entwicklung der noch jungen deutschen Demokratie auf der lokalen Ebene. Das gilt es zu berücksichtigen, wenn der Bürgermeister betont:

„Wir wussten anfangs nicht, wo uns der Kopf stand, aber immer sagten wir uns: Unsere schöne Stadt Wedel muss allen Zerstörungen des Krieges zum Trotz wieder mit neuem Leben erfüllt werden... Wir haben viele Pläne gemacht; manchmal waren sie schon am nächsten Tage durch die Macht der Tatsachen überholt. Wir mussten oft improvisieren und wir mussten auch oft zu völlig neuartigen Methoden greifen."

Zu den festen Elementen von Gaus Rechenschaftsberichten gehörte in jenen Jahren, dass er die Zahl der Sitzungen, die die Stadtvertreter absolvierten, nennt:

„In dieser Legislaturperiode hat die Stadtvertretung 41 öffentliche und 40 nichtöffentliche Sitzungen abgehalten. Der Magistrat kam zu 97 Sitzungen zusammen, in denen allein im verflossenen Haushaltsjahr 480 Angelegenheiten behandelt wurden, darunter 150 Personalsachen... Die Ausschüsse tagten in der verflossenen Legislaturperiode 356mal."

Mehr über die Entwicklung der Stadt sagt die Einwohnerzahl:

„1945... hatte die Stadt 12 754 Einwohner. Am 31. Dezember 1954 dagegen betrug die Einwohnerzahl 17 381. Von der ermittelten Gesamtbevölkerung entfielen auf Einheimische 9173, Heimatvertriebene 6890, Evakuierte aus Hamburg 1128, sonstige Evakuierte aus anderen Ländern 190."

Diese Entwicklung stehe zugleich für eine grundsätzliche Veränderung der Verwaltungsarbeit:

„Wenn unsere Stadt im letzten Jahr durchschnittlich im Monat um 50 Personen zugenommen hat, so bedeutet dieser Zuwachs an Bevölkerung auch ein Zuwachs von weiteren Aufgaben, die sich in Schule, Polizei, Arbeitsbeschaffung usw. auswirken. Es ist deshalb unmöglich, die kommunale Verwaltungstätigkeit der Gegenwart mit den Verhältnissen der Vergangenheit gleichzusetzen. Entscheidungen nach Aktenlage... [sind] jetzt die Ausnahme. Heute gilt es, aus einem echten konstruktiven Instinkt immer neue Wege und Möglichkeiten zu finden. Heute muss aus eigener Initiative und aus eigener Verantwortung heraus manchmal ein Weg beschritten werden, von dem sich unsere Verwaltungsfachleute der Friedensjahre nicht einmal haben träumen lassen."

161 Die katholische Kirche an der Feldstraße wurde 1961 errichtet. Ihre Vorgängerin von 1900 (im Hintergrund) wurde 1962 abgerissen.

- Worte, hinter denen sich Wedels Wandel von einer beschaulichen Kleinstadt zu einer Mittelstadt mit Nahversorgungsfunktion verbirgt.

Als „nicht rosig, auch nicht rosig für die nächsten Jahre"[19] bezeichnete Gau die finanzielle Situation der Stadt. Dringend sei auf eine Verbesserung der Gewerbesteuereinnahmen hinzuwirken, wenn die Stadt nicht von einer laufenden Unterstützung durch das Land abhängig werden wolle. Deshalb müssten so bald wie möglich weitere 1200 Arbeitsplätze geschaffen werden. Dabei war die Stadt, wie sich aus anderen Quellen ergibt, in den zurückliegenden Jahren keineswegs faul gewesen, was die Ansiedlung von Betrieben angeht. Von den größeren Betrieben - Kubah (195 Beschäftigte), Wieschebrink (820), Possehl (118) - war bereits die Rede; Entlastung in dem von Gau geforderten Sinn kam 1956 und 1957 unter anderem mit der Ansiedlung von Linde (technische Gase), Mikroforma (Gießerei) und Schwarz (pharmazeutische Produkte).

Insgesamt wurden 1955 207 Einzelhandelsbetriebe, 47 Industrie- und Großhandelssowie 191 Handwerksbetriebe, 24 Gast- und Schankwirtschaften und 260 sonstige Firmen sowie 71 landwirtschaftliche Betriebe und 46 [!] Baumschulen und Gärtnereien gezählt. Mit der Zahl der Einwohner und der Betriebe wuchs auch der Strombedarf stetig: Bezogen die Stadtwerke 1953 noch 7 051 720 Kilowattsunden, so waren es 1955 bereits 11.150.400. Ein ähnliches Bild zeigt sich beim Gasbedarf: Von 1 069 638 Kubikmetern im Jahr 1953 stieg er auf 1 392 156 Kubikmeter 1955.

Und noch andere Zahlen sind aufschlussreich: 186 Ehen wurden 1955 geschlossen (1954: 150), 288 Geburten wurden verzeichnet (310), und 210 Sterbefälle (217) mussten zu Protokoll genommen werden. Wurden für Ende 1954 genau 17 381 Einwohner gezählt, so waren es Ende 1955 bereits 18 728 Wedeler. Fast 7000 von ihnen waren am 1. Oktober 1955 berufstätig, 2160 davon in Hamburg; die Zahl der Arbeitslosen belief sich auf 611. 1150 Wedeler waren bei einem Bestand von etwas mehr als 3000 Büchern eingetragene Leser der Volksbücherei. Und noch immer lebten mehr als 4000 Menschen in Baracken oder Behelfsheimen.[20]

Hatten die Parteien anfangs mit dem Desinteresse der vor allem mit dem materiellen Überleben beschäftigten Menschen zu kämpfen, so entstand in den 50er Jahren doch allmählich auch wieder ein politisches Interesse. An der Neuwahl der Stadtvertretung 1951 beteiligten sich fast 8000 der 10 805 Wahlberechtigten. 16 der 25 Sitze gingen an die SPD, sechs an den Deutschen Wahlblock Kreis Pinneberg (ein Bündnis aus CDU, FDP und Deutscher Partei DP) und drei an den Gesamtdeutschen Block/BHE (wie der Name schon vermuten lässt: eine rechtskonservative Interessenvertretung der Kriegsgeschädigten und Heimatvertriebenen, die den Verzicht auf die ehemals deutschen Gebiete im heutigen Polen kategorisch ablehnte). Bei der Wahl zur Stadtvertretung 1955 gaben mehr als 8100 der insgesamt 11598 Wahlberechtigten ihre Stimme ab. Zwölf der 25 Sitze gingen an die SPD, elf an den Wahlblock und zwei an den Gesamtdeutschen Block/BHE.

„Völkerverständigung bedeutet Frieden..."

Dass die frühen 50er Jahre nach der Beseitigung der ärgsten Kriegsschäden den Übergang in die moderne Zeit markieren, ist bereits gesagt worden. Im Schatten der Aufbauarbeit entstand „nebenbei" und auf private Initiative aber auch die Institution, die den Namen der Stadt in alle Erdteile getragen hat: die Schiffsbegrüßungsanlage Willkomm Höft am Schulauer Fährhaus.

„Willkommen in Hamburg. Wir freuen uns, Sie im Hamburger Hafen begrüßen zu können" - diese Worte waren erstmals am 12. Juni 1952 zu hören. Sie galten der etwa 40 Mann starken Besatzung des japanischen Frachters „Akagi Maru", der nach einer mehrwöchigen Reise von Japan kommend Hamburg anlief. An Land wurde das Zeremoniell beobachtet von Otto Friedrich Behnke, Gastronom und Initiator der Anlage. Weit über dessen persönliche Motivation hinaus stellte die Einrichtung dieser Anlage nur sieben Jahre nach Kriegsende aber auch eine in aller Welt registrierte wichtige Geste der Gastfreundschaft dar. Bürgermeister Gau war sich dessen bewusst, als er 1962 in das Gästebuch des Fährhauses schrieb: „Gefeiert wird der zehnjährige Geburtstag des Bemühens um die Völkerverständigung, das so einmalig in der Schiffsbegrüßung bei uns verwirklicht wurde. Völkerverständigung bedeutet Frieden..."

„Willkomm Höft" 1952 eingeweiht

Die Taufe des ersten, noch aus Edelholz gefertigten Mastes, an dem die Flaggen gedippt - das heißt: zur Begrüßung kurz niedergeholt - werden, nahm der international bekannte Weltumsegler und Walfang-Kapitän Carl Kircheiß vor. Fast zehn Jahre später taufte „Seeteufel" Felix Graf Luckner den zweiten, weitaus höheren und stabileren Mast mit einer Flasche Rum.

Für Völkerverständigung auf ihre Art sorgten auch die Segler, die nach 1961 ihr Quartier in Wedel fanden: Westlich des Tonnenhafens wurde in den Jahren 1960/61 der Hamburger Yachthafen gebaut, der sich über 26 Hektar erstreckt und in der ersten Ausbaustufe für etwa 1000, später 1250 Sportboote ausgelegt war. Nur knapp die Hälfte des Hafengeländes ist Wasserfläche; an Land gehörten Lagerhallen, eine Bootswerft, ein Mastenschuppen und Verwaltungsgebäude zur ersten Ausstattung. Betrieben wird der Hafen bis heute von der „Hamburger Yachthafengemeinschaft", einem Zusammenschluss von etwa 40 vorwiegend Hamburger Segelvereinen. Sie wurde bereits um die Jahrhundertwende gegründet, als der Hamburger Yachthafen noch in Finkenwerder lag. Im Juli 1968 erhielt der Hafen sein Wahrzeichen: Hafenwart Klaus Kröger setzte sich ein für die Wiederaufrichtung eines Walkiefer-Tors, das dem Verein schon 1934 gestiftet worden war.[21]

Politische Prominenz zu Gast in Wedel

Im Hochsommer des Jahres 1961 gab sich die politische Prominenz in Wedel die Klinke in die Hand. Grund für die Besuche war die für Mitte September angesetzte Bundestagswahl. Willy Brandt (SPD), Bürgermeister von Berlin und Gegenkandidat von Konrad Adenauer, der seit 1949 im Kanzleramt tätig war, eröffnete am 13. Juli - exakt 30 Tage vor dem Mauerbau - den Besuchsreigen. „Wedel bereitete Berlins Regierendem einen begeisterten Empfang" lautete die Schlagzeile im „Wedel-Schulauer Tageblatt" des folgenden Tages.

> *„Rund 3000 Wedeler haben gestern dem regierenden Bürgermeister von Berlin einen begeisterten Empfang bereitet, als er während seiner Informationsreise durch Schleswig-Holstein auch der Rolandstadt einen 20 Minuten dauernden Besuch abstattete. Schon Stunden vorher hatten sich die ersten auf dem mit den Fahnen Deutschlands, Berlins und Schleswig-Holsteins geschmückten Rathausplatz eingefunden, während aus dem Lautsprecher flotte Berliner Weisen ertönten."*

Nach seinem Eintreffen wurde er von Bürgermeister Gau begrüßt, kleine Mädchen überreichten Blumen, und Brandt trug sich in das Gästebuch der Stadt ein. Nach einer kurzen Ansprache Brandts setzte sich der Konvoi, in dem auch die SPD-Kandidatin des Kreises Pinneberg, Annemarie Renger, mitfuhr, gegen 17.35 Uhr wieder in Bewegung. „Ein Trompeter verabschiedete den Gast aus Berlin mit dem Lied: 'So-

162 Vier Wochen vor dem Bau der Berliner Mauer führte eine Wahlkampfreise den Regierenden Bürgermeister Berlins Willy Brandt (SPD) am 13. Juli 1961 auch nach Wedel.

lang noch unter den Linden die alten Bäume stehn, kann nichts uns überwinden, Berlin bleibt doch Berlin', notierte das Wedel-Schulauer Tageblatt.
Gut vier Wochen später kam der zweite hohe Gast der Bundespolitik nach Wedel.

„Vor rund 2000 Menschen hat gestern Mittag Bundeswirtschaftsminister Professor Ludwig Erhard auf dem Wedeler Rathausplatz gesprochen. Er wurde in Wedel von dem dem Vorsitzenden des CDU-Ortsverbandes, Stadtrat Bruno Voigt, begrüßt. Außerdem trug sich der Vizekanzler, der von Pinneberg kam und zuvor im Schulauer Fährhaus vor 150 Persönlichkeiten des öffentlichen Lebens gesprochen hatte, in das Gästebuch der Stadt ein",

berichtete das Tageblatt. Insgesamt hielt Erhard bei seinem Besuch im Kreis Pinneberg sieben Ansprachen. In Wedel ging er auch auf jenen Begriff ein, der bis heute mit dem Wirtschaftsminister und späteren Kanzler verbunden ist:

„Von dem Begriff des Wirtschaftswunders hält Erhard übrigens gar nichts. 'Ich weiß nicht, wer diesen blöden Ausdruck erfunden hat', sagte er vor dem Wedeler Rathaus. Es sei kein Wunder gewesen, sondern das Ergebnis einer zielbewußten Politik. Immerhin meinte er, daß wir uns schon sehen lassen könnten mit dem, was aufgebaut worden ist." [22]

48 Stunden nach diesem Besuch war der Mauerbau am Sonntag, 13. August, in vollem Gang.

16. Februar 1962: Sturmflut-Alarm auch in Wedel

An Sturm- und Orkan-Böen hat man sich im Februar 1962 auch in Wedel gewöhnt. Am 12. des Monats deckte ein Orkan zahlreiche Häuser ab und entwurzelte mehrere Bäume; der Gesamtschaden für Wedel wurde auf etwa 12 000 Mark beziffert. Der anhaltende Wind hat auch Elbe und Au schon über ihre Ufer treten lassen. Die Wiesen an der Schulauer Straße standen bereits seit einigen Tagen unter Wasser.
Im Laufe des 16. Februar verschlechterte sich die Wetterlage zusehends. Das Orkantief traf auf zügig von Island heranströmende Polarluft. Die Temperatur sank in kürzester Zeit von acht Grad Celsius auf Gefrierpunktnähe. Der Wind trieb Schnee- und Hagelschauer vor sich her. Der Nachmittagsflut hielten die Deiche noch stand, doch bereits um 17 Uhr warnte das Wetteramt vor der Nachtflut: Sie werde neue Gefahr mit sich bringen, weil das Wasser der Nachmittagsflut wegen des unvermindert wehenden Windes nicht ablaufen könne. In Wedel richteten sich Polizei, Feuerwehr und Anlieger flutgefährdeter Straßen auf eine lange Nacht ein.
Erst zwei Jahre zuvor war eine Deichlücke an der Schulauer Straße geschlossen worden, und man glaubte sich nunmehr flutsicher. Was sich dann aber in der Nacht vom 16. auf den 17. Februar ereignete, hätten auch Skeptiker nicht für möglich gehalten.

163 Die verheerende Sturmflut vom 16./17. Februar 1962 forderte in Wedel keine Todesopfer.

Das Protokoll einer langen Nacht:
20 Uhr: Das Hafenbecken ist noch eben überschwemmt.
23 Uhr: Die Schulauer Straße steht zwischen Hafen und Stockbrücke bereits unter Wasser.
23.35 Uhr: Die Polizei vereinbart mit den Stadtwerken, die Straßenbeleuchtung brennen zu lassen.
23.45 Uhr: Am Sperrwerk der Wassermühle tritt das Wasser in die Mühlenstraße.
23.57 Uhr: Hans Rösicke, Wirt der Strandbad-Gaststätte, meldet der Polizei, dass trotz der Bohlen-Abschottung Wasser in die Restaurationsräume eingedrungen sei. Trotz mehrmaliger Warnung hatte Rösicke seine Gaststätte nicht verlassen.
00.00 Uhr: An der tiefsten Lage steht das Wasser bereits 50 Zentimeter hoch in der Mühlenstraße. Kurz darauf wird die Ortsdurchfahrt Hamburg-Wedel-Uetersen gesperrt.
00.25 Uhr: Die Freiwillige Feuerwehr löst Großalarm aus. Lautsprecherwagen informieren die Bürger über die Gefahr.
00.35 Uhr: Die Polizei fordert Bundeswehr-Pioniere an, um Bergungsmaßnahmen vornehmen zu können.
00.40 Uhr: Landwirt Kleinwort vom Windrosberg meldet, sein Gehöft sei von Wasser umflutet und Menschenleben seien in Gefahr. Kaum zehn Minuten später sind Fährmannssand und Windrosberg völlig von der Außenwelt abgeschnitten.

164 In den Vormittagsstunden des 17. Februar staute sich das Wasser noch immer in der Mühlenstraße.

165 Das Haus Mühlenstraße 33, in dem der praktische Arzt Dr. Karl Sölter seine Praxis unterhielt, war in der Nacht auf den 17. Februar stundenlang völlig von den Wassermassen eingeschlossen.

01.15 Uhr: Zu den ersten geretteten Sturmflut-Opfern gehören Apotheker Hoffmann und seine Familie; sie werden im Rathaus untergebracht. In der Mühlenstraße sind einige Häuser akut einsturzgefährdet, sobald die sich hinter den Häusern stauende Flutwelle in die Straße gelangt.
01.21 Uhr: Im Haus Schulauer Straße 26 befinden sich zwei Personen in Lebensgefahr.
01.30 Uhr: Landwirt Kleinwort und seine Familie sind vor dem andringenden Wasser auf den Heuboden geflüchtet. Ihre Rettung gelingt erst in den Morgenstunden.
01.35 Uhr: Stromausfälle im gesamten Stadtgebiet.
01.50 Uhr: In der Pinneberger Straße reicht das Wasser vom Haus Nummer 18 bis zum Haus Nummer 60, aus der Hafenstraße wird Wassereinbruch am Nebeneingang von „Telefunken" (AEG) gemeldet. Aufgebockte Segelboote sind durch die Flut in die Gärten und bis zur Einmündung Hafenstraße getrieben worden.
02.05 Uhr: Bei den Kohlenhändlern werden Säcke beschlagnahmt, die mit Sand gefüllt und an gefährdete Hausbesitzer verteilt werden sollen.
02.30 Uhr: Das Wasser steigt nach wie vor.
03.05 Uhr: Das Wasser steht.
03.11 Uhr: In der Mühlenstraße müssen Rettungsversuche wegen der Strudelverhältnisse vorerst abgebrochen werden.

166 Wochenlang dauerten nach der Flut die Aufräumarbeiten wie hier in der Mühlenstraße

06.30 Uhr: In der Mühlenstraße steht das Wasser immer noch etwa einen Meter hoch.
07.00 Uhr: Aufräumtrupps beginnen mit ihrer Arbeit. Ihnen bietet sich ein Bild der Zerstörung: Die Strandbad-Gaststätte ist nicht zu retten, in den kommenden Tagen wird man mit ihrem Abriss beginnen. Die Flut hat nicht nur die aufgebockten Boote weit weggetrieben und die Öltonnen der ESSO-Station im Hafen durcheinandergeschleudert - weshalb eine akute Explosionsgefahr besteht -, sondern auch eine beladene Schute auf einer Brücke des neuen Yachthafens „abgesetzt". Die Mauer vor dem Schulauer Fährhaus ist total zerstört, die Anleger-Brücke zersplittert und teilweise abgetragen. Zahlreiche umgestürzte Bäume behindern die Rettungsarbeiten.
Gegen 9 Uhr werden die ersten Tierkadaver gemeldet. Eine knappe Stunde später werden Plünderungen am Bahnhof und im Strandbad festgestellt. Revierleiter Erich Runge ordnet an, Plünderern gegenüber von der Schusswaffe Gebrauch zu machen. Schon im Laufe des Vormittags stieg das Wasser noch einmal, aber das Schlimmste war am Sonnabend-Nachmittag doch ausgestanden. Stromausfälle behinderten weiterhin die Rettungs- und Aufräumarbeiten. Die Mühlenstraße blieb noch einige Tage gesperrt. Im Gegensatz zu Hamburg hatte Wedel keine Menschenleben zu beklagen, doch der Sachschaden war erheblich: Er belief sich auf 5,5 Millionen Mark. Erstmals seit 1936 hatte es an der Nordseeküste wieder Katastrophenalarm gegeben; die Sturmflut war noch 97 Zentimeter höher gestiegen als seinerzeit.

750 Jahre Wedel - ein Grund zum Feiern

Aber die verheerende Sturmflut vom Februar war nicht das einzige Ereignis, deretwegen das Jahr 1962 in der Erinnerung vieler Wedeler geblieben ist. Als die Schäden zum großen Teil beseitigt waren, gab es auch Grund zum Feiern: In jenem Jahr konnte die Stadt auf eine mindestens 750 Jahre lange Geschichte zurückblicken.
Bürgermeister Heinrich Gau wandte sich im Oktober 1961 erstmals mit einem vorläufigen Programm an den Magistrat und den Kulturausschuss. Enthalten waren darin als Daten für das Jubiläumsjahr unter anderem der Neujahrsempfang (Januar), eine öffentliche Festsitzung der Stadtvertretung (März), eine Ernst-Barlach-Feier zusammen mit der Ernst-Barlach-Gesellschaft (Mai), das Festwochenende (September) - hier gab es bereits Anregungen für den Festumzug - und eine weitere Festsitzung der Stadtvertreter, in deren Verlauf verdiente Bürger und Kommunalpolitiker ausgezeichnet werden sollten. Darüber hinaus regte Gau drei Ausstellungen an, von denen eine die Geschichte der Stadt dokumentieren sollte. Auch die Kreisverbandstagung des Bundes der vertriebenen Deutschen, eine Filmwoche von Volkshochschule und Filmclub, eine Großübung von Rotem Kreuz, Arbeiter-Samariter-Bund, Feuerwehr und anderen Organisatoren, ein „Akkordeon-Wettstreit" und ein Kreissängerfest sollten in den Rahmen des Jubiläumsjahres gestellt werden.
Längst nicht alle Ideen wurden umgesetzt. Aber das Festwochenende des 8. und 9. September wurde ein unvergessliches Erlebnis für alle Aktiven und Gäste. Am Sonn-

abend, dem 8. September, kamen hunderte Gäste zu einem Festkonzert in das Schulauer Fährhaus. Den Abschluss des Tages bildete ein großes Feuerwerk. Höhepunkt des Wochenendes aber war der Festumzug am Sonntag, der mehr als 100 „Bilder" und Personengruppen umfasste. Die ersten 27 Bilder zeigten Szenen aus der Wedeler Geschichte, darunter „Hasso von Wedel", einen der drei Brüder, die die erste Urkunde von 1212 nennt, die „Schauenburger Grafen" zu Pferde und einen Wagen mit „Pastor Rist". Optischer Mittelpunkt war ein Wagen mit einer Rolandfigur, der von den Junggärtnern gestaltet wurde. Die weiteren 80 Wagen und Gruppen bestanden aus Abordnungen von Institutionen, Vereinen und Firmen.

Seinen Abschluss fand das Festjahr mit einer Festsitzung der Stadtvertretung in den Ufer-Lichtspielen an der Feldstraße/Ecke Galgenberg. Zu den Gästen gehörten Landtagspräsident Claus Joachim von Heydebreck, Landrat Udo Sachse, Kreispräsident Hans Werner Harms, die Bundestagsabgeordneten Annemarie Renger und Fritz Sänger und eine Delegation aus dem dänischen Vejen. Den Festvortrag über die Künstler Johann Rist und Ernst Barlach hielt Erich Lüth, Direktor der Staatlichen Pressestelle Hamburg. Kommunalpolitikern und Verwaltungsmitgliedern, die länger als zehn Jahre für die Stadt tätig waren, erhielten aus den Händen von Bürgervorsteher Carl Cherk einen Ehrenteller. Am gleichen Abend gestaltete der Norddeutsche Rundfunk ein dreistündiges Unterhaltungsprogramm, dessen Moderation der Wahl-Wedeler Show-Master Peter Frankenfeld übernommen hatte.

„Europoint" erhitzt die Gemüter

Im Rückblick sieht es so aus, als habe es Mitte der 60er Jahre in stadtentwicklungspolitischer Hinsicht nur zwei Diskussionsthemen - und Reiz-Themen fürwahr - gegeben: den letztlich nicht realisierten Bau eines erst als 22-, dann als 18stöckig geplanten Hotel-Hochhauses direkt am Elbufer auf dem Gelände des heutigen Graf-Luckner-Hauses und die Realisierung einer Umgehungsstraße für die Altstadt.

Ende November 1961 drang die Meldung in die Öffentlichkeit, die Wohnungsbaugesellschaft Schleswig-Holstein habe das Zuckerspeichergelände einem Hamburger Bauherrn zum Kauf angeboten. Noch vor Jahresfrist wurden erste Einzelheiten bekannt: Geplant war ein Kulturzentrum oder eine Art „Skandinavien-Treffpunkt" mit Ausstellungs- und Verkaufsräumen, einem Hotel mit Gaststättenbetrieb und Verhandlungsräumen für Geschäftspartner aus Deutschland und Skandinavien. Das Projekt wurde auf ein Gesamtvolumen von 17 Millionen Mark geschätzt.

Konkreter wurden die Vorstellungen im Frühjahr 1962. Das Hotel sollte 21 Stockwerke umfassen, die 22. Etage war für Atelierwohnungen vorgesehen. Am Hang des Elbhöhenwanderwegs sollten fünf Ausstellungspavillons errichtet werden. Der kaufmännische Direktor der Wohnungsbaugesellschaft zeigte sich „ehrlich begeistert" über das Projekt und berichtete, auch in Kiel habe man offene Ohren. Architekt Gerd Pempelfort argumentierte, ein solcher internationaler Treffpunkt sei ein idealer Gewinn für die Wedeler. Man versuchte also, sowohl vom wirtschaftlichen als auch

vom ideellen Standpunkt aus zu überzeugen - ein vertrautes Muster. Man versprach sogar, die Schönheit der Landschaft und insbesondere ein Gehölz in Ufernähe erhalten zu wollen - ganz so, als gäbe es den etwa 70 Meter hohen Turm gar nicht.
Im September 1962 - ausgerechnet im Monat der 750-Jahr-Feier - gab es einen handfesten Skandal, als ans Licht kam, dass der Magistrat und drei städtische Beamte im November des Vorjahres eine Reise nach Kopenhagen unternommen hatten, die von eben jenem Hamburger Kaufmann finanziert worden sein sollte und der Besichtigung eines realisierten Projektes diente. Die Kommunalaufsicht empfahl daraufhin dem städtischen Parlament, die Reise noch im Nachhinein zu billigen, um weitere Komplikationen zu vermeiden. Der Antrag ging mit 17 gegen 2 Stimmen durch.
Im Sommer 1962 formierte sich der Widerstand, getragen in erster Linie von Bewohnern der Elbhochufersiedlung. Am 20. September wurde die „Schutzgemeinschaft Gartenstadt Elbhochufer" gegründet. Sie befürchteten Baulärm, eine dauerhafte Überschwemmung der Siedlung durch auswärtige Fahrzeuge und eine Zerstörung des Landschaftsbildes.
Eine breite öffentliche Diskussion entwickelte sich aus der Frage, ob Wedel nicht nach und nach in Dornröschenschlaf zu sinken drohe, wenn dieses Projekt nicht verwirklicht werde. Man wandte sich einerseits gegen eine grassie-

Wedel als „Schlafstadt"

167 Das „Europoint"-Modell verdeutlicht, wie sehr alle umliegenden Gebäude im Schatten des ehrgeizig geplanten Hotel- und Tagungshochhauses gestanden hätten.

rende Hochhaus-Manie, wollte andererseits verhindern, dass Wedel zur Schlafstadt degeneriere. Wenige Tage nach einer tumultuösen Versammlung im Schulauer Fährhaus, bei der die Pläne vorgestellt wurden, gab die Stadtvertretung den Startschuss für den Bebauungsplan 25. Kurt Ladendorff, der bis dahin unbekannte Hamburger Kaufmann, konnte sich dessen jedoch kaum freuen: Bis Jahresende gingen beim Bauamt etwa 100 Einsprüche ein.

In der Folge wurden an dem Projekt immer mal wieder Veränderungen vorgenommen. Die Ausstellungspavillons standen notfalls zur Disposition, das Land verlangte plötzlich die Zusage, dass nur 18 Stockwerke gebaut werden, aus dem 600-Betten-Hotel wurde eines mit 200 Betten in fünf Etagen. Der Rest sollte mit Geschäften und vor allem Appartementwohnungen belegt werden. Auch von einer Kunsteis- und 20 Bowling-Bahnen war plötzlich die Rede, die Baukosten kletterten auf bis zu 30 Millionen Mark...

Im Frühjahr 1965 entschied sich die Wedeler CDU überraschend gegen das Vorhaben. Vor allem aber sah es so aus, als könne Ladendorff nicht das erforderliche Kapital zusammenbringen. Im September 1967 wurde bekannt, dass ein Hamburger Makler das Grundstück zum Verkauf anbiete. Das Projekt „Europoint" war endgültig zu den Akten gelegt.[23]

Diskussionen um eine Umgehungsstraße

Vom Jahr 2000 aus gesehen mutet es seltsam an, dass Wedel sich um 1951 herum Sorgen machte um die zunehmende Verkehrsbelastung der Altstadt. Fotos der Nachkriegsjahre zeigen nur spärlichen Autoverkehr auf dem Marktplatz. Mit einer Zunahme der Motorisierung war zweifellos zu rechnen, aber dass die Stadtväter das Ausmaß geahnt haben, ist doch eher unwahrscheinlich. Dennoch wollte man allen Zweifeln aus dem Weg gehen - und die Autos aus der Altstadt herausholen.

Als Lösung bot sich eine Umgehungsstraße an. Die Idee war 1951 nicht neu: Schon 1939 hatte sich die Verwaltung Gedanken gemacht über eine Straße, die an der Bahnstrecke entlang und durch das Autal in den Norden der Stadt geführt werden sollte.[24] Die Idee einer südlichen Umgehung des Altstadt-Kerns war sogar noch etwas älter: Eine Planskizze aus dem Jahr 1914 bezeugt Überlegungen, den Altstadt-Kern durch eine Verkehrsführung über Mühlenstraße, Englischer Berg (heute Schulstraße) und eine neu zu bauende Fortsetzung jenseits der Austraße zu umgehen.

Erste Pläne von 1914

Letztere Lösung wurde 1951 wieder aufgegriffen. Zu diesem Zeitpunkt rechnete man mit Baukosten von 400 000 Mark. In den 50er Jahren blieben die Planungen trotz vorbereitender Gespräche mit dem Landesamt für Straßenbau noch unkonkret; erst 1960/61 wurden Durchführungspläne verabschiedet. Um diese Zeit begannen die Wedeler kritisches Interesse für das Projekt zu zeigen und sich in die Diskussion einzumischen. Ein erbitterter Gegner der Planung erwuchs der Stadt in Julius Heinsohn, dem Besitzer der Wassermühle, über dessen Grundstück die Trasse führen soll-

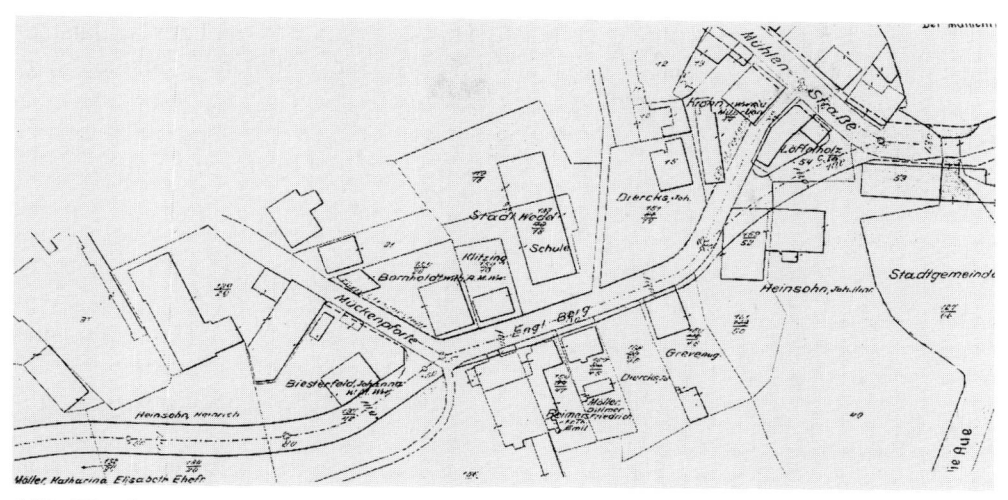

168 Wie dieser Kartenausschnitt belegt, dachten Wedels Stadtplaner schon 1914 an eine südliche Umgehung der Altstadt.

te. Durch ein Enteignungsverfahren, das er 1967 gegen sich einleitete, zwang er die Stadt zu einer Änderung ihrer Pläne: Noch in jenem Jahr wurde die am Rathausplatz beginnende Straßenführung erarbeitet.

169 Diese Aufnahme der Bahnhofstraße stammt aus dem Winter 1963. 1972 wurde die Einkaufsmeile in eine Einbahnstraße umgewandelt.

Wiewohl vom Landesamt für Straßenbau lange befürwortet und zeitweilig sogar als vordringliche Maßnahme bezeichnet, stand der Bau in den folgenden 30 Jahren aus den verschiedensten Gründen immer mal wieder zur Disposition. Mal fehlten die Zusagen für eine finanzielle Hilfe, mal wurde dem Projekt von Bundesebene aus die Dringlichkeit abgesprochen, mal sorgten Verfahrensfehler oder die Einwendungen der Bürger für eine Verlangsamung der Planungen. Ende der 70er Jahre brachte die Kreisverwaltung sogar die nördliche Variante wieder ins Gespräch. Aber zu einem endgültigen Beschluss für das inzwischen auf gut 15 Millionen Mark geschätzte Bauvorhaben ist es in den fünf Jahrzehnten seit 1951 nicht gekommen.

Ein Gymnasium und ein Hallenbad für Wedel

Zwar ist aus dem „Europoint"-Hochhaus - erfreulicherweise - nichts geworden, aber in Wedel wurden in den 60er Jahren noch genug große Bauvorhaben realisiert. Wenn man so will, gehörten sie alle zur zweiten Stufe des Aufbaus nach dem Zweiten Weltkrieg. Anfang der 60er Jahre musste auch endlich entschieden werden, ob die Stadt ein Gymnasium erhalten soll. Den ersten Vorstoß hatten die Stadtväter bereits 1954 in Kiel unternommen. Doch musste der Plan zunächst auf Eis gelegt werden, weil weder die Stadt allein noch das Land über hinreichende finanzielle Mittel verfügten. Um die Jahreswende 1959/60 begann die Stadtverwaltung, sich um den Erwerb geeigneter Grundstücke zur Errichtung des Gymnasiums zu kümmern. Der heutige Standort war schon früh in Aussicht genommen worden, doch erst nach erfolgreichen Tauschverhandlungen mit der evangelischen Kirche und dem Schrebergarten-Verein, der 89 Parzellen am Redder unterhielt (und im Tausch dafür das Gelände im Autal bekam), stand Ende 1960 eine ausreichende Fläche zur Verfügung. Zu diesem Zeitpunkt besuchten knapp 300 Wedeler Schüler die Gymnasien in Uetersen oder Blankenese.
Den 1961 von der Stadt ausgeschriebenen Ideewettbewerb konnten die Hamburger Architekten Hans Mensinga und Dieter Rogalla für sich entscheiden, doch blieb noch bis Mitte Juli 1962 unklar, ob ihnen auch die Bauausführung übertragen werde. Der Architekt, den den 2. Preis erhalten hatte, machte plötzlich ein Angebot, wonach der Bau etwa eine Million Mark günstiger ausfallen würde. Doch nach gutachterlichem Entscheid votierten 26 der 27 Stadtvertreter für den Entwurf von Mensinga und Rogalla, zumal dieser Plan auch alle seitens des Landes erhobenen Forderungen erfüllte.
Im März 1963 signalisierte das Land seine finanzielle Beteiligung in Höhe von 820 000 Mark; bei geschätzten Gesamtkosten von mehr als zwei Millionen musste Wedel ein zusätzliches Darlehen aufnehmen. Bereits am 1. Juli 1963 begannen die Erdarbeiten, am 1. November wurde die Grundsteinlegung gefeiert. Im ersten Bauabschnitt ist die Einrichtung von zwölf Klassen- und einer Reihe von Sonderräumen für den Physik-, Chemie-, Kunst-, Musik- und Biologie-Unterricht sowie des Ver-

25 Jahre für den Wiederaufbau

waltungstraktes geplant. Erst in einem zweiten Abschnitt sollen eine Sport- und eine Gymnastikhalle, die Aula und weitere zwölf Klassenräume folgen.

Im Sommer 1964 wurde der Posten eines Direktors ausgeschrieben, und parallel dazu bewarb sich bereits eine Reihe von Lehrkräften benachbarter Schulen um eine Anstellung in Wedel. Erster Schulleiter wurde Winfried Donnhauser. Im März 1965 erhielt die neue Einrichtung offiziell den Namen „Johann-Rist-Gymnasium". Am 7. April 1965 nahmen 325 Schüler und 20 Lehrer ihre Arbeit auf; die ersten 14 Abiturienten entließ das JRG 1968.

Unterrichtsbeginn 1965

Abgesehen von den Wohnungsprojekten wie dem Viertel Möllers Park/Boockholtzstraße, das in der ersten Hälfte der 60er Jahre fertig gestellt wurde, veränderte außer dem Gymnasium kein Bau so sehr das Leben in der Stadt wie das Hallenbad. Wedeler, die sich im kühlen Nass erfrischen wollten, hatten bis dahin ins Hamburger Freibad Marienhöhe oder in die Bismarck-Halle in Altona ausweichen müssen. Die Wurzeln für das Projekt reichten ebenfalls in das Jahr 1962 zurück, als ein Kuratorium für den Bau eingerichtet wurde. 1964 beteiligten sich 30 Architekten an einem Wettbewerb. Der erste Preis ging an den Elmshorner Walter Schweim. Im folgenden Jahr wurde festgelegt, dass der Bau aus Kostengründen mit der ohnehin benötigten Sporthalle kombiniert werden soll.

Nachdem die Finanzierung des Baus im Frühjahr 1967 abgesichert war - gerechnet wurde mit Baukosten von zwei Millionen Mark, eine Zusage für einen Zuschuss gab es nur vom Kreis, der 400 000 Mark geben wollte -, begannen im Sommer die Er-

170 Im Mai 1969 wurde das Hallenbad an der Rudolf-Breitscheid-Straße in Betrieb genommen.

schließungsarbeiten. Am 14. September wurde der Grundstein für das 50 mal 35 Meter große Gebäude gelegt. Im August 1968, drei Monate nach der Richtfeier, fiel die Entscheidung, dass die Stadtwerke Betreiber des Bades sein sollen. Im Februar 1969 - das Bad ging seiner Fertigstellung entgegen - beschäftigte den Ausschuss für Sportwesen bereits der Bau der benachbarten Sporthalle; der Planungsauftrag ging wiederum an Schweim.

Im Mai 1969 wurde die Halle eingeweiht. Kaum in Betrieb genommen, mussten die Polizei im Juni schon den ersten Einbruch und die Stadtwerke den ersten Störfall registrieren: Das Wasser hatte sich rot verfärbt. Gefahren für die Gesundheit der Wassersportler bestanden nicht.[25]

Wie diese Neubauten und die kontinuierlichen Erweiterungen der Schulen zeigen, war Wedel in den frühen 60er Jahren noch immer eine Stadt im Wandel. Wie die Bahnhofstraße veränderten auch andere Straßen ihr Gesicht in diesen Jahren. Nicht nur, dass der Autoverkehr zunahm, sondern neue Gebäude füllten Lücken, die durch Krieg oder Abriss entstanden waren. So hatte sich die Bundespost unmittelbar neben der Hollandschen Villa schon in den Jahren 1963/64 eine neue Dienststelle errichtet. Am 7. August 1964 wurde das 1,8 Millionen Mark teure Gebäude mit vermittlungstechnischen Einrichtungen im Wert von weiteren 2,3 Millionen Mark in Dienst genommen. Dass die Post dringenden Erweiterungsbedarf hatte, wird an einer einzigen Zahl deutlich: 1953 wurden 39 200 Pakete in Wedel bewegt, 1963 waren es schon 104 800. Und im August 1966 wurde in der Bahnhofstraße das letzte Strohdachhaus abgerissen: das Schümannsche Haus mit der Nummer 34.

„Er lebte ein Leben für seine Stadt..."

Die Fertigstellung der Schwimmhalle sollte Bürgermeister Heinrich Gau nicht mehr erleben. Von einer Dienstfahrt nach Kiel kehrte er am Abend des 15. Juli 1965 nach Wedel zurück und begab sich ins Rathaus, um noch einige Stunden zu arbeiten. In der Nacht erlag der Bürgermeister einem Herzinfarkt. Am Morgen des 16. Juli kamen unter anderem Bürgervorsteher Carl Cherk, der Erste Stadtrat Bruno Voigt, Stadtrat Adolf Jungblut und Stadtoberamtmann Gustav Maushake zu einer Besprechung im Rathaus zusammen. Sie entwarfen auch den Text für die offizielle Anzeige der Stadt, in der es hieß: „Er lebte ein Leben für seine Stadt, der bis zum letzten Atemzuge all sein Denken und Handeln galt." In seiner Trauerrede sagte Cherk am 19. Juli:

> *„Auf der letzten Sitzung der Stadtvertretung hat diese dem Antrage des Verstorbenen entsprochen und ihn von seinem Amt als Bürgermeister dieser Stadt zum 31. Dezember des Jahres entbunden. Er hatte, und das wußten die, die täglich mit ihm zusammen waren, noch viele Pläne, die er bis zu seinem Ausscheiden verwirklichen wollte. Er machte darüber hinaus aber auch Pläne, wie es weitergehen sollte."*

Von der Kirche am Roland fuhr der lange Trauerzug durch die Mühlenstraße zum Rathaus, wo er für eine Gedenkminute hielt. Am Fenster von Gaus Arbeitszimmer war ein Trauerflor befestigt. Beigesetzt wurde Gau auf dem Friedhof am Breiten Weg.[26]

Die Wedeler Verwaltung machte sich auf die Suche nach einem neuen Chef. Insgesamt gingen 18 Bewerbungen ein, die Voigt dem Magistrat vortrug. Drei Bewerber wurden zur Vorstellung in die Fraktionen eingeladen. Am 19. August fasste die Stadtvertretung den Beschluss zur Wahl des Juristen Dr. Claus Winkler.

Winkler, geboren am 27. März 1912 in Königsberg, war verheiratet und Vater von zwei Kindern. Nach einem Studium in Königsberg promovierte er 1941. Ab 1947 in Geesthacht tätig, legte er 1950 die große juristische Staatsprüfung ab. Er arbeitete am Hanseatischen Oberlandesgericht sowie an Verwaltungs- und Oberverwaltungsgerichten, und er war Mitglied der Ratsversammlung in Geesthacht. Nach seiner Wahl verlangte das Innenministerium des Landes, dass er bei den Bürgermeisterkollegen in Husum und in Schleswig sowie im Innenministerium zur Vorbereitung auf seine Tätigkeit hospitieren solle. Am 30. Dezember 1965 wurde Winkler in Wedel in sein Amt eingeführt, sein erster Arbeitstag war der 1. Januar 1966.[27]

Wedel 1970 - 2000:
Vom Umgang mit der Geschichte

Neuerungen bei der Feuerwehr

Von heute aus ist es nur schwer nachvollziehbar: Zwar wurden die beiden Feuerwehren von Wedel und Schulau 1934 zusammengeführt, aber Gerätschaften und Personal blieben doch weitgehend getrennt. Noch bis in die 60er Jahre hinein wurden die beiden 1890 und 1892 errichteten Spritzenhäuser als Hauptquartiere genutzt. Abgesehen von einer großen Jahresübung und einer gemeinsamen Ausfahrt gab es kaum Gemeinsamkeiten; kleinere Übungen wurden getrennt absolviert.
Es ist schon gesagt worden, dass der Wiederaufbau der Feuerwehr nach dem Zweiten Weltkrieg nur schleppend anlief. Darüber hinaus gab es auch Personalprobleme: Ehemalige Parteimitglieder, die im Dritten Reich leitende Funktionen ausgeübt hatten, durften nicht weiter Dienst in öffentlichen Organisationen wie der Feuerwehr tun. Nicht betroffen von diesem Zwangsausschluss war Hans Köhler (1892-1985). Der als unpolitisch geltende Wehrführer, Mitglied nur in einer der vielen Pflichtorganisationen, versah sein 1935 übernommenes Amt ununterbrochen bis 1960.
Zwar war es der Wehrführung gelungen, aus ehemaligen Wehrmacht-Beständen 1946 und 1947 zwei Autos zu kaufen. Aber die personelle und materielle Situation blieb für eine durch den Zuzug von Flüchtlingen so rasant wachsende Stadt wie Wedel unbefriedigend. Von Verwaltung und Politik wurde schon in den 50er Jahren der Neubau einer Feuerwache, in der die gesamte Ausrüstung zusammengezogen werden sollte, diskutiert. In einem Aktenvermerk des Bauamts vom 18. Dezember 1956 heißt es:

> *„... doch wird es zweckmäßig sein, dass sich die Stadt schon bald um ein zentral gelegenes Grundstück bemüht, auf dem ein Feuerwehrgebäude mit neuzeitlicher Einrichtung erbaut werden kann. Es dürfte auch bald der Zeitpunkt heranrücken, in dem eine ständige Bereitschaft der Feuerwehr notwendig wird. Diese Erwägungen müssten von zuständigen Gremien erörtert werden."*[1]

Als entsprechendes Grundstück wurde zu diesem Zeitpunkt das Grundstück der Erbengemeinschaft Körner am Lohhof (heute „Alter Zirkusplatz") in Erwägung gezogen.
1958, 13 Jahre nach Kriegsende, erhielt die Feuerwehr endlich den ersten neuen Wagen, ein Magirus-Tanklöschfahrzeug mit 125 PS und einer Pumpenleistung von 1600 Litern pro Minute. Von nun an erhielt die Wehr jeweils im Abstand von zwei bis drei Jahren neue Autos. Endgültig Unterbringungsprobleme gab es ab 1967/68, als gleich vier Wagen den Bestand ergänzten. Auch beim Personal gab es Veränderungen: Auf Wehrführer Hans Köhler folgte 1961 der Baumschu-

Ausbau des Wagenparks

ler Peter Körner. Aus Altersgründen trat der Oberbrandmeister am 17. August 1965 von seinem Amt zurück. Sein Nachfolger wurde der 29jährige Gärtner Heinz („Heiner") Jüttemeier. In seine Amtszeit (bis 1980) fielen nicht nur zahlreiche Neuanschaffungen, sondern auch noch andere technische Veränderungen. So wurde im September 1968 die „stille Alarmierung" mit zunächst 40, später mehr als 80 Funkweckern eingeführt.
Anlässlich der Feiern zum 90jährigen Bestehen der Freiwilligen Feuerwehr im Jahre 1968 erhielten die Blauröcke von Bürgervorsteher Carl Cherk persönlich die Zusage für eine neue zentrale Wache. Im Gespräch war dafür jetzt der heutige Standort an der Schulauer Straße. Die Kosten waren zunächst auf 700 000 Mark, dann - noch vor Baubeginn - auf eine Million Mark veranschlagt wurden. Knapp zwei Jahre nach Beginn der Bauarbeiten konnte das nunmehr 1,5 Millionen Mark teure Haus am 30. Oktober 1971 in Dienst genommen werden.

Die „Computer-Affäre" und ihre Opfer

Die 70er Jahre begannen für Wedel mit einem Paukenschlag, wie er kennzeichnender für die Folgen der anstehenden gesellschaftlichen Veränderungen kaum hätte ausfallen können. Bei der „Computer-Affäre" ging es um den Versuch der Verwaltung, mit der Zeit zu gehen und sich die noch neue Computer-Technik für die Arbeit zunutze zu machen. Schon 1967 hatten die Mitglieder des Magistrats die, so eine Beratungsvorlage, „Überleitung von Aufgaben der Stadtverwaltung auf die elektronische Datenverarbeitungsanlage bei der Stadtsparkasse" diskutiert. Das Geldinstitut hatte sich im Jahr zuvor eine „lochkartenorientierte elektronische Datenverarbeitungsanlage" der Firma Bull vom Typ „Gamma 10" zugelegt, die auch bereits für die Stadtwerke arbeitete. Weil die Anlage damit aber noch nicht ausgelastet war, wollte die Verwaltung das Gerät ebenfalls nutzen und sich auf diesem Wege an den bislang vom Kreditinstitut getragenen Mietkosten beteiligen. Sehr viel schneller als bisher erledigt werden sollten auf diese Weise vor allem sogenannte Massenarbeiten: Lohnsteuerkarten, Wählerverzeichnisse, Wahlbenachrichtigungen, Wehrerfassungen und Einschulungen.
Der Organisationsreferent des Innenministeriums riet im August 1967 von dieser Zusammenarbeit zwischen Stadt und Stadtsparkasse ab, weil sie auf Dauer unwirtschaftlich sei. Empfehlenswerter sei die Zusammenarbeit mit der von Land und Kommunen getragenenen Kommunalen Datenzentrale - die der Magistrat schon im Juni abgelehnt hatte. Auch der Magistrat ließ sich nicht umstimmen: Im September bestätigte er seine einmal getroffene Entscheidung. Im Januar 1968 lag dem Magistrat ein Beschlussantrag vor, demzufolge zunächst das Steuer- und Abgabenwesen sowie die Gehalts-, Vergütungs- und Lohnberechnungen über den Computer der Sparkasse erledigt werden sollten. Derweil waren zwei Beamte, die eigens an der Bull-Programmierschule in Köln zu Programmierern ausgebildet worden waren, bereits mit der Überleitung der Arbeiten beschäftigt.

Im Laufe des Jahres 1970 entschloss sich die Stadtverwaltung, doch ein eigenes Gerät anzuschaffen und die Kooperation mit der Sparkasse zum 1. Januar 1971 zu kündigen. Es kam anders: Der Magistrat beschloß im Juli, an Stelle der Stadtsparkasse in den Vertrag mit Bull einzutreten. Bürgermeister Winkler wies am 10. September auf die finanziellen Folgelasten dieses Beschlusses hin. So rang sich der Magistrat am 14. September doch zu einem eigenen Kauf durch. „Die erforderlichen Haushaltsmittel sind in den Haushaltsplan für das Rechnungsjahr 1971 aufzunehmen", heißt es in dem Beschluss - ein Satz, der noch Bedeutung bekommen würde. Die Sparkasse erfuhr sehr kurzfristig davon; eine Benachrichtigung durch Winkler vom 28. September war von diesem offensichtlich nicht unterzeichnet und dementsprechend auch nicht abgeschickt worden.

Von der Unschlüssigkeit des Magistrats und anderer mit der Anschaffung beschäftigter Gremien erfuhr die Öffentlichkeit nichts. Vielmehr sah es nach außen hin so aus, als sei der Computer-Kauf ein Alleingang des Bürgermeisters. Winkler war zu diesem Zeitpunkt bereits ein kranker Mann. Wie im Dezember des Jahres bekannt wurde, war er bereits am 26. Oktober vom Magistrat beurlaubt und aufgefordert worden, seine Dienstfähigkeit nachzuweisen. Eine entsprechende Untersuchung des Verwaltungschefs wurde Anfang November vorgenommen, aber noch vier Wochen später war der Magistrat ohne Nachricht über das Ergebnis.

Winkler beurlaubt

In den Parteien wurde bereits darüber gesprochen, ob Winkler vorzeitig pensioniert oder abgewählt werden sollte. Nach Darstellung der Politiker hatte Winkler in der Vergangenheit Magistrat und Rat mehrfach in peinliche Situationen manövriert, und der Unmut über den Amtsinhaber war in beiden Fraktionen gewachsen. Sie zeigten sich auch erstaunt darüber, dass Winkler trotz der Beurlaubung fast täglich im Rathaus erschienen war. Intern ließ dieser verlauten, er habe das Gefühl, man wolle ihn abschieben. Winkler hatte seit längerer Zeit immer wieder an Depressionen gelitten. Mitte Dezember 1970 kamen SPD, FDP und Winkler überein, dass der Verwaltungschef seine Arbeit nicht wieder aufnehmen werde. Jetzt erst lernte die Öffentlichkeit einen Teil der Vorwürfe kennen, die dem Bürgermeister gemacht wurden, darunter die Behauptung, eigenmächtig die Anschaffung des Computers betrieben zu haben - ohne dass im Haushalt die benötigten 500 000 Mark dafür bereit gestellt worden wären. Für entsprechende Indiskretionen wurde Bürgervorsteher Karl Cherk (SPD) von seiner Partei umgehend gerügt. Einige Tage später sprachen ihm Parteivorstand und Fraktion sogar förmlich das Misstrauen aus. In den ersten Januartagen 1971 trat Cherk von seinen Ämtern als Bürgervorsteher und Ratsherr zurück. Zwei Tage später war dann die Katastrophe da: Bürgermeister Winkler hatte sich auf dem Dachboden seines Hauses erhängt. In seinem Abschiedsbrief hieß es unter anderem, er fühle sich schuldig an Cherks Rücktritt.

In den Strudel der Ereignisse wurde wenige Tage darauf auch der Erste Stadtrat Bruno Voigt (CDU) hineingezogen. Voigt, seit 1947 Mitglied der CDU und bis 1961 ihr Vorsitzender, trat am 25. Januar aus der Partei aus, weil ihm vorgeworfen wurde, die Unwahrheit in Sachen Computerkauf gesagt zu haben. Er hatte mitgeteilt, dass der Magistrat den Kauf des Computers beschlossen hatte, obwohl er dazu gar nicht berechtigt war. Was er nicht sagte: Offensichtlich hatte sich Winkler nicht um die vom Magistrat geforderte Bereitstellung der Mittel gekümmert, und Voigt selbst hatte den Kaufvertrag unterzeichnet, ohne zu überprüfen, ob Winkler dieser Aufgabe nachgekommen war. Beide hatten in dieser Angelegenheit ihre Kompetenz überschritten. Allerdings blieb Voigt bis Ende Dezember 1971 im Amt, um Winklers Nachfolger einzuarbeiten.[2]

Auf der Suche nach einem neuen Bürgermeister

Schon Anfang April 1971, kaum drei Monate nach dem Freitod von Bürgermeister Winkler, wurden Namen für seine Nachfolge gehandelt. Insgesamt bewarben sich 19 Kandidaten. 15 von ihnen wurden frühzeitig aussortiert - zum Ärger der CDU, die der SPD vorwarf, wieder eine Parteibuch-Entscheidung anzustreben. Die vier, die übrig blieben, waren der Lübecker Senatsdirektor Dr. Walter Stützer (43), der Wedeler Oberverwaltungsdirektor bei der Hamburger Innenbehörde Jürgen Söder (50), der Mainzer Verwaltungsdirektor Fritz Robischon (37) und Dr. Fritz Hörnig (40), Stadtdirektor von Jever. Es sah zunächst so aus, als habe Robischon die besten Karten. Doch in der Nacht vom 14. auf den 15. April einigten sich SPD-Fraktion und -Vorstand sowie der FDP-Vorstand nach siebenstündiger Sitzung inoffiziell auf Hörnig. Mitgeteilt wurde dieses Ergebnis von SPD-Fraktionssprecher Jörg Balack, dem eigene Ambitionen auf den Posten nachgesagt worden waren, und dem FDP-Ortsvereinsvorsitzenden Martin Schumacher.
Hörnig, geboren am 17. August 1930, verheiratet und Vater von zwei Kindern, hatte von 1948 bis 1952 in der Göttinger Stadtverwaltung eine Verwaltungslehre und danach bis 1958 ein Studium der Rechte und der Volkswirtschaft absolviert. Von 1959 bis 1963 war er als wissenschaftlicher Assistent an der Universität in Saarbrücken tätig. Ab 1963 amtierte er als Stadtdirektor im niedersächsischen Jever. Hörnig war parteilos.
Die Auseinandersetzungen um die Kandidaten-Auswahl machten deutlich, dass das politische Klima in der Stadt noch nicht wieder gereinigt war. Die CDU verzichtete schließlich auf die Aufstellung eines eigenen Kandidaten und wollte ihre Unterstützung für die Wahl Hörnigs als ersten Schritt „auf dem Wege zu einer besseren Zusammenarbeit in der Stadtvertretung" verstanden wissen. Am 1. Juli 1971 trat Hörnig seinen neuen Dienst formlos an.
Auch der Posten des Ersten Stadtrats war Ende 1971 neu zu vergeben. Bruno Voigt beendete seine zwölfjährige Amtszeit und trat wegen Überschreitens der Altersgrenze nicht wieder an. Die SPD schickte ihren Fraktionsvorsitzenden Jörg Balack ins Rennen, doch wegen der Mehrheitsverhältnisse im Rat war seine Wahl keineswegs sicher: FDP-Ratsmitglied Peter Schoettler kündigte an, den als Bürgermeister-Kandidaten gescheiterten Fritz Robischon zu unterstützen, wenn die CDU ihn nominiere. Eher unwahrscheinlich war zu diesem Zeitpunkt die Wahl des dritten Bewerbers, des Juristen Klaus Neumann-Silkow aus dem Kieler Wirtschaftsministerium.

Und doch war er es, der zwei Monate später hinter dem Schreibtisch des Ersten Stadtrats Platz nahm. Neumann-Silkow waren die Probleme des Kreises Pinneberg nicht unbekannt, denn er hatte während seiner Referendarszeit und noch einmal Ende der 60er Jahre in der Pinneberger Kreisverwaltung gearbeitet. Seinen Dienst in Wedel trat er am 3. Januar 1972 an.

Die Stadt entwickelt sich weiter

In den frühen 70er Jahren entwickelte sich die Infrastruktur Wedels immer noch. Gegen Ende der 60er Jahre waren die beiden Phasen des Wiederaufbaus abgeschlossen; die Rolandstadt stellte ein gut funktionierendes Gemeinwesen mit allen seinerzeit für notwendig gehaltenen Einrichtungen dar. In den 70er Jahren erlebte die Stadt die zweite Stufe ihrer Entwicklung nach dem Krieg. Von jetzt an ging es nicht mehr nur um die Schaffung notwendiger Infrastruktur, sondern um die Modernisierung des Vorhandenen oder um Einrichtungen, die man sich - Folge der wirtschaftlichen Prosperität der 50er und 60er Jahre - leisten konnte und wollte. Die Zahl der kommunalen und sonstigen öffentlichen Einrichtungen stieg rasant an. Erster Schritt auf diesem Wege waren Bau und Eröffnung des Hallenbades in der zweiten Hälfte der 60er Jahre. In der ersten Hälfte der 70er Jahre kamen unter anderem das Gemeindezentrum Schulau an der Feldstraße, das Graf-Luckner-Heim an der Elbe und mehrere Kindertagesstätten hinzu. Zu erwähnen ist an dieser Stelle schließlich auch die Ein-

Ein Kaufhaus für Wedel

richtung des „Kepa"-Kaufhauses an der Bahnhofstraße. In nicht einmal zwölf Monaten Bauzeit entstand das mehr als vier Millionen Mark teure Geschäftshaus auf dem Schneider-Grundstück an der Ecke Spitzerdorfstraße. Auf zwei Etagen richtete die „Karstadt"-Tochter „Kepa" dort ihre 69. Filiale ein. Eröffnet wurde das Kaufhaus unter der Leitung von Geschäftsführer Alfred Kölpin am 28. Oktober 1971. Ab 15. September 1977 firmierte das Haus als „Karstadt"-Filiale. Am 14. Januar 1989 endete die Kaufhaus-Ära in Wedel mit dem letzten Verkaufstag.
Anfang der 70er Jahre erreichte der Autoverkehr in der Stadt erstmals ein Ausmaß, das Politikern und Bürgern nachhaltig zu denken gab. Die Verkehrssituation in der Bahnhofstraße wurde als geradezu unerträglich betrachtet. Deshalb wurde am 23. September 1972 um 14 Uhr die Einbahnstraßenregelung in Kraft gesetzt. Damit hatte die im Vorjahr gegründete Werbegemeinschaft der Kaufleute im Bereich der Innenstadt eines ihrer Ziele erreicht, erhoffte man sich doch ein verstärktes Kundeninteresse dadurch. Langfristig strebten Verwaltung und ein Teil der Kaufmannschaft zu diesem Zeitpunkt noch die Einrichtung einer Fußgängerzone an. Dagegen sprach vorläufig das ungelöste Problem der Belieferung der Geschäfte. Im Gespräch war der Bau einer Wirtschaftsstraße, der sogenannten Andienung, hinter der westlichen Häuserreihe. Das Projekt wurde Anfang der 80er Jahre zu den Akten gelegt.

1973: Fünf Sturmfluten

Im November und Dezember 1973 hielten insgesamt fünf Sturmfluten die Wedeler in Atem. Die Serie begann am Nachmittag des 13. November. Gegen 18 Uhr erreichte die Flut eine Höhe von 2,83 Meter über dem mittleren Hochwasser, daraufhin musste die Mühlenstraße für den Verkehr gesperrt werden. Wolkenbruchartige Regenfälle sorgten zusätzlich für Wasser. Menschenleben waren nicht zu beklagen. In der Nacht des 16. November spitzte sich die Lage zum zweiten Mal zu. Gegen 3.30 Uhr tagte der Katastrophenstab im Rathaus. Bürgermeister Hörnig ordnete schulfrei an. Gegen 5.30 Uhr wurden Mühlenstraße, Schulauer Straße und Autal gesperrt. Der Verkehr wurde über Wespenstieg und Moorweg umgeleitet. Gegen 8 Uhr erreichte das Wasser seinen Höchststand. Der Sturm nahm in den folgenden Tagen noch zu, und am 19. November traten Elbe und Mühlenteich zum dritten Mal über ihre Ufer. Bei Wind der Stärke 12 stieg das Wasser höher als bei den vorangegangenen beiden Fluten. Allein an den öffentlichen Straßen, Wegen und Plätzen richteten die drei Fluten Schäden in Höhe von mehr als 20 000 Mark an. Die beiden Fluten im Dezember fielen nicht mehr so hoch aus.

Auch in den 70er Jahren wurde ein ortsgeschichtliches Datum zum Anlass einer großen Feier genommen: die Verleihung der Stadtrechte im Jahre 1875. Nach ersten Überlegungen vom August 1974 wurde das vorläufige Programm im Februar 1975 vorgestellt. Geplant waren zu diesem Zeitpunkt ein Eröffnungskonzert, Kinderfeste und Sportveranstaltungen für Jugendliche, ein „Tag des älteren Bürgers", eine „Beatparty"(!) und anderes. Acht Arbeitsgruppen kümmerten sich um das Programm, das sich über 14 Tage erstrecken sollte. Die Stadt stellte 50 000 Mark zur Verfügung.

1975: „100 Jahre Wedel"

Die Festwochen wurden am 12. September 1975 mit einem Konzertabend im Festzelt am Lohhof eröffnet. Hauptredner bei der Festsitzung der Stadtvertreter, die am 13. September um 10 Uhr im Fährhaus begann, war der schleswig-holsteinische Ministerpräsident Gerhard Stoltenberg (CDU). Der erste Tag stand ansonsten im Zeichen des Sportes. Zu den Veranstaltungen der kommenden Tage gehörten unter anderem ein Hafenkonzert unter dem Motto „100 Jahre Wedel", Tage der offenen Türen in fast allen Wedeler Schulen, ein „Tag der Marine und Segler" (20. September), Konzerte, Ausstellungen und täglich weitere Sportveranstaltungen.

Im Vorfeld der Festsitzung im Fährhaus war es allerdings zu einem Eklat gekommen. Anfang August hatte die SPD deutlich gemacht, dass ihre Vertreter nicht an dieser Sitzung teilnehmen könnten, wenn die Stadt darauf bestehe, jene Kommunalpolitiker einzuladen, die in der NS-Zeit in Wedel aktiv waren. Sie seien nicht frei gewählt worden und hätten mit ihrer Tätigkeit das Regime gestützt, lautete die Begründung. Eine Einladung bedeute eine unverdiente Ehrung. Ein Antrag, auf die Einladung dieser ehemaligen Stadtvertreter zu verzichten, wurde im Rat jedoch abgelehnt. Daraufhin erklärte die SPD ihren Verzicht auf die Teilnahme. Einige Tage später erfuhr ein SPD-Vertreter, dass fünf der sechs Eingeladenen ihre Teilnahme ohnehin abgesagt hätten, und vom sechsten liege noch keine Antwort vor - das konnte die Meinung der SPD aber nicht mehr ändern.

Ein gutes Beispiel dafür, dass in den 70er Jahren auch Stimmen und Stimmungen - in Einzelfällen auch erfolgreich - ihren Ausdruck fanden, die etablierte Ansichten und gängige Praxis in Frage stellten, ist zweifelsohne die Reettung des Reepschlägerhauses. Sechs Jahre brauchte eine kleine engagierte Gruppe, um den Erhalt und

Wiederaufbau des fast zur Ruine verkommenen Hauses zu sichern. Wer heute wie selbstverständlich das Haus besucht, weiß womöglich gar nicht, wie schwer es erkämpft wurde.

Das Haus, 1758 von Hinrich Christoffer Kellermann errichtet, wie dem Türbalken zu entnehmen ist, diente 200 Jahre lang als Wohn- und Arbeitshaus von Seil- und Reepschlägern, die zumeist die Schifffahrt mit ihren Tampen belieferte. Nach dem Tod des letzten Reeoschlägers Louis Warncke 1964 verfiel das Haus, und was der Zahn der Zeit oder die Mäuse nicht schafften, kam auf illegalem Weg abhanden: Ein bleigefasstes Blickfenster und der aus dem Jahr 1777 stammende Beilegeofen („Bilegger") aus der Vorderstube wurden von unbekannten Dieben entwendet.

Reepschlägerhaus wird saniert

Unter jenen Wedelern, die den Verfall des Hauses mit Sorge beobachteten, waren Ingeborg Hansen und Irmgard Zweigert. Den beiden schloss sich der Architekt Herbert Hampke an, der Erfahrung mit der Restaurierung alter Häuser hatte. Die drei versicherten sich der Hilfe des Landeskonservators Dr. Hartwig Beseler, aber es gelang ihnen zunächst nicht, Widerstand und Skepsis in Verwaltung und Politik zu überwinden. Um sich nicht mit einer womöglich kostspieligen Sanierung beschäftigen zu müssen, wollte die Stadt das Haus Anfang der 70er Jahre lieber verkaufen.

Von vornherein stand für den kleinen Förderkreis fest, dass das restaurierte Haus zu einem kulturellen Treffpunkt ausgebaut werden sollte. Ein Gutachter schätzte die Summe, die in das Haus gesteckt werden müsste, auf 120 000 Mark. Das Bauamt der

171 Zu Beginn der 1970er Jahre bot das lange vernachlässigte Reepschlägerhaus, zu diesem Zeitpunkt schon im Besitz der Stadt, einen traurigen Anblick.

Stadt hielt 200 000 Mark für realistischer. Im Winter 1972/73 passierte gar nichts. Nach einer Besichtigung erklärte CDU-Ratsherr Johannes Hagstörm vielmehr, das Haus sei nicht zu retten. Seine Partei plädierte inzwischen nicht mehr für Verkauf, sondern für Abriss und originalgetreuen Wiederaufbau. Eindeutig für den Erhalt sprach sich nur die FDP aus.

Ungezählte Diskussionen folgten. Erst im Frühjahr 1974 wendete sich das Blatt. Beseler kündigte an, es könne „Ärger mit der Stadt Wedel geben" - denn diese selbst hatte das Haus 1964 unter Denkmalschutz stellen lassen. Im Laufe des Jahres verhärteten sich die Fronten: Die CDU beharrte auf Abriss, die SPD wollte den Bau wiedererrichten. Überraschend wurde zwischendurch auch erwogen, das Haus dem Land zu übertragen. Doch auch dazu kam es nicht.

Als Ministerpräsident Gerhard Stoltenberg (CDU) aus Anlass der 100-Jahre-Stadtrechte-Feier nach Wedel kam, brachte er ein „Geschenk" mit. Vorsichtig formulierte er, gerade einzelne Baudenkmäler sollten unbedingt erhalten werden. Seine Regierung fasste es schärfer: In einem Erlass wurde Wedel aufgefordert, das Haus zu restaurieren. Fördermittel aus dem Konjunkturprogramm wurden in begrenzter Menge in Aussicht gestellt.

Schweren Herzens gingen die Politiker die Sache an. Im Frühjahr 1976 begannen die Vorarbeiten für die Restaurierung unter der Leitung des Hamburger Architekten

172 Die Sanierung machte aus dem Handwerkerhaus an der Schauenburgerstraße eine gemütliche Teestube. Wechselnde Kunstausstellungen und Konzerte laden ein zu häufigem Besuch.

Joachim Breyer. Die Umbaupläne sahen vor, dass das Erdgeschoss nahezu unverändert bleibt; im Obergeschoss sollte eine Einliegerwohnung eingerichtet werden. Und noch einen Erfolg konnte der Förderkreis verzeichnen: Im Sommer des Jahres wurden ihm das Haus und sein künftiger Betrieb anvertraut.

Damit waren die Diskussionen aber nicht beendet. Die Politiker erwarteten, dass sich der Förderkreis an den Umbaukosten für das Haus beteiligt. Doch am 10. Juni 1977 war es soweit: Um 18 Uhr wurde das Haus wiedereröffnet. Von der ersten Stunde an als Teestubenwirt dabei: der gelernte Bildhauer Werner Wietek.

Die folgenden Jahre zeigten, dass der Erhalt alter Häuser eine Sache der privaten Initiative bleiben sollte. Weit reichende Lehren wurden aus dem Beispiel Reepschlägerhaus nicht gezogen. Dass der Zeitgeist sich wandelte, war indessen unübersehbar: Die Zahl der Bürger, die sich in Entscheidungsprozesse einmischten, nahm zu. Dennoch wurde in den 60er und 70er, teilweise auch noch in den 80er Jahren viel historische Bausubstanz in Wedel abgerissen. Der unbedingte Glaube daran, dass das Neue immer das Bessere ist, hatte daran ebensoviel Anteil wie städtebauliche oder wirtschaftliche Erwägungen. Erinnert sei an die um 1800 entstandenen Kleinbürgerhäuser an der Hinterstraße (heute Reepschlägerstraße) oder die Krohnsche Reihe von 1802 an der Schulstraße. In den 70er Jahren mehrten sich auch in Wedel die Stimmen, die ein stärkeres öffentliches Engagement bei der Erhaltung historischer Bauten fordern. Sie trugen dazu bei, dass sich auch Verwaltung und Politik grundsätzliche Gedanken zum Thema machen. Diese mündeten in eines der ehrgeizigsten Wedeler Projekte: den städtebaulichen Rahmenplan für die Altstadt.

Drei Architektenbüros hatten unabhängig voneinander in den Jahren 1978/79 Gestaltungsgutachten für den Marktplatz am Roland ausgearbeitet. Sie stellen die Keimzelle für den Rahmenplan dar. Die Stadt entschied sich für den Vorschlag der Gestaltungsgruppe Holstein Mitte um den Architekten Reinhold Wuttke. Ausgehend von der Auffassung, dass der Ortsbildcharakter einer bäuerlichen Siedlung an einem Landstraßenkreuz noch relativ deutlich zu erkennen sei, erarbeitete die Planungsgruppe ein Konzept mit verbindlichem Charakter für die weitere Stadtplanung. Ausdrücklich vorgegeben war darin auch die Neutrassierung der Bundesstraße B 431 in Form der Südumgehung.

Was soll man erhalten?

Vorschläge zu weiträumigen Umstrukturierungen sollte der Plan nicht liefern; statt dessen wurde die Realisierung einer Reihe von Einzelmaßnahmen angestrebt, die die gewachsenen Strukturen stützen sollten: den Erhalt alter Häuser und die Stützung dieser Substanz durch maßstabgerechte Neubauten. Im einzelnen sah der Plan in der Fassung vom 25. November 1982 unter anderem die Reduzierung des Verkehrs auf dem Altstadt-Markt, die Versetzung des Rolands und die Wiederherstellung des Turmhelms der Altstadt-Kirche vor.

Unabhängig von diesen Plänen wurden auch nach dem geglückten Erhalt des Reepschlägerhauses 1977 weiterhin historische Häuser ins Visier genommen oder abgerissen. Heinrich Röpke, Chef der Bürgervereinigung, nannte das alte Brauhaus von 1731 an der Mühlenstraße Anfang April 1980 einen „Schandfleck" für die Stadt. Wenige Tage später raste ein Auto in die Südost-Ecke des Hauses und machte die

173 Nach dem Unfall vom April 1980 musste die Südostecke des Brauhauses an der Mühlenstraße abgestützt werden. Das zuvor von Politikern schon als „Schandfleck" bezeichnete historische Haus wurde in den folgenden Wochen abgerissen.

weitere Diskussion überflüssig: Das Haus wurde abgerissen und im Laufe der nächsten Monate durch einen die alte Bauform kopierenden Neubau ersetzt. Vom Abriss bedroht waren Ende der 70er Jahre darüber hinaus in Schulau die Häuser Hafenstraße 10 und Spitzerdorfstraße 6 („Hirtenhaus"); in beiden Fällen gelang die Rettung. Abgerissen wurden im Laufe der 80er Jahre noch ein Haus in der Riststraße und das Haus Mühlenstraße 18 sowie die Häuser Elbstraße 10 und Goethestraße 1. Das Haus Elbstraße 10 („Lüchausche Villa") ging im Frühjahr 1981 noch in die Wedeler Geschichte ein als das erste - und einzige - Haus in Wedel, das eine Hausbesetzung erlebte. Die Stadt engagierte sich im Falle der Häuser Gärtnerstraße 4 und Mühlenstraße 1 (Geburtshaus von Ernst Barlach).

Kaum, dass das Hallenbad an der Rudolf-Breitscheid-Straße 1969 eröffnet war, machten sich die Politiker schon Gedanken um ein neues Badevergnügen: Weil auf Dauer nicht mehr in der Elbe gebadet werden kann, wollten sie ein weiteres ehrgeiziges Projekt verwirklichen und ein Freibad bauen. Dass 14 Jahre bis zu seiner Eröffnung vergehen würden, hätten sie wohl kaum gedacht. Anlässlich der Eröffnung am 28. Mai 1983 brachte Bürgervorsteher Bernhard Rawald (CDU) es auf eine knappe Formel: „Wenn das Sprichwort 'Was lange währt, wird endlich gut' stimmt, muss dieses Bad sehr, sehr, sehr gut sein." Nicht ohne Koketterie ergänzte er: „Als wir es planten, war ich noch ein Jüngling mit lockigem Haar." Um nach einer Rekapitulation der Baugeschichte wie folgt fortzufahren: „Wedels

Freizeitbad

174 Planung und Bau des Freizeitbades an der Schulauer Straße zogen sich hin von 1977 bis 1983. Die Aufnahme stammt aus dem Frühjahr 1982.

175 Der Rathaus-Neubau (links), der sich unmittelbar an das Verwaltungsgebäude von 1937 anschließt, wurde 1980 eingeweiht.

Ratsherren hatten in der Zwischenzeit graue Haare bekommen, häufig rauften wir uns die Haare, und zum Schluss gingen sie dann aus."
Grund für diesen sichtbaren Alterungsprozess der Politiker waren eine Baugeschichte voller Rückschläge und die ständigen Kostensteigerungen: Von angesetzten 6,5 Millionen Mark (1977) landete Wedel schließlich bei einer Gesamtsumme von 22,5 Millionen (1983). Im Januar 1977 wurde der Auftrag an die Architekten Geller und Müller vergeben. Bis zum Baubeginn am 2. April 1980 vergingen 40 Monate. Am 9. Oktober 1980 wurde der Grundstein gelegt, am 13. November 1981 wehte der Richtkranz über dem Bau.³

In ihren Rathäusern hatten die Verwaltungsmitarbeiter wie schon erwähnt ständig gegen die Raumnot zu kämpfen. 1974 war es wieder einmal so weit: Die Verwaltung musste auf mehrere Standorte in der Stadt verteilt werden. Die Stadt musste sich daher zu einem Neubau entschließen. Acht Architektengruppen wurden in den engeren Bauwettbewerb einbezogen. Im September 1975 vergab das Preisgericht den ersten Preis an den Entwurf von Dieter Patschan, Asmus Werner und Bernhard Winking aus Hamburg.

Neues Rathaus

Am 8. Mai 1978 legte Bürgermeister Fritz Hörnig den Grundstein für den östlich und südlich des Altbaus gelegenen Neubau. Zu der Zeremonie reiste eigens der schleswig-holsteinische Innenminister Rudolf Titzck aus Kiel an. Am 25. Oktober 1980 wurde der Bau mit einem Tag der offenen Tür seiner Bestimmung übergeben. Die Baukosten hatten die 16-Millionen-Mark-Grenze überschritten.⁴

„Jörg Bürgermeister"

Wann immer sich die SPD in den 70er Jahren zu Wort meldete, fiel auch der Name ihres Fraktionssprechers: Jörg Balack. Zielstrebig mischte sich der Jurist in die politischen Prozesse ein, und ebenso zielstrebig suchte er immer wieder den Kontakt mit den Bürgern. Er ließ nie einen Zweifel daran, dass er, der verschiedene Funktionen in der Hamburger Verwaltung bekleidet hatte, gern hauptberuflich für Wedel tätig wäre. Er war ohne Frage ehrgeizig. Aber er brachte für ein Amt in der Stadt auch solides Vorwissen mit: Er kannte die Probleme der Stadt, er kannte ihre Bürger, und schließlich verfügte er über die Fähigkeiten eines Moderators.

Jörg Balack, 1941 in Berlin geboren, kam im Januar 1949 mit seinen Eltern und seinem Bruder Frank nach Wedel. Ab 1952 besuchte er das Gymnasium in Uetersen, 1962 nahm er in Hamburg ein Studium der Rechtswissenschaft und der Volkswirtschaft auf. In dieser Zeit begann er auch mit dem kommunalpolitischen Engagement bei den Jungsozialisten. 1969 wurde er für seine Partei in den Ausschuss für Wirtschaft und Verkehr berufen. Seine Referendarzeit leistete er unter anderem im Bezirksamt Altona ab.

Notizen zur Biographie

Auf die Große juristische Staatsprüfung im August 1971 folgte die Ernennung zum Regierungsrat zur Anstellung im Oktober. In den kommenden Jahren durchlief er viele größere Ämter, unter anderem die Innen- und die Kulturbehörde, wurde betraut auch mit Angelegenheiten des Statistischen Landesamtes, betreute als Referent schließlich das Sozial- und das Bauamt in Altona. Parallel dazu war er ab 1970 als Ratsherr in Wedel tätig. 1971 wurde er erstmals einer größeren Öffentlichkeit bekannt, als er, mittlerweile Fraktionsvorsitzender, sich um den Posten des Ersten Stadtrats bemühte. Ein anderer Jurist, Klaus Neumann-Silkow, wurde ihm vorgezogen. Anlässlich seiner Kandidatur hatte sich Balack aus der Ratsversammlung zurückgezogen; 1974 kehrte er in das Gremium zurück, dem er bis zum Frühjahr 1983 angehörte. Daneben war er auch im Magistrat tätig. Ab 1978 war er auch Zweiter Stellvertretender Bürgermeister.

Im Herbst 1982 trat er zum zweiten Mal an, ein wichtiges Amt in Wedel zu erringen. Diesmal waren die Voraussetzungen besser: Fritz Hörnig, parteilos bei seinem Amtsantritt 1971, hatte sich inzwischen der CDU angeschlossen. Die verfügte nach der Kommunalwahl von 1982

176 Der gebürtige Berliner Jörg Balack (1941-1992), von den Wedelern liebevoll „Jörg Bürgermeister" genannt, leitete die Verwaltung von 1983 bis 1992.

zwar über die meisten Sitze im Rat (14), die SPD kam jedoch zusammen mit der FDP und den Grünen auf 17 Stimmen - eine mehr als die absolute Mehrheit. Am 10. Februar 1983 trat die Ratsversammlung zur Wahl des neuen Verwaltungsleiters zusammen. Drei Wahlgänge wurden notwendig, bevor Balack als neuer Verwaltungschef feststand. Am 1. Juli nahm er seinen Dienst auf.

Sein besonderes Augenmerk legte Balack auf die Entwicklung lokaler Initiativen zur Verbesserung der Arbeitsmarktlage, die Stabilisierung der Wirtschaftssituation der Stadt und den Bau von familiengerechten Wohnungen. Weitere Ziele waren die Intensivierung der Beziehungen zwischen Verwaltung und Politik und - kaum erstaunlich - die Verbesserung des Verhältnisses zwischen der Stadt und ihren Bürgern durch frühzeitige und gezielte Information sowie durch die Einladung zur Mitwirkung an Entscheidungsprozessen. Nicht zufällig findet sich in seinen Grundsatzüberlegungen auch der Gedanke, als Bürgermeister eine „Dolmetscherrolle" zwischen Verwaltung, Gremien und Bürgern wahrzunehmen. Wie ernst es ihm war mit der Einbeziehung der Bürger, zeigte eine symbolische Geste: Wann immer es ging, stand die Tür zu seinem Amtszimmer offen. Er ließ keinen Zweifel daran, dass er seine neue Arbeit als „Traumjob" (Balack) verstand. Wie sehr er darin aufging, zeigte die bald kursierende Bezeichnung „Jörg Bürgermeister".

Bei einer Arbeitslosenquote von um die neun Prozent konnte Wedel in den frühen 80er Jahren seine wirtschaftliche Stabilität noch einigermaßen halten. Zeitweilig kamen sogar mehr Gewerbesteuern herein als vorher angenommen. Eine Welle der Bautätigkeit ging über Wedel hinweg - nicht immer nur zu Ungunsten von historischen Häusern. Die Stadt konnte sich auch eine großzügige Förderung von Sport und Kultur sowie den Kauf und die Sanierung alter Häuser erlauben.

Der alte Bahnhof war eines der Objekte, auf das die Politiker schon lange ein Auge geworfen hatten. Ein kleiner Vorplatz mit zwei schräg hintereinander versetzten Kiosken führte zum Eingang des Bahnsteigbereiches. Zur Linken hatte der Bahnnutzer das im Kern ziemlich genau 100 alte Bahnhofsgebäude, in dem vor der Aufstellung der Automaten noch die kleinen gelben Papp-Fahrkarten verkauft worden waren, zur Rechten eine kleine Freifläche mit einer Litfaßsäule, um die herum regellos Dutzende von Fahrrädern abgestellt wurden. Der Boden war uneben und wies bei Regen zahllose Pfützen auf - eben eine richtig kleinstädtische Angelegenheit. Seit den späten 60ern wurde in Wedel daher über Ersatz gesprochen. Auch ein sich wie das Ehrenmal von Laboe nach oben hin verjüngendes Hochhaus war zeitweilig im Gespräch.

Neuer Bahnhof

Erst Anfang der 80er Jahre fand sich mit Roland Ernst ein Investor, der bereit war, einen großen Neubau mit Läden und Wohnungen zu finanzieren. 1982 lag ein Entwurf vor, der bei Bürgern und Parteien auf ein geteiltes Echo stieß. Architekt Mari-

177 Der alte Wedeler Bahnhof, der in seinen Grundbestandteilen auf den Bau von 1883 zurückging, wurde 1984 abgerissen. Die Aufnahme entstand 1983.

178 Noch vor dem neuen Bahnhof bekam Wedel ein modernes Stellwerk. Im Sommer 1983 standen das alte und das neue Dienstgebäude der Bahn einige Monate lang einträchtig nebeneinander.

us Hamburg musste mehrmals „nachbessern", bevor der Abriss des alten Bahnhofs Anfang Februar 1984 und der Baubeginn genehmigt wurden. Schon zu dieser Zeit herrschte Einigkeit darüber, dass die neue S-Bahn-Endstation nicht gerade eine Visitenkarte sein wird. Beim Richtfest am 10. September 1984 wurde die Abneigung gegen den Neubau deutlich spürbar.
In den folgenden Wochen verschärfte sich der Streit, und ein Schuldiger wurde gesucht. Parteien und Verwaltung schoben sich gegenseitig die Schuld an fehlender Information zu. Zu machen war jetzt aber kaum noch etwas. Am 11. Mai 1985 wurde der neue Bahnhof - obwohl noch nicht fertig gestellt - offiziell eingeweiht. Die Kosten für das Objekt, von den Wedelern schnell „Klein-Altona" genannt, beliefen sich auf 15 Millionen Mark. Zur Eröffnung wurden symbolträchtig 600 Liter Freibier abgegeben - weil Wedeler Bier im 18. Jahrhundert ein „Exportschlager" war. Bürgermeister Balack nutzte die Chance, sich vorsichtig von dem Bau zu distanzieren: „Wir haben keinen Bahnhof, sondern eine Bahnhofsrandbebauung bekommen. Das, was geworden ist, wuchs aus wirtschaftlichen Zwängen heraus. Ich will keinem vorschreiben, wie er das Werk beurteilen soll." Dennoch wollten sich etwa 1000 Wedeler den historischen Augenblick - und das Freibier - nicht entgehen lassen.
Am gleichen Wochenende wurde kaum 200 Meter vom Bahnhof entfernt der Grundstein für die Gruppenpraxis am Rosengarten gelegt, die bundesweit als innovatives

Projekt galt. Hauptgast der Zeremonie war Dr. Helmut Hummel, der ehemalige Chefarzt des Wedeler Krankenhauses.

Ehrenbürgerwürde für Hanna Lucas

Sie ist aus Wedel nicht wegzudenken, egal, ob es um das soziale Leben oder die Politik geht. Ihr Wahlspruch lautet „Durch Kleinarbeit überzeugen". Getreu diesem Motto engagierte sie sich 45 Jahre lang an herausgehobenen Positionen: als SPD-Ratsfrau und als langjährige Vorsitzende des Wedeler Ortsvereins der Arbeiterwohlfahrt (AWO). In seltener Einmütigkeit beschlossen daher die Ratsfraktionen von SPD, FDP und CDU im Herbst 1984, Johanna „Hanna" Lucas zur Ehrenbürgerin zu ernennen.
Geboren am 8. Dezember 1910 im schlesischen Hansdorf, begann Hanna Lucas eine Lehrerinnenausbildung in Cottbus. Bei dieser Gelegenheit lernte sie ihren späteren Mann Wilhelm Lucas kennen, der in den 50er Jahren als Rektor der Theodor-Storm-Schule amtierte. Von Seeth-Ekholt, wo das durch den Krieg getrennte Paar wieder zusammenfand, kam sie 1950, inzwischen vier Jahre lang Mitglied in SPD und AWO und in letzterer Organisation schon als Kreisvorsitzende tätig, nach Wedel. Sie nahm

179 Hanna Lucas, geboren 1910, hier als Dritte von links in der ersten Reihe der Stadtvertreter von 1958, wurde 1984 mit der vierten Ehrenbürgerwürde der Stadt ausgezeichnet.

sofort die Arbeit für die Wedeler AWO auf und engagierte sich auch als Mitglied der Stadtvertretung, als Stadträtin im Magistrat und als Kreistagsabgeordnete. Von der politischen Bühne verabschiedete sie sich als 67jährige. Vorsitzende der AWO blieb sie bis in die 80er Jahre. Im Lauf der Jahrzehnte ist sie unter anderem mit der Freiherr-vom-Stein-Medaille und dem Bundesverdienstkreuz ausgezeichnet worden. Am 29. November 1984 kam mit der Ehrenbürgerwürde die höchste Auszeichnung hinzu, die eine Stadt vergeben kann.

775 Jahre Wedel - keine Besinnung auf die Geschichte

Wie schon 1962 nutzte die Stadt auch 1987 die Möglichkeit, ein historisches Datum zum Anlass einer groß angelegten Feier zu machen. Mit der Feier zu ihrem 775jährigen Bestehen bezog sich die Stadt auf die Urkunde von 1212, in der die drei Ritter „de Wedele" erwähnt werden. Schon im Herbst 1986 begannen in der Verwaltung die Vorbereitungen. Heraus kam ein dreitägiges Programm, an dessen Anfang am Freitag, dem 21. August, ein Show-Abend auf dem Wedeler Marktplatz stand, organisiert von den Innenstadt-Kaufleuten. Am Sonnabend konzentrierte sich das Interesse der Wedeler und ihrer Gäste auf den Altstadt-Bereich. Zu den Höhepunkten des Tages gehörten der Flug von „Klettermaxe" Arnim Dahl, der, auf einem Fahrrad sitzend und unter einem Hubschrauber hängend, über den Marktplatz flog, der Aufstieg von 775 Tauben, eine Show-Einlage mit Balack und Neumann-Silkow, die zusammen mit Susanne Folkerts die Ballade von Mackie Messer sangen, sowie das abendliche Feuerwerk über dem Mühlenteich. Wer sich allerdings mit der Wedeler Geschichte beschäftigen wollte, musste ein bisschen suchen: Ausgerechnet der Anlass geriet in den Hintergrund; Hansjörg Martin, Autor eines unterhaltsamen Buches über Johann Rist, signierte seine Werke beim Johann-Rist-Gymnasium, in der Kirche gab es eine Ausstellung über Rist und die Geschichte der Wedeler Kirche, das Heimatmuseum zeigte Impressionen vom historischen Handwerk. Der Sonntag stand ganz im Zeichen des großen Umzugs, der sich an der Schulauer Straße formierte und in weitem Bogen durch Schulau zog, um dann die Mühlenstraße hinauf und vor den Roland zu kommen, wo er endete. Dutzende Vereine, Verbände und Institutionen sowie die Parteien waren vertreten. Bis auf einen Unfall im Verlauf des Umzugs hat es keine Zwischenfälle gegeben.
Einige Wochen später kam dann doch noch die Geschichte zu ihrem Recht: In der Marsch begann das Landesamt für Vor- und Frühgeschichte mit der Ausgrabung der Hatzburg. Das Projekt war auf zwei Jahre angelegt. Neben vielen Einzelfundstücken, die zur Ausstattung des Haushaltes gehörten, förderte die Grabung auch viele Kenntnisse über die Burg als solche zutage. Die freigelegten Reste wurden 1989 zwecks Konservierung des Holzes wieder mit Marschboden bedeckt.
Und noch einmal spielte die Geschichte eine Rolle: Schon im Frühjahr 1982 hatte die Stadt das Geburtshaus des Bildhauers und Dramatikers Ernst Barlach an der Mühlenstraße gekauft. Doch vorerst stand sie vor einem Berg von Problemen. Denn

180 Stuntman Arnim Dahl, gern gesehener Gast bei öffentlichen Anlässen, entfaltete bei der 775-Jahr-Feier 1987 unter einem Hubschrauber „hängend" eine Wedel-Fahne.

181 Auch der Spitzerdorf-Schulauer Männergesangverein beteiligte sich 1987 am großen Umzug durch Wedel.

182 Die Wedeler Feuerwehr beteiligte sich mit ihrem ältesten und ihrem modernsten Fahrzeug am Umzug. Der Blick geht vom Balkon des Ernst-Barlach-Hauses auf den prall gefüllten Marktplatz.

183 Mit großem Aufwand wurde 1986 das Geburtshaus von Ernst Barlach in ein Museum umgewandelt. Das Bild zeigt das spätere Treppenhaus.

entsprechend des Altstadt-Rahmenplans sollte das Haus von seinen stilwidrigen Erweiterungsbauten befreit werden. Lange wurde über die Kosten diskutiert. Im Herbst 1984 lief eine Spendenaktion an, im Sommer des folgenden Jahres begannen die Restaurierungsarbeiten. Im Mai 1987 übergab Architekt Stephan Hupertz das umgebaute Haus an die Stadt. Die Kunsthistorikerin Dr. Vita von Wedel wurde seine erste Leiterin. Anfang August wurde das Museum der Öffentlichkeit übergeben. 1988 übernahm der Literaturwissenschaftler Jürgen Doppelstein die Leitung des Hauses. In den etwas mehr als zehn Jahren seither hat es sich zu einer international renommierten Adresse für Ausstellungen von Kunst der Moderne entwickelt.

Das Jahr 2000 fest im Blick

Nach monatelangem Hickhack einigten sich SPD und CDU Ende 1989 auf Dr. Bernd Wolf-Haynholtz als Nachfolger von Klaus Neumann-Silkow auf dem Posten des Ersten Stadtrats. SPD, FDP und Grüne hatten sich gegen Bauamtschef Diethart Kahlert ausgesprochen, weil die Dezernate neu hätten verteilt werden müssen: Bürgermeister Jörg Balack war als Dezernent zuständig für Bauwesen, Umwelt und Stadtwerke, zu Neumann-Silkows Dezernat gehörten Kultur, Soziales und Sport.
Am 1. Februar 1990 wurde Wolf-Haynholtz gewählt. Aber die Stadt hatte keine glückliche Hand mit ihm. Bald geriet der bei Amtsantritt 45jährige Jurist in die

184 Wo Geschichte greifbar wird: Im März 1992 wurde das Heimatmuseum im ehemaligen Schulhaus Küsterstraße 5 eingeweiht.

185 1988 wurde der mittlere Abschnitt der Bahnhofstraße umgebaut und - im Rahmen eines City-Festes - von Bürgervorsteher Joachim Reinke (links) und Bürgermeister Jörg Balack zur Nutzung freigegeben.

Schusslinie. Nach etwas mehr als zwei Jahren wurde er aus dem Dienst der Stadt entlassen. „Amtsführung und Tätigkeit des Ersten Stadtrats entsprechen nicht den Erwartungen der politischen Gremien", sagte die SPD zur Begründung in der Ratsversammlung vom 30. November 1992, die über die Abberufung entschied.
Wie schwerwiegend die Meinungsverschiedenheiten zwischen den Gremien und Teilen der Verwaltung auf der einen und dem Ersten Stadtrat auf der anderen Seite waren, zeigt sich an der Tatsache, dass die Abberufung sehenden Auges in einem außerordentlich problematischen Moment erfolgte. Keine zwei Monate zuvor hatte die Stadt ihren Bürgermeister verloren: Jörg Balack erlag am 8. Oktober 1992 den Folgen einer verschleppten Lungen- und Rippenfellentzündung. Am 7. Mai hatte er erstmals in der Ratsversammlung gefehlt. Im Juni war Balack nach einem mehrwöchigen Klinik-Aufenthalt nach Hause entlassen worden, im August erlaubten die Ärzte ihm, je nach eigener Einschätzung der Kräfte wieder im Rathaus Dienst zu tun. Doch Anfang Oktober kam es wieder zu einer Verschlechterung des Gesundheitszustandes. Am Nachmittag des 8. Oktober wurde er mit dem Rettungswagen in die Uni-Klinik Eppendorf gebracht, aber die Mediziner konnten nichts mehr für ihn tun. Im Frühjahr 1996 wurde dem beliebten Verwaltungschef posthum eine besondere Ehrung zuteil: Der Wanderpfad entlang des Mühlenteichs wurde nach ihm benannt. Die Wahl war keine willkürliche Entscheidung, wie Bürgervorsteher Joachim Reinke betonte: „Dass im Herzen der Stadt ein Kleinod wie der Wanderweg entstanden ist, ist vor allem sein Verdienst."
Seit Balacks Erkrankung nahm der stellvertretende Bürgermeister Siegfried Sänger (SPD) die Amtsgeschäfte im Rathaus wahr. Im Herbst 1992 schien ein Fluch auf dem Rathaus zu liegen: Wolf-Haynholtz war seit November nicht mehr im Amt, und Sänger musste sich kurzfristig ins Krankenhaus begeben. Der Posten des Ersten Stadtrats blieb indessen nicht lange verwaist: Im zweiten Anlauf einigten sich die Parteien auf den parteilosen Bauamtsleiter Diethart Kahlert. Ein neuer Bürgermeister wurde im Frühjahr 1993 gefunden: Dr. Gerd Brockmann aus St. Augustin im Kölner Raum übernahm das Amt am 1. Juni des Jahres. Doch auch er geriet wegen seiner Amtsführung und aus anderen Gründen bald in die Kritik. Als die Wedeler am 14. Februar 1999 erstmals anstelle der Ratsmitglieder selbst ihren Bürgermeister wählten, endete Brockmanns Amtszeit abrupt und mit einem überaus deutlichen Votum für seinen Herausforderer Diethart Kahlert.

Wedeler wählen erstmals selbst ihren Bürgermeister

Die Hochstimmung, die die Stadt beim Amtsantritt von Jörg Balack 1983 ergriffen hatte, setzte sich noch bis Anfang der 90er Jahre fort. Trotz steigender Arbeitslosenzahlen blieb die Konjunktur günstig. Privatleute investierten ebenso wie die Stadt in den Aus- und Umbau von Stadtbild und Infrastruktur. In drei Bauabschnitten wurden zwischen 1986 und 1990 der Bahnhofsvorplatz und die Bahnhofstraße umgebaut. 1988 begannen die Arbeiten zur Renaturierung der Wedeler Au. 1990 wurde die Windenergieanlage am Hamburger Yachthafen errichtet. 1991 wurde das Stadtteilzentrum „mittendrin" am Elbhochufer eingerichtet. Der Wedeler Turn- und Sportverein (TSV) baute im gleichen Jahr sein Vereinszentrum an der Bekstraße. Aber mit dem Ende des kurzfristigen Konjunkturbooms, der sich aus der Vereinigung der beiden deutschen Staaten 1990 ergeben hatte, wurde auch in Wedel der Aufwärtstrend gebrochen: Ab 1993 stiegen die Arbeitslosenzahlen, die Gewerbesteuereinnahmen sanken, Unternehmen verließen die Stadt oder gingen in neue Hände über. Für die Stadt begann eine wirtschaftliche Talfahrt, die erst am Ende des Jahrzehnts abgebremst werden konnte.

Wedel im Schnelldurchgang

1111	Graf Adolf I. von Schauenburg wird mit den Grafschaften Holstein und Stormarn belehnt. Damit beginnt die Herrschaft der Schauenburger in der Region.
1212	Ritter Reiner von Pinov stiftet zu Hamburg eine Messe und lässt sich als Laienbruder aufnehmen. Heinrich, Hasso und Reimbern „de Wedele" unterzeichnen neben anderen als Zeugen als diesen Vertrag. Diese Urkunde gilt als erster Nachweis über die Existenz von Wedel.
1255	Erste urkundliche Erwähnung von Spitzerdorf als „Spetzierdorpe".
Um 1300	Die Hatzburg geht in den Besitz der Landesherren, der Grafen von Schauenburg, über. 1311 lassen sie sie befestigen. In den folgenden Jahrzehnten dient ihnen die Burg als Residenz.
1302	Das Dorf Lieth geht in den Besitz des Hamburger Domkapitels über.
1314	In einer Hamburger Urkunde wird Alardus de Scilsten als Pastor von Wedel erwähnt. Erste Erwähnung einer Wassermühle und des Hoophofes in einer Urkunde.
1419	Erste urkundliche Erwähnung von Schulau.
Um 1450	Vermutlich erste Errichtung einer Rolandstatue durch die Schauenburgischen Grafen nach der Verlegung der Fährstelle von Lichte bei Haseldorf nach Wedel.
1558	Errichtung der jetzigen Rolandstatue.
1568	Auf der Elbkarte von Melchior Lorichs ist die Hatzburg zu erkennen. Sie weist einen runden Turm mit Kegeldach sowie davor einen rechtwinkligen umbauten Hof auf.
1601	Graf Ernst von Schauenburg wird Herrscher der Grafschaft Holstein-Pinneberg. Im folgenden Jahr erwähnt er in einer Urkunde die Möglichkeit, wieder „Haußhaltungk zur Hatzburgk" zu nehmen.
1604	Graf Ernst erlässt eine umfassende „Marcktordnung" für die Abwicklung des Ochsenmarktes.
1635	Der 28jährige Johann Rist kommt als Pastor nach Wedel.
1640	Nach dem Aussterben der Schauenburger geht die Herrschaft Pinneberg an das Haus Holstein und damit an den dänischen König über. Wedel wird dänisch.
1643/44	Brandschatzung im Verlauf des Dreißigjährigen Krieges.
1648	Einsturz des Kirchturms im Verlauf eines Unwetters.
1652	Neuerrichtung des Rolands.
1667	31. August: Tod von Johann Rist.
1712	Pest in Wedel (Notiz von Johann Gottfried Rist im Kirchenbuch).
Um 1720	Nach dem Niedergang des Ochsenmarktes wird das Braugewerbe zu einem wichtigen Erwerbszweig.

1731	16. Mai: Großer Brand, dem 167 Wohnhäuser zum Opfer fallen. Am 30. Juli erteilt der dänische König die Genehmigung für zwei Ochsenmärkte pro Jahr mit der Begründung, der Handel werde sich positiv auf den Wiederaufbau des abgebrannten Ortes auswirken.
1747	Pocken-Epidemie in Wedel.
1757	Zweiter großer Brand: In zwei Stunden werden 52 Häuser vernichtet.
1758	Errichtung des Reepschlägerhauses.
1786	1. Dezember: Verleihung der Fleckensgerechtigkeit. Wedel darf jetzt unter eigenem Stempel Bier und Branntwein exportieren.
1803	Der Reichsdeputationshauptschluss bringt die Säkularisierung allen kirchlichen Besitzes. Spitzerdorf wird Hamburg zugeschlagen.
1805	Spitzerdorf kommt zur Grafschaft Pinneberg.
1808/09	Napoleonische Truppen in Wedel einquartiert.
1829	Errichtung des Hauses Küsterstraße 5 als Schule. Heute Heimatmuseum.
1837	13. September: Ein Brand vernichtet die Kirche und etwa 20 weitere Gebäude. Bis 1839 Neuerrichtung der Kirche.
1848/51	Die Erhebung Schleswig-Holsteins gegen die Ansprüche des dänischen Königshauses schlägt fehl. Auch aus Wedel und Schulau nimmt eine Reihe von Soldaten an den militärischen Auseinandersetzungen teil.
1863/64	Krieg Preußens und Österreichs gegen Dänemark. Dänemark tritt die Herzogtümer Schleswig, Holstein und Lauenburg an Preußen und Österreich ab.
1864	Johann Diedrich Möller, geboren 1844, richtet sich in seinem Elternhaus eine kleine optische Werkstatt ein.
1866	Krieg Preußens gegen Österreich, das Schleswig und Holstein an Preußen abtreten muss. 224 Jahre dänischer Herrschaft sind - auch für Wedel und Schulau - beendet.
1868	Der Landwirt Johann Kleinwort wird zum ersten unbesoldeten Fleckensvertreter von Wedel gewählt.
1870	2. Januar: Geburt des späteren Bildhauers, Grafikers und Dramatikers Ernst Barlach im Haus Mühlenstraße 1. - Johann Kleinwort nimmt im April den Titel Bürgermeister an.
1870/71	Deutsch-französischer Krieg; Wedel beklagt sieben Gefallene.
1875	6. September: Die Fleckensvertretung Wedel beschließt, die Verleihung des Titels „Stadt" zu beantragen. 3. Dezember: Mit der Bekanntmachung im Regierungsamtsblatt beginnt die Geschichte der „Stadt" Wedel. Wedel hat 1669 Einwohner.
1876	Gründung der Spar- und Leihkasse unter Garantie der Stadt.
1877	Ansiedlung der Pulverfabrik.
1878	Johann Diedrich Möller richtet am Rosengarten die Optischen Werke ein. - 6. Mai: Explosion der Pulverfabrik. - 9. September: Gründung der Freiwilligen Feuerwehr in Wedel.
1883	Eisenbahnlinie Blankenese - Wedel nimmt ihren Dienst auf.

1884	Einrichtung einer Ortskrankenkasse.
1887	Johann Hinrich Heinsohn wird ehrenamtlicher Bürgermeister.
1890	Gründung einer Feuerwehr in Schulau.
1892	Zusammenlegung der bislang selbstständigen Ortschaften Schulau und Spitzerdorf. - Errichtung der Zuckerraffinerie in Schulau.
1898	Franz Heinsohn wird ehrenamtlicher Bürgermeister.
Um 1900	Ausbau des Liethgrabens zum Schulauer Hafen.
1901/04	Aufenthalt von Ernst Barlach in seiner Geburtsstadt.
1902	Friedrich Eggers wird erster besoldeter Bürgermeister von Wedel.
1903	Stilllegung der Pulverfabrik. - Erster öffentlicher Fernsprecher für Wedel eingerichtet.
1904	Gründung der Volksbücherei.
1905	2548 Einwohner in Wedel, 2499 in Schulau.
1906	Errichtung der Ölraffinerie (1997 stillgelegt).
1909	Zusammenlegung von Wedel und Schulau nach jahrzehntelangen Verhandlungen. - Erste Ehrenbürgerwürde an Dr. Jürgen Heinrich Boockholtz verliehen.
1918	Gründung der „Lühe-Schulau-Fähre".
1928	Inbetriebnahme des EWU-Kraftwerks an der Elbe.
1930	Inbetriebnahme des Krankenhauses an der Holmer Straße.
1932	Nach 30 Jahren endet die Amtszeit von Friedrich Eggers. Sein Nachfolger wird Dr. Harald Ladwig. - Zuckerfabrik stellt ihren Betrieb ein.
1937	Zweite Ehrenbürgerwürde an Friedrich Eggers aus Anlass von dessen 70. Geburtstag.
1939	Dritte Ehrenbürgerwürde an den Maler Rudolf Höckner.
1943	3./4. März: Massiver Bombenabwurf. 70 Prozent aller Gebäude werden beschädigt. - Im Frühjahr beginnen in der Marsch die Erdarbeiten für den U-Boot-Großbunker unter dem Tarnnamen „Wenzel". In Wedel wird eine Außenstelle des Konzentrationslagers Neuengamme eingerichtet.
1944	Bombardierung der Ölfabrik.
1945	4. Mai: Britische Truppen besetzen Wedel.
1946	April: Neugründung der Parteien in Wedel. - 6. Juni: Heinrich Schacht wird ehrenamtlicher Bürgermeister von Wedel.
1950	Renovierung und Versetzung des Rolands auf seinen heutigen Platz. - Heinrich Gau wird hauptamtlicher Bürgermeister.
1952	Einweihung der Schiffsbegrüßungsanlage „Willkomm Höft".
1954	Elektrifizierung der Bahnstrecke, erste S-Bahn in Wedel.
1954/59	Bau der Elbhochufer-Siedlung.
1959	Inbetriebnahme des neuen HEW-Kraftwerks.
1960/61	Bau des Hamburger Yachthafens.
1962	16./17. Februar: Schwere Sturmflut. - 8./9. September: Die Stadt feiert ihr 750jähriges Bestehen.

1966	Dr. Claus Winkler wird Nachfolger des im Vorjahr verstorbenen Bürgermeisters Heinrich Gau.
1971	Dr. Fritz Hörnig übernimmt den Bürgermeister-Posten.
1976	3. Januar: Schwere Sturmflut.
1983	Jörg Balack wird Bürgermeister.
1984	Vierte Ehrenbürgerwürde an Johanna Lucas.
1987	8. August: Eröffnung des Barlach-Geburtshauses als Museum. - 21. bis 23. August: 775-Jahr-Feier.
1992	Einrichtung des Heimatmuseums an der Küsterstraße.
1993	Dr. Gerd Brockmann wird Bürgermeister.
1999	Diethart Kahlert wird der erste von den Wedelern selbst gewählte Bürgermeister.

Anmerkungen

Zum Kapitel: Eine Region entsteht

[1] Detaillierte Informationen zu Entstehung und Geohistorie des Wedeler Raums bei: Johannes Gertz: Geest, Marsch und Urstromtal. Naturräumliche Gliederungen und geologische Strukturen des Wedeler Raumes. In: Wedeler Tagebuch 1979-1984. Hg. von Günter Steyer. Wedel: Steyer 1985, S. 134-148. Zitiert im folgenden als: Wedeler Tagebuch (1985). Dort auch die These vom Meeresvorstoß.

[2] Vgl. dazu: Hermann Schwabedissen: Hamburg-Rissen, ein wichtiger Fundplatz der frühen Menschheitsgeschichte. In: Hammaburg. Vor- und frühgeschichtliche Forschungen aus dem niederelbischen Raum. (1949), S. 81-90.

[3] Über die hier und im folgenden erwähnten vor- und frühgeschichtlichen Funde unterrichtet: Claus Ahrens: Vorgeschichte des Kreises Pinneberg und der Insel Helgoland. Neumünster: Wachholtz 1966, S. 467-472 (= Die vor- und frühgeschichtlichen Denkmäler und Funde in Schleswig-Holstein, VII). Einzeln erwähnt werden im folgenden die Fundstellen 4 und 10 sowie die Steinkiste 18.

[4] Johann Rist: Die alleredelste Zeit-Verkürtzung Der Ganzten Welt... [1668] In: Ders.: Sämtliche Werke. Hg. von Eberhard Mannack. Bd. 6. Berlin, New York: DeGruyter 1976, S. 241-448, hier S. 293-295.

[5] Vgl. Ahrens (1966). S. 470 (Fundstelle 21) zum Fund von 1964. Zum Fund von 1994: Mdl. Mitteilung von Sabine Weiss, Leiterin des Heimatmuseums.

[6] Vgl. zur Besiedlungsgeschichte der Region während der ersten nachchristlichen Jahrhunderte: Rehder H. Carsten: Das alte Stormerland. Kultur- und Siedlungsgeschichte. Neumünster: Wachholtz 1979, S. 69-79 und 86-91 (= Stormarner Hefte, 6). Zitiert im folgenden als: Carsten (1979).

[7] Vgl. Erich Hoffmann: Schleswig und Holstein zur Zeit des Beginns der christlichen Mission. In: Schleswig-Holsteinische Kirchengeschichte. Bd. 1: Anfänge und Ausbau. Teil I. Hg. vom Verein für Schleswig-Holsteinische Kirchengeschichte. 2., überarb. Aufl. Neumünster: Wachholtz 1986, S. 41-53.

[8] Vgl. Walter Göbell: Die Christianisierung des Nordens und die Geschichte der nordischen Kirchen bis zur Errichtung des Erzbistums Lund. In: Schleswig-Holsteinische Kirchengeschichte. Bd. 1: Anfänge und Ausbau. Teil 1. Hg. vom Verein für Schleswig-Holsteinische Kirchengeschichte. 2., überarb. Aufl. Neumünster: Wachholtz 1986, S. 63-104, hier: S.74.

[9] Vgl. Carsten (1979), S. 102-121.

[10] Vgl. D.[etlef] Detlefsen: Geschichte der holsteinischen Elbmarschen. Bd.1: Von der Entstehung der Marschen bis zu ihrem Übergange an die Könige von Dänemark, 1460. Kiel: Schramm 1976, S. 62-108 (= fotomechan. Nachdruck der Ausgabe Glückstadt 1891). Zitiert im folgenden als: Detlefsen (1891).

Zum Kapitel: Vom hohen Mittelalter zum Dreißigjährigen Krieg

[1] Vgl. Edward Schröder: Frankfurt und Salzwedel. Etwas von deutschen Furtnamen. In: Ders.: Deutsche Namenkunde. Gesammelte Aufsätze zur Kunde deutscher Personen- und Ortsnamen. Göttingen: Vandenhoeck & Ruprecht 1938, S. 252-267, hier: S. 263. Thodes Hinweis auf einen Aufsatz von K. Jansen (vgl. Thode [ca. 1904], S. 4) ist insofern etwas irreführend, als Jansen nur allgemein „vadum" als Furt, watbare Stelle herleitet, dieses jedoch nicht im Zusammenhang mit Wedel. Vgl. K. Jansen: Bemerkungen zum „limes Saxoniae Karls des Großen" von Beyer. In: Zeitschrift für Schleswig-Holstein-Lauenburgische Geschichte 16 (1886), S. 353-372, hier: S. 359f.

[2] Vgl. Hans Rempel: Die Rolandstatuen. Herkunft und geschichtliche Bedeutung. Darmstadt: Wissenschaftliche Buchgesellschaft 1989, S. 100-105.

[3] Vgl. Thode [ca. 1904], S. 3f., Widerlegung: Ebd., 6f. Detlefsen (1891), S. 46f., lokalisiert Welanao bzw. Welna bei Münsterdorf.

[4] Thode [ca. 1904], S. 4.

[5] Familien-Matrikel der Herren und Grafen von Wedel. Generationen 1-28. 5. Aufl., erarb. vom Arbeitskreis Matrikel, hg. vom Archivar des Familienverbandes, Dietrich von Wedel. Freiburg i.Br. 1997. In dem dort vorangestellten Text Heinrich von Wedels über das Wappen der Familie werden die beiden vorerwähnten Urkunden von 1324 und 1374 angeführt.

[6] Dieses Ereignis und weitere familiengeschichtliche Notizen in: Vita von Wedel: Aus der Geschichte der Familie von Wedel. In: Jahrbuch für den Kreis Pinneberg 1988. Pinneberg: Beig 1987, S. 123-126, hier: S. 125.

[7] Gerichtsbarkeit in Sprenge und Todendorf: Vgl. Hamburgische Urkundenbücher Bd. II, 407, S. 304. Die anderen Gerichtsbarkeiten und die Kornrenten erwähnt: Carsten (1979), S.138f.

[8] Die An- und Verkäufe in: Hamburgische Urkundenbücher Bd. II, 31, S. 22; II, 136, S. 90 und II, 151, S. 98.

[9] Thode [ca. 1904], S. 14.

[10] Über die Wedels in Brandenburg und Pommern informiert: Ludolf von Wedel Parlow: Die Wedel in acht Jahrhunderten. Aus der Geschichte eines alten Geschlechtes. Würzburg 1951.

11 Einer seiner Nachfahren hat sich im Herbst 1996 in Wedel niedergelassen.

12 Vgl. Detlefsen (1891), S. 272.

13 Zur Ausgrabung vgl. Helene Neuß-Aniol: Die Hatzburg bei Wedel, Kreis Pinneberg. Archäologische Ausgrabung und historische Quellen. In: Offa 49/50 (1992/93), S. 465-511.

14 Vgl. Thode [ca. 1904], S. 23.

15 Eine detaillierte Entstehungsgeschichte der Grafschaft Holstein-Pinneberg bietet: Hans Gerhard Risch: Die Grafschaft Holstein-Pinneberg von ihren Anfängen bis zum Jahr 1640. Univ. Diss. [masch.] Hamburg 1986.

16 Vgl. dazu Risch (1986), S. 258f.

17 Vgl. dazu Risch (1986), S. 279-288.

18 Vgl. Neuß-Aniol (1992/93), S. 504f.

19 Vgl. Schleswig-Holstein-Lauenburgische Regesten und Urkunden. Bd. 3 [1301-1340]. Hamburg, Leipzig: Voss 1896, S. 170 (Nr. 321).

20 Diese Forschungsergebnisse hat der jüngst verstorbene Wedeler Heimatforscher Adolf Ladiges erst kürzlich vorgelegt. Vgl. Adolf Ladiges: Die Wedeler Wassermühle. In: Beiträge zur Wedeler Stadtgeschichte. Band 1. Hg. von der Arbeitsgemeinschaft Wedeler Stadtgeschichte. Wedel: o.V. 1997, S. 9-32. Dort auch die Karte.

21 Vgl. Gerd Heinz-Mohr/Volker Sommer: Die Rose. Entfaltung eines Symbols. Müchen: Diederichs 1988, S. 18.

22 Vgl. Rempel (1989), S. 104.

23 Vgl. Wilhelm Ehlers: Geschichte und Volkskunde des Kreises Pinneberg. Rellingen 1977, S. 450 (= fotomechan. Nachdruck der Ausgabe Elmshorn: Groth 1922). Zitiert im folgenden als: Ehlers (1922).

24 Dieser Sachverhalt ausführlich bei: Adolf Ladiges: Der Fährmannssand und die Wedeler Fähre. In: Beiträge zur Wedeler Stadtgeschichte. Band 3. Hg. von der Arbeitsgemeinschaft Wedeler Stadtgeschichte. Wedel: o.V. 1998, S. 65-105, hier S. 71.

25 Vgl. dazu Richard Ehrenberg: Aus der Vorzeit von Blankenese und den benachbarten Ortschaften Wedel, Dockenhuden, Nienstedten und Flottbek. Hamburg: Meißner 1897, S. 21. Zitiert im folgenden als: Ehrenberg (1897). Er nennt allerdings kein Datum für diese Flut. Detlefsen, der eine solche Flut nicht erwähnt, hatte wenige Jahre zuvor vermutet, daß Lichte noch um 1598 Haupthafen der Gegend gewesen ist. Vgl. D.[etlef] Detlefsen: Geschichte der holsteinischen Elbmarschen. Bd.2: Von dem Übergange der Marschen an die Köni-

ge von Dänemark, 1460, bis zur Gegenwart. Kiel: Schramm 1976 (= fotomechan. Nachdruck der Ausgabe Glückstadt 1892), S. 64. Zitiert im folgenden als: Detlefsen (1892). Er bezieht sich dabei unkritisch auf ein Gedicht von Ludwig Lonnaerus. Vgl. Detlefsen (1891), S. 411-428, hier: S. 424f.

[26] Vgl. dazu Mathias Landt: Die Bedeutung und Geschichte des Rolands. In: Wedeler Tagebuch 1979-1984 (1985), S. 18-23, hier: S. 21.

[27] Vgl. Thode [ca. 1904], S. 29.

[28] Zahl von 8000 Ochsen: Ehrenberg (1897), S. 21f. Vgl. außerdem Johann Rist: Kriegs und Friedens Spiegel. Das ist: Christliche, Teutsche und wolgemeinte Erinnerung... Hamburg: Rebenlein 1642, Vers 1359f.

[29] Die „Marcktordnung" ist nachzulesen in: Beiträge zur Wedeler Heimatkunde. Heft 1. Hg. vom Schleswig-Holsteinischen Heimatbund, Ortsverein Wedel. Wedel: o.V. 1985, S. 22-25.

[30] Corporis Constitutionum Regio-Holsaticarum. Band II, 5. Teil, 3. Abteilung, S. 1221-1224 (Num. XXIII).

[31] Vgl. Corporis Constitutionum Regio-Holsaticarum. Band II, 5. Teil, 3. Abteilung, S. 1217f., hier: S. 1218 (Num. XIX).

[32] Vgl. Ehrenberg (1897), S. 30.

[33] Zitiert in: Corporis Constitutionum Regio-Holsaticarum. Band II, 5. Teil, 3. Abteilung, S. 1216 (Num. XVIII).

[34] Thode [ca. 1904], S. 34.

[35] Der Text der Landesbeschreibung ist wiedergegeben in: Heinrich Rantzau (1526-1598). Königlicher Statthalter in Schleswig und Holstein. Ein Humanist beschreibt sein Land. Schleswig: Landesarchiv Schleswig-Holstein 1999 (= Veröffentlichungen des Schleswig-Holsteinischen Landesarchivs, 64). Über Wedel dort S. 104 bzw. S. 210.

[36] Vgl. Stadtarchiv Wedel, Akte 105.6.

[37] Vgl. Stadtarchiv Wedel, Akte 105.5.

[38] Vgl. Stadtarchiv Wedel, Akte 107.20 [Wilhelm Ehlers: Beiträge zur Geschichte von Wedel aus dem 17. Jahrhundert], Blatt 27. Die Akte enthält auf 1940 datierte, nach 1922 erzielte Untersuchungsergebnisse Ehlers'.

[39] Vgl. Ehlers (1922), S. 105f., und Stadtarchiv Wedel, Akte 107.20, Blatt 1f.

⁴⁰ Vgl. Ehlers (1922), S. 111.

⁴¹ Zum Vergleich: Für das noch selbstständige Lieth werden sechs Hausleute und ein Heußling, für Holm 48 Hausleute und 8 Heußlinge, für Rissen 19 Hausleute angeführt. Vgl. Ehlers (1922), S. 106.

⁴² Vgl. Stadtarchiv Wedel, Akte 108.5 [Wilhelm Ehlers: Das Amt Hatesburg im Spiegel des amtlichen Brüchregisters. In: Ders.: Zwei Fragen um die Hatzburg. Typoskript].

⁴³ Hinweise zur Entwicklung der Getreidepreise in den Elbmarschen in: Friedrich Schwennicke: Die holsteinischen Elbmarschen vor und nach dem Dreißigjährigen Kriege. Leipzig: Haessel 1914, S. 85-89 (= Quellen und Forschungen zur Geschichte Schleswig-Holsteins, 1).

⁴⁴ Vgl. zu dieser Auseinandersetzung: Wilhelm Schlüter: Der Streit zwischen dem dänischen König und dem Grafen zu Holstein und Schauenburg 1616-1622. In: Jahrbuch für den Kreis Pinneberg 1989. Pinneberg: Beig 1988, S. 21-30.

⁴⁵ Vgl. Stadtarchiv Wedel, Akte 494.3, Blatt 6 der Abschrift.

⁴⁶ Laut Ehlers (1922), S. 164, sollen die Truppen in Wedel und Blankenese gelegen haben.

⁴⁷ Vgl. Ehlers (1922), S. 168-171.

⁴⁸ Vgl. Ehlers (1922), S. 190.

Zum Kapitel: Johann Rist: Ländliche Idylle und welthaltige Literatur

¹ Erwähnt in der Leichenpredigt auf Rist, sonst aber nicht belegt.

² Vgl. Ehlers (1922), S.174ff.

³ Johann Rist: Das Friedewünschende Teutschland / In einem Schauspiele öffentlich vorgestellet... In: Ders.: Sämtliche Werke. Hg. von Eberhard Mannack. Bd. 2. Berlin, New York: DeGruyter 1972, S. 1-203 (= Nachdruck der Ausgabe Hamburg: Wärner 1649).

⁴ Johann Rist: Baptistae Armati, Vatis Thalosi. Rettung der Edlen Teutschen Hauptsprache... In: Ders.: Sämtliche Werke. Hg. von Eberhard Mannack. Bd. 7. Berlin, New York: DeGruyter 1982, S. 67-149 (= Nachdruck der Ausgabe Hamburg: Werner 1642).

⁵ Johann Rist: Nothwendiger Vorbericht. In: Ders.: Neuer Teutscher Parnass / Auff welchem befindlich Ehr- und Lehr-, Schertz- und Schmertz-, Leid- und Freuden-Gewächse... Hildesheim, New York: Olms 1978, unpag. (= fotomechan. Nachdruck der Ausgabe Lüneburg: Stern 1652).

⁶ Johannes von Schröder/Herm.[ann] Biernatzki: Topographie der Herzogthümer Holstein und Lauenburg, des Fürstenthums Lübeck und des Gebiets der freien und Hanse-Städte Hamburg und Lübeck. Zweite neu bearb., durch die Topographie von Lauenburg vermehrte Auflage. 2. Band. Oldenburg: Fränckel 1856, S. 425f.

⁷ Vgl. Thode [ca. 1904], S. 47.

⁸ Johann Rist: Holstein vergiß eß nicht. Daß ist Kurtze / jedoch eigentliche Beschreibung Des erschreklichen Ungewitters / Erdbebens und überaus grossen Sturmwindes... 1648... Hamburg: Nauman 1648, Vers 411-435.

⁹ Johann Rist: Das alleredelste Nass. In: Ders.: Sämtliche Werke. Hg. von Eberhard Mannack. Bd. 4. Berlin, New York: DeGruyter 1972, S. 1-120, hier S. 44-46 (= Nachdruck der Ausgabe Naumann 1663).

¹⁰ Johann Rist: Die alleredelste Zeit-Verkürtzung. In: Johann Rist: Sämtliche Werke. Hg. von Eberhard Mannack. Bd. 6. Berlin, New York: DeGruyter 1976, S. 241-448, hier: S. 404 (= Nachdruck der Ausgabe Frankfurt 1668).

¹¹ Vgl. [Detlef] Detlefsen: Johann Rist's geschäftliches Treiben als gekrönter Poet und kaiserlicher Pfalz- und Hofgraf. In: Zeitschrift der Gesellschaft für Schleswig-Holstein-Lauenburgische Geschichte 21 (1891), S.265-293.

¹² Über die Zerstörung von 1658: Johann Rist: Vorbericht. In: Ders.: Die verschmähete Eitelkeit und die verlangete Seligkeit, In 24 erbaul. Seelengesprächen... Lüneberg: Stern 1658, unpag.

¹³ Vgl. Thode [ca. 1904], S. 36.

¹⁴ Vgl.: Corporis Constitutionum Regio-Holsaticarum. Band II, 5. Abt., S. 1103 (Num. X).

¹⁵ Vgl. Thode [ca. 1904], S. 37.

Zum Kapitel: Von der Handelsstation zum eigenständigen Ort

¹ Vgl. Friedrich Müller/Otto Fischer: Das Wasserwesen an der schleswig-holsteinischen Nordseeküste. Dritter Teil: Das Festland. Band 6: Elbmarschen. Berlin: Reimer 1957, S. 132, 134-136.

² Die Darstellung beruht auf: Stadtarchiv Wedel, Akte 85.1.

³ Einen Großteil seiner Arbeit widmete der jüngst verstorbene Apotheker Adolf Ladiges der Erforschung der Höfe-Geschichte. Die nachfolgenden Notizen über den Hoophof beruhen auf seinen Recherchen. Vgl. auch: Stadt an der Elbe, Marsch und Geest (1962), S. 66-75.

[4] Vgl. Corporis Constitutionum Regio-Holsaticarum. Band II, 5. Teil, 3. Abteilung, Num. XVII.

[5] Vgl. Stadtarchiv Wedel, Akte 108.5 [Wilhelm Ehlers: Zwei Fragen um die Hatzburg.] Unveröff. Typoskript, Abschnitt II (unpag.).

[6] Vgl. auch S. ##

[7] Vgl. Stadtarchiv Wedel, Akte 323.7.

[8] Vgl.: Statistik des Handels, der Schiffahrt und der Industrie der Herzogthümer Schleswig und Holstein nebst Bemerkungen, Berechnungen und Vorschlägen über dahin gehörende Gegenstände. Nach zuverlässigen Nachrichten ausgearbeitet von einigen Männern vom Fach. Schleswig: o.V. 1835, S. 284f.

[9] Vgl. Corporis Constitutionum Regio-Holsaticarum. Band II, 5. Teil, 3. Abteilung, S. 1217f. (Num. XIX).

[10] Vgl. Stadtarchiv Wedel, Akte 151.5.

[11] Vgl. zu diesem Vorgang im Detail: Stadtarchiv Wedel, Akte 151.5.

[12] Vgl. Heimatbuch der Stadt Wedel/Holstein. Hg. von der Stadtverwaltung. O.O.[Wedel]: O.V. 1950, S. 9.

[13] Vgl. Thode [ca. 1904], S. 56f.

[14] Vgl. zum Hoophof Adolf Ladiges in: Stadt an der Elbe, Marsch und Geest. Ein Heimatbuch zur 750-Jahrfeier. Wedel: o.V. 1962, S. 66-75.

[15] Vgl. Johannes von Schröder/Herm.[ann] Biernatzki: Topographie der Herzogthümer Holstein und Lauenburg, des Fürstentums Lübeck. 2. neu bearb., durch die Topographie von Lauenburg vermehrte Auflage. 2. Band Oldenburg: Fränckel 1856, S. 471.

[16] Vgl. zur Geschichte von Spitzerdorf: Stadtarchiv S 4, Nachlaß Lüthje 3.

[17] Vgl. Wolfgang Laur: Die Ortsnamen im Kreise Pinneberg. Neumünster: Wachholtz 1978, S. 145f. (= Kieler Beiträge zur deutschen Sprachgeschichte, 2).

[18] [Joh(ann) Friedr(ich) Aug(ust) Dörfer:] Topographie von Holstein in alphabetischer Ordnung. Ein Repertorium... Dritte, verbesserte und vermehrte Auflage. Schleswig, Flensburg: Röhß u.a. 1807, S. 266 (Spitzerdorf).

[19] Vgl. Stadtarchiv Wedel, Akte 116.1., 116.3 und 116.5.

[20] Vgl. Stadtarchiv Wedel, Akte 494.5.

[21] Vgl. Konrad Struve: Die Geschichte der Stadt Elmshorn. Hg. von der Stadt Elmshorn. Band II. Elmshorn: O.V. 1935-1956, S.115-117.

[22] Vgl. Stadtarchiv Wedel, Akte 385.8.

[23] Vgl. Stadtarchiv Wedel, Akte 85.2.

[24] Vgl. Namens-Verzeichniß Schleswig-Holsteinischer Kampfgenossen 1848/1849. Hamburg: Jacobsen 1869, S. 109; Heinrich Christoph Riese: Namentliches Verzeichniß der Todten und Invaliden der Schleswig-Holsteinischen Armee aus den Jahren 1848, 1849 und 1850/51. Kiel: Schulbuchdruckerei 1852. (Ladiges: 1848, lfd.Nr. 198; Röhling: 1849; lfd.Nr. 200; Gebers: 1850/51, lfd.Nr. 260). Diese Namen tauchen allerdings nicht im „Namens-Verzeichniß" auf.

Zum Kapitel: Wedel unter preußischer Herrschaft: 1867–1932

[1] Ausführlich über diesen Krieg: Kurt Jürgensen: Die preußische Lösung der Schleswig-Holstein-Frage 1863-1867. In: Bismarck und seine Zeit. Hg. von Johannes Kunisch. Berlin: Duncker und Humblot 1992 (= Forschungen zur Brandenburgischen und Preussischen Geschichte, Beiheft 1), S. 57-80.

[2] Vgl. zu diesen Vorgängen Fleckensprotokolle in: Stadtarchiv Wedel, Bestand S 12 A 2, S. 1-31.

[3] Vgl. Anke Rannegger: Die Geschichte der Armen- und Altenversorgung in Wedel. Typoskript im Stadtarchiv Wedel, C 157.

[4] Vgl. Friedrich Eggers: 50-Jahrfeier der Stadt Wedel in Holstein. 3. Dezember 1925. Wedel: o.V. 1925, S. 61. Zitiert im folgenden als: Eggers (1925).

[5] Vgl. Stadtarchiv Wedel, Bestand S 12 A 2, S. 103.

[6] Zur Pulverfabrik bislang einzig: Stefan Wendt: „Wenn die Fabrik nicht eines schönen Tages mal in die Luft fliegt..." Von der Pulverfabrik Tinsdal und den Anfängen der Industrialisierung im Wedel-Schulauer Raum. In: Beiträge zur Wedeler Stadtgeschichte. Band 1. Hg. von der Arbeitsgemeinschaft Wedeler Stadtgeschichte. Wedel: o.V. 1997, S. 41-69.

[7] Zum Aufbau der Feuerwehr vgl. Stadtarchiv Wedel, Akte 751.4, 753.5 und 754.6. Dort auch die Zitate.

[8] Vgl. Ehlers (1922), S. 266.

[9] Über die Geschichte der Werften informiert ausführlich: Dagmar Jestrzemski: Darstellung der Geschichte des Schiffbaus und der Schiffahrt von Wedel-Schulau. Teil 1. O.O. [Wedel]: o.V. o.J. [ca. 1992].

[10] Vgl. Thode [ca. 1904], S. 72f.

[11] Vgl. Eggers (1925), S. 71.

[12] Der ganze Vorgang in: Stadtarchiv Wedel, Akte 154.6.

[13] Vgl. Stadtarchiv Wedel, Akte 359.5.

[14] Vgl. dazu Stadtarchiv Wedel, Akte 328.4.

[15] Vgl. Sitzungsprotokoll vom 27. Dezember 1901 in: Stadtarchiv Wedel, S 12 A 3, S. 340f.

[16] Zum Wahlvorgang und seiner Vorgeschichte vgl.: Stadtarchiv Wedel, Akte 165.2.

[17] Vgl. Stadtverordneten-Protokolle vom 16. Oktober 1890 und 14. Mai 1891. Stadtarchiv Wedel, S 12 A 2, S. 346f. und 363.

[18] Vgl. Stadtarchiv Wedel, Akte 437.1.

[19] Vgl. Stadtarchiv Wedel, Akte 437.1.

[20] Vgl. Stadtarchiv Wedel, Akte 341.2.

[21] Vgl. Stadtvertreter-Protokoll vom 14. Mai 1902. Stadtarchiv Wedel, S 12 A 3, S. 360.

[22] Vgl. Stadtarchiv Wedel, Akte 995.11.

[23] Ernst Barlach: Seespeck. In: Ders.: Das dichterische Werk. Bd. 2: Die Prosa I, S. 335-504, hier S. 355f.. Zitiert im folgenden als: Barlach: Seespeck.

[24] Barlach: Seespeck, S. 402. Obwohl die Kuhstraße seit 1899 Pinneberger Straße hieß, hatte sich die alte Bezeichnung noch im Sprachgebrauch erhalten.

[25] Barlach: Seespeck, S. 434.

[26] 1912 beendet, 1919 uraufgeführt in Hamburg.

[27] Ernst Barlach: Ein selbsterzähltes Leben. In: Ders.: Das dichterische Werk. Bd. 2: Die Prosa I, S. 11-59, hier S. 52. Die Werke sind abgebildet in: Fritz Valentin: Ernst Barlachs Wedeler Jahre. In: Jahrbuch für den Kreis Pinneberg 1976. Pinneberg: Beig 1975, S. 66-88, hier: 81-83.

[28] Stadtarchiv Wedel, Verwaltungsbericht 1905/10, S. 3f.

[29] Stadtarchiv Wedel, Akte 153.3.

[30] Stadtarchiv Wedel, Verwaltungsbericht 1905/10, S. 6.

[31] Stadtarchiv Wedel, Verwaltungsbericht 1905/10, S. 79.

[32] Vgl. Stadtarchiv Wedel, Akte 754.6 [Typoskript „Aus den Anfängen der Wedeler Feuerwehr 1878-1953", S. 8].

[33] Vgl. Stadtarchiv Wedel, Verwaltungsbericht 1910/23, S. 5 und 15.

[34] Vgl. Beiträge zur Wedeler Heimatkunde. Heft 1. Hg. vom Schleswig-Holsteinischen Heimatbund, Ortsverein Wedel. [Wedel]: o.V. 1985, S. 46-48.

[35] Vgl. Stadtarchiv Wedel, Akte 700.2.

[36] Das Kraftwerk Schulau der Elektricitätswerk Unterelbe Aktiengesellschaft EWU in Altona. Hg. von der Direktion der EWU. Altona 1928, S. 3f.

[37] Alle Angaben ebd.

[38] Vgl. zum Krankenhaus-Bau unter anderem: Stadtarchiv Wedel, Akte 386.4. Müller in: Wedel. Werden und Dasein einer holsteinischen Stadt. Ein Heimatbuch. Hg. v. der Stadtverwaltung. O.O.[Wedel]: o.V. 1939, S. 68-70, hier: S. 68f.

[39] Vgl. Stadtarchiv Wedel, Akte 700.3.

[40] Vgl. Stadtarchiv Wedel, Akte 437.2.

[41] Rundbrief des Landrats an die Ortspolizeibehörden vom 11. Oktober 1924. In: Stadtarchiv Wedel, Akte 437.2.

[42] Polizei-Bericht vom 23. September 1929. In: Stadtarchiv Wedel, Akte 437.2.

[43] Beide Schreiben in: Stadtarchiv Wedel, Akte 437.2.

[44] Zur Schließung der Zuckerfabrik vgl. Stadtarchiv Wedel, Akte 326.1. Dort alle zitierten Dokumente.

Zum Kapitel: Wedel zwischen 1933 und 1945

[1] Vgl. Stadtarchiv Wedel, Akte 326.1.

[2] Vgl. Stadtarchiv Wedel, Akte 165.5 (Lebenslauf und Bewerbung von Ladwig).

[3] Vgl. Stadtarchiv Wedel, Akte 437.2 (Programm-Ankündigung vom 9. Juli 1932).

[4] Vgl. Stadtarchiv Wedel, Akte 442.5.

[5] Vgl. Stadtarchiv Wedel, Akte 183.2.

[6] Einzige Quelle für diese Angaben sind, da sich Akten zum Aufbau der NSDAP im Wedeler Stadtarchiv nicht erhalten haben, zwei Berichte im Heimatbuch von 1939. Bis eine detaillierte Untersuchung vorliegt, sind diese Angaben mit Vorsicht zu betrachten.

[7] Vgl. Stadtarchiv Wedel, Akte 1933.1 [Chronik]. Albert Leo Schlageter hatte 1923 im besetzten Rheinland Sprengstoffanschläge verübt und war von den Franzosen standrechtlich erschossen worden. Daraufhin ernannten die Nationalsozialisten Schlageter zu einem „nationalen Helden".

[8] Vgl. Stadtarchiv Wedel, Akte 181.3.

[9] Vgl. Stadtarchiv Wedel, Akte 326.1.

[10] Vgl. dazu die entsprechenden Anordnungen mit reichsweiter Gültigkeit. Stadtarchiv Wedel, Akte 703.1.

[11] Diese Beispiele alle in: Stadtarchiv Wedel, Akte 703.2.

[12] Vgl. Stadtarchiv Wedel, Akte 374.1.

[13] Vgl. zum Widerstand in Wedel: Christine Pieper: Widerstand in Wedel. Sozialdemokraten und Kommunisten gegen den Nationalsozialismus 1933-1935. Hamburg: Dölling und Galitz 1998 (= Beiträge zur Wedeler Stadtgeschichte, Bd. 2).

[14] Bekannt auch unter der Bezeichnung Petersens Gasthof, konzessioniert am 11. Mai 1889. Vgl. Stadtarchiv Wedel, Akte 359.5.

[15] Zu dem gesamten Vorgang vgl. Stadtarchiv Wedel, Akte 1661.1.

[16] Hugo Sieker: Der Meister von Wedel. In: Jahrbuch für den Kreis Pinneberg 1976. Hg. vom Heimatverband für den Kreis Pinneberg. Pinneberg: Beig 1975, S. 89-93, hier: S. 91.

[17] Vgl. Stadtarchiv Wedel, Akte 1661.1.

[18] Vgl. Stadtarchiv Wedel, Akte 165.5.

[19] Zu dieser Kontroverse vgl. Stadtarchiv Wedel, Akte 165.5.

[20] Vgl. Stadtarchiv Wedel, Akte 708.10.

[21] Stadtarchiv Wedel, Akte 374.7.

[22] Strandfest von 1939 in: Stadtarchiv Wedel, Akte 381.1. und Akte 381.2.

[23] Vgl. Stadtarchiv Wedel, Akte 153.7.

[24] Die nachfolgende Zusammenfassung basiert auf der materialreichen Untersuchung von: Oliver Wleklinski: 3. März 1943. Die Bombardierung Wedels im 2. Weltkrieg. O.O. [Wedel]: o.V. o.J. [1993].

[25] Vgl. Oliver Wleklinski: „Marinesonderanlage Wenzel". Ein Bauprojekt des III. Reiches in Wedel (Holstein) 1943-1945. In: Jahrbuch für den Kreis Pinneberg 1991. Pinneberg: Beig 1990, S. 137-144.

[26] Die Geschichte des Lagers ist aufgrund der bislang bekannten Quellen nur in Ansätzen erforscht. Hinweise in: KZ Wedel. Das vergessene Lager. Hg. von der Christus-Kirchengemeinde Schulau. Wedel 1983. Außerdem: 1945 - als Flüchtling in Wedel. Eine Dokumentation der Stadt Wedel zur Nachkriegsgeschichte. Wedel: o.V. 1995. Zitiert im folgenden als: 1945 - als Flüchtling in Wedel. (1995).

[27] Vgl. hierzu: Nationalsozialismus in Wedel. Begleitheft zur Ausstellung. Text von Jürgen Pieplow u.a. Hg. vom Schul-, Kultur- und Sportamt der Stadt Wedel. Wedel: o.V. 1992, S. 9f.

[28] Vgl. Stadtarchiv Wedel, Akte 165.5 und 1590.4.

Zum Kapitel: 25 Jahre für den Wiederaufbau

[1] Stadtarchiv Wedel, Akte 222.1 (Bericht Jessens vom 29. Dezember 1945).

[2] Vgl. Anke Rannegger: Die Barackensiedlungen. In: 1945 - als Flüchtling in Wedel. (1995), S. 16-40, hier: S. 19f.

[3] Vgl. Anke Rannegger: Wedel 1945. In: 1945 - als Flüchtling in Wedel. (1995), S. 10-15, hier: S. 12.

[4] Vgl. Stadtarchiv Wedel, Akte 480.5 (Bericht des Wohnungamtes vom 15. Oktober 1947). Zitiert auch in Rannegger: Wedel 1945. In: 1945 - als Flüchtling in Wedel. (1995), S. 13.

[5] Stadtarchiv Wedel, Akte 222.1 (Bericht Jessens vom 29. Dezember 1945).

[6] Stadtarchiv Wedel, Akte 222.1 (Bericht von Stadtdirektor Georg Jessen an Bürgermeister Heinrich Schacht vom 11. November 1946. Typoskript, S. 2 [Punkt VII]).

[7] Beide Zitate in Stadtarchiv Wedel, Akte 222.1 (Bericht von Gau an Schacht vom 26. März 1947. Typoskript, S. 2 [Punkt d]).

[8] Vgl. Anke Rannegger: Versorgungslage. In: 1945 - als Flüchtling in Wedel. (1995), S. 42.

[9] Stadtarchiv Wedel, Akte 222.1.

[10] Abgebildet in: Rannegger: Versorgungslage. In: 1945 - als Flüchtling in Wedel. (1995), S. 44.

[11] Stadtarchiv Wedel, Akte 222.2 (Lagebericht von Heinrich Gau an Heinrich Schacht für Oktober 1946 bis 1. Oktober 1947).

[12] Vgl. zum Fünf-Städte-Heim: Stadtarchiv Wedel, Akte 391.10.

[13] Vgl. Stadtarchiv Wedel, C 111 (Chronik der Theodor-Storm-Schule).

[14] Vgl. Stadtarchiv Wedel, Akte 222.1.

[15] Vgl. Stadtarchiv Wedel, Akte 222.1.

[16] Organisation der Festwoche und die zitierten Ab- und Zusagen in: Stadtarchiv Wedel, Akte 378.4.

[17] Stadtarchiv Wedel, Akte 222.2 (Rechenschaftsbericht des Bürgermeisters vom 10. April 1951. Typoskript, S. 20).

[18] Zum Bau des Jugendhauses vgl.: Stadtarchiv Wedel, Akte 393.3.

[19] Alle Zitate in: Stadtarchiv Wedel, Akte 222.2 (Kommunalpolitischer Überblick über die Legislaturperiode 1951-1955. Typoskript, S. 1-4).

[20] Alle Zahlen aus den Verwaltungsberichten in: Stadtarchiv Wedel, Akte 223.3.

[21] Über den Yachthafen informiert ausführlich: Theodor Tetzen: 25 Jahre Hamburger Yachthafen bei Wedel 1961-1986. Hamburg: Hamburger Yachthafen-Gemeinschaft o.J. [1986].

[22] Berichterstattung über Brandt im Wedel-Schulauer Tageblatt Nr. 161 vom 14. Juli 1961 [unpag.]; über Erhard im Wedel-Schulauer Tageblatt Nr. 186 vom 12. August 1961 [unpag.].

[23] Zum Europoint-Projekt vgl. unter anderem: Stadtarchiv Wedel, Akte 1704.3.

[24] Vgl. [Harald] Ladwig: Die Stadt plant... In: Wedel. Werden und Dasein einer holsteinischen Stadt. Ein Heimatbuch. [Hg. von der Stadtverwaltung.] O.O. [Wedel]: o.V. 1939, S. 190-194, hier: S. 194.

[25] Zum Bau der Schwimmhalle vgl. Stadtarchiv Wedel, Akte 405.2.

[26] Zu Gaus Tod vgl.: Stadtarchiv Wedel, Akte 166.1.

[27] Über Winkler vgl. Stadtarchiv Wedel, Akte 1518.1.

Zum Kapitel: Wedel 1970–2000.

[1] Vgl. Stadtarchiv Wedel, Akte 2021.6.

[2] Zu den Vorgängen um den Computerkauf vgl. Stadtarchiv Wedel, Akte 1845.5 und 1845.6.

[3] Zum Freizeitbad vgl. unter anderem Berichterstattung im Wedel-Schulauer Tageblatt Nr. 123 vom 30. Mai 1983, S. 3.

[4] Zum Bau des Rathauses vgl.: Stadt Wedel (Holstein). Rathauserweiterungsbau. Stadtarchiv Wedel, A 333.

Nachweis der Abbildungen:

Carsten Dürkob: 1, 3, 4, 8, 9, 10, 14, 21, 25, 171, 172, 173, 174, 175, 177, 178, 180, 181, 182, 183, 184, 185
Adolf Grote (Stadtarchiv): 126, 129, 130, 131, 135, 136, 154, 162, 164, 165, 166
Rolf Hübner: 5
Gustav Maushake (Stadtarchiv): 127, 139, 140, 144, 170
Dieter Wichmann (Privatsammlung): 35
Wedel (Familie): 7
Heimatbuch 1962: 2, 13
Ernst und Hans Barlach GbR Lizenzverwaltung: 92, 94
Stadtarchiv Wedel (Original im Staatsarchiv Hamburg): 6, 11
Stadtarchiv Wedel: 12, 15, 16, 17, 18, 19, 20, 22, 23, 24, 26, 27, 28, 29, 30, 31, 32, 33, 34, 36, 37, 38, 39, 40, 41, 42, 43, 44, 45, 46, 47, 48, 49, 50, 51, 52, 53, 54, 55, 56, 57, 58, 59, 60, 61, 62, 63, 64, 65, 66, 67, 68, 69, 70, 71, 72, 73, 74, 75, 76, 77, 78, 79, 80, 81, 82, 83, 84, 85, 86, 87, 88, 89, 90, 91, 93, 95, 96, 97, 98, 99, 100, 101, 102, 103, 104, 105, 106, 107, 108, 109, 110, 111, 112, 113, 114, 115, 116, 117, 118, 119, 120, 121, 122, 123, 124, 125, 128, 132, 133, 134, 136, 137, 138, 141, 142, 143, 145, 146, 147, 148, 149, 150, 151, 152, 153, 155, 156, 157, 158, 159, 160, 163, 167, 168, 169, 176, 179

Literaturverzeichnis

Dieses Literaturverzeichnis nimmt zwei Aufgaben wahr. Zum einen nennt es alle Publikationen, die für die Erarbeitung des vorliegenden Buches herangezogen wurden, zum anderen versucht es, die ausschließlich oder größtenteils mit Wedel befasste Literatur zu versammeln.

Allgemeine Darstellungen, Einführungen

Carsten, Rehder H.: Das alte Stormerland. Kultur- und Siedlungsgeschichte. Hg. vom Kreis Stormarn. Neumünster: Wachholtz 1979 (= Stormarner Hefte, 6).
Detlefsen, D.: Geschichte der holsteinischen Elbmarschen. Band 1: Von der Entstehung der Marschen bis zu ihrem Übergange an die Könige von Dänemark, 1460. Kiel: Schramm 1976 (= fotomechan. Nachdruck der Ausgabe Glückstadt 1891).
—ders.: Geschichte der holsteinischen Elbmarschen. Band 2: Von dem Übergange der Marschen an die Könige von Dänemark, 1460, bis zur Gegenwart. Kiel: Schramm 1976 (= fotomechan. Nachdruck der Ausgabe Glückstadt 1892).
Ehlers, Wilhelm: Geschichte und Volkskunde des Kreises Pinneberg. Hg. auf Anregung des Kreislehrervereins. Rellingen 1977 (= fotomechan. Nachdruck der Ausgabe Elmshorn: Groth 1922).
Ehrenberg, Richard: Aus der Vorzeit von Blankenese und den benachbarten Ortschaften Wedel, Dockenhuden, Nienstedten und Flottbek. Hamburg: Meißner 1897.
Hedemann-Heespen, Paul von: Die Herzogtümer Schleswig-Holstein und die Neuzeit. Kiel: Mühlau 1926.

Allgemeine Darstellungen Wedel

Beiträge zur Wedeler Stadtgeschichte. Band 1. Hg. von der Arbeitsgemeinschaft Wedeler Stadtgeschichte. O.O. [Wedel]: o.V. 1997.
[Eggers, Friedrich:] 50-Jahrfeier der Stadt Wedel in Holstein. 3. Dezember 1925. O.O. [Wedel]: o.V. 1925.
Gertz, Johannes: Geest, Marsch und Urstromtal. Naturräumliche Gliederungen und geologische Strukturen des Wedeler Raumes. In: Wedeler Tagebuch 1979-1984. Hg. von Günter Steyer. Wedel: Steyer 1985, S. 134-148.
Gleiß, Horst G.W.: Unsere Wedeler Elbmarsch. In: Schriften des Arbeitskreises für naturwissenschaftliche Heimatforschung in Wedel (Holst.) 6 (1970), S. 1-51.
Heimatbuch der Stadt Wedel/Holstein. Hg. von der Stadtverwaltung. O.O. [Wedel]: o.V. 1950.
Stadt an der Elbe, Marsch und Geest. Ein Heimatbuch zur 750-Jahrfeier. Hg. im Auftrage der Stadt Wedel in Holstein durch Curt Brauns. Wedel: o.V. 1962.

Thode, Reinhold: Auszug aus der Chronik der Kirchengemeinde Wedel. Wedel, Blankenese: Kröger [ca. 1904].
Wedel. Werden und Dasein einer holsteinischen Stadt. Ein Heimatbuch. Hg. von der Stadtverwaltung. O.O. [Wedel]: o.V. 1939.
Wedel und die Haseldorfer Marsch. Hg. vom Altonaer Schulmuseum. O.O. [Altona]: o.V. 1928 (= Vor den Toren der Großstadt. Heimat- und Wanderbücher, 1).
Wedeler Tagebuch 1979-1984. Hg. von Günter Steyer. Wedel: Steyer 1985.

Vorgeschichte

Ahrens, Claus: Vorgeschichte des Kreises Pinneberg und der Insel Helgoland. Neumünster: Wachholtz 1966 (= Die vor- und frühgeschichtlichen Denkmäler und Funde in Schleswig-Holstein, VII).
Rust, Alfred / Steffens, Gustav: Die Artefakte der Altonaer Stufe von Wittenbergen. Eine mittelpleistozäne Untergruppe der Heidelberger Kulturen. Neumünster: Wachholtz 1962 (= Untersuchungen aus dem Schleswig-Holsteinischen Landesmuseum für Vor- und Frühgeschichte..., Neue Folge 17).
Schwabedissen, Hermann: Hamburg-Rissen, ein wichtiger Fundplatz der frühen Menschheitsgeschichte. In: Hammaburg. Vor- und frühgeschichtliche Forschungen aus dem niederelbischen Raum. (1949), S. 81-90.
Schwantes, Gustav: Die Urgeschichte. Erster Teil. Mit einer landeskundlichen Einleitung von Carl Schott. Neumünster: Wachholtz 1958 (= Geschichte Schleswig-Holsteins, 1).

Ortsname und Familie Wedel

Schröder, Edward: Frankfurt und Salzwedel. Etwas von deutschen Furtnamen. In: Ders.: Deutsche Namenkunde. Gesammelte Aufsätze zur Kunde deutscher Personen- und Ortsnamen. Göttingen: Vandenhoeck & Ruprecht 1938.
[Wedel, Dietrich von:] Familien-Matrikel der Herren und Grafen von Wedel. Generationen 1 bis 28. 5. Aufl., erarb. vom Arbeitskreis Matrikel, hg. vom Archivar des Familienverbandes, Dietrich von Wedel. Freiburg i.Br. 1997.
Wedel, Vita von: Aus der Geschichte der Familie von Wedel. In: Jahrbuch für den Kreis Pinneberg. Pinneberg: Beig 1987, S. 123-126.
Wedel Parlow, Ludolf von: Die Wedel in acht Jahrhunderten. Aus der Geschichte eines alten Geschlechtes. Würzburg: o.V. 1951.

Von der Zeitenwende zu den Schauenburgern

Lammers, Walther (Hg.): Die Eingliederung der Sachsen in das Frankenreich. Darmstadt: Wissenschaftliche Buchgesellschaft 1970 (= Wege der Forschung, 185).
Göbell, Walter: Die Christianisierung des Nordens und die Geschichte der nordischen Kirchen bis zur Errichtung des Erzbistums Lund. In: Schleswig-Holsteinische Kirchengeschichte. Bd. 1: Anfänge und Ausbau. Teil I. Neumünster: Wachholtz 1977, S. 63-104.
Neuß-Aniol, Helene: Die Hatzburg bei Wedel, Kreis Pinneberg. Archäologische Ausgrabung und historische Quellen. In: Offa. Berichte und Mitteilungen zur Urgeschichte, Frühgeschichte und Mittelalterarchäologie. Bd. 49/50 (1992/93), S. 465-511.
Risch, Hans Gerhard: Die Grafschaft Holstein-Pinneberg von ihren Anfängen bis zum Jahr 1640. Univ. Diss. [masch.] Hamburg 1986.

Roland und Ochsenmarkt

Gathen, Antonius David: Rolande als Rechtssymbole. Der archäologische Bestand und seine rechtshistorische Deutung. Berlin: DeGruyter 1960 (= Neue Kölner rechtswissenschaftliche Abhandlungen, 14).
Goerlitz, Theodor: Der Ursprung und die Bedeutung der Rolandsbilder. Weimar: Böhlau 1934.
Rempel, Hans: Die Rolandstatuen. Herkunft und geschichtliche Wandlung. Darmstadt: Wissenschaftliche Buchgesellschaft 1989.

15. bis 17. Jahrhundert; Dreißigjähriger Krieg

Hedemann-Heespen, P.[aul] von: Der Zustand der Herrschaft Pinneberg nach der Reunion bis um 1700. In: Zeitschrift der Gesellschaft für Schleswig-Holsteinische Geschichte 37 (1907), S. 1-140.
Schlüter, Wilhelm: Der Streit zwischen dem dänischen König und dem Grafen zu Holstein und Schauenburg 1616-1622. In: Jahrbuch für den Kreis Pinneberg 1989. Pinneberg: Beig 1988, S. 21-30.
Schwennicke, Friedrich: Die holsteinischen Elbmarschen vor und nach dem Dreißigjährigen Kriege. Leipzig: Haessel 1914 (= Quellen und Forschungen zur Geschichte Schleswig-Holsteins, 1).
Strelow, Jutta: Die ersten kartographischen Darstellungen von Wedel im 16. und 17. Jahrhundert. In: Schriften des Arbeitskreises für naturwissenschaftliche Heimatforschung in Wedel (Holst.) 13 (1977), S. 1-34.

Johann Rist (Auswahl)

Bruhn, E.: Johann Rist aus Wedel. Ein Kulturbild. In: Die Heimat 17 (1907), S. 57-66.
Detlefsen, [Detlef]: Johann Rist's geschäftliches Treiben als gekrönter Poet und kaiserlicher Pfalz- und Hofgraf. In: Zeitschrift der Gesellschaft für Schleswig-Holstein-Lauenburgische Geschichte 21 (1891), S. 265-293.
Hansen, Theodor: Johann Rist und seine Zeit. Leipzig: Verlag der Buchhandlung des Waisenhauses 1973 (= fotomechan. Nachdruck der Ausgabe Halle 1872).
Lohmeier, Dieter / Reichelt, Klaus: Johann Rist. In: Steinhagen, H. / Wiese, B.v.: Deutsche Dichter des 17. Jahrhunderts. Ihr Leben und Werk. Berlin: Schmidt 1984, S. 347-364.
Rist, Johann: Sämtliche Werke. Unter Mitwirkung von Helga Mannack und Klaus Reichelt hg. von Eberhard Mannack. Sieben Bände. Berlin: New York: DeGruyter 1967ff. (= Ausgaben deutscher Literatur des XV. bis XVIII. Jahrhunderts).

Vom Kaiserreich zum Zweiten Weltkrieg (1871-1945)

Steyer, Günter / Franzke, Rüdiger: Schönes altes Wedel. Wedel: Steyer 1984.
Pieper, Christine: Widerstand in Wedel. Sozialdemokraten und Kommunisten gegen den Nationalsozialismus 1933-1945. Hamburg: Dölling & Galitz 1998 (= Beiträge zur Wedeler Stadtgeschichte, 2).
Wleklinski, Oliver: 3. März 1943. Die Bombardierung Wedels im 2. Weltkrieg. O.O. [Wedel]: o.V. o.J. [1993].
[Wolf, M., u.a.]: KZ Wedel. Das vergessene Lager. Hg. von der Christus-Kirchengemeinde Schulau. O.O. [Wedel]: o.V. 1983.

Wedel seit 1945

1945 - als Flüchtling in Wedel. Eine Dokumentation der Stadt Wedel zur Nachkriegsgeschichte. Hg. von der Stadt Wedel. Wedel: o.V. 1995.

Institutionen, Chroniken

[Bassiner, E.]: 50 Jahre S.V.W.S. [Vereinschronik] O.O. [Wedel]: o.V. [1986].
Bassiner, Erich: Der Schulauer Hafen im Wandel der Zeit. O.O. [Wedel]: o.V. 1997.
Tetzen, Theodor: 25 Jahre Hamburger Yachthafen bei Wedel 1961-1986. Hamburg: Hamburger Yachthafen-Gemeinschaft o.J. [1986].
20 Jahre JRG. [Chronik aus Anlass des 20jährigen Bestehens der Schule. 1964-1984]. O.O. [Wedel]: o.V. 1984.

Benachbarte Ortschaften

[Haselau] Die Geschichte der Gemeinde. Zusammengetragen u. hg. von der Arbeitsgruppe Chronik der Gemeinde Haselau. Haselau: [o.V.] 1999.
[Haseldorf] Haseldorf. Das kleine Dorf am großen Strom. 800 Jahre Haseldorf 1190-1990. Hg. von der Gemeinde Haseldorf. O.O. [Haseldorf]: o.V. 1990.
[Haseldorf] Die Haseldorfer Kirche St. Gabriel. 800 Jahre. 1195-1995. Hg. von der Kirchengemeinde Haseldorf. O.O. [Haseldorf]: o.V. 1995.
[Haseldorf] Dürkob, Carsten: „Der Nichterfüllung schattenvoller Kranz". Leben, Werk und literaturgeschichtlicher Ort des Prinzen Emil von Schoenaich-Carolath (1852-1908). Oldenburg: Igel 1998 (= Literatur- und Medienwissenschaft, 65).
[Hetlingen] Das Bandreißerdorf Hetlingen. [Die Haseldorfer Marsch seit dem Mittelalter. Hetlinger Schanze. Das Bandreißerdorf Hetlingen.] Hg. vom Kulturverein Hetlinger Marsch im SHHB im Auftrage der Gemeinde Hetlingen. O.O. [Hetlingen]: o.V. 1989.
[Holm] 725 Jahre Holm. Geschichte und Geschichten unseres Heimatortes. Eingeleitet und zusammengestellt von der Planungsgruppe Holm. O.O.[Holm]: o.V. 1980.

CARSTEN DÜRKOB

Geboren in Wedel. Nach Abitur am Johann-Rist-Gymnasium Germanistik- und Amerikanistik-Studium, Abschluss mit Promotion 1996. Seit 1981 lokaljournalistisch tätig, seit Frühjahr 1996 beim Wedel-Schulauer Tageblatt. Ausstellungen und Ausstellungsbeteiligungen als Fotograf. Wissenschaftliche Buchpublikationen.

DANK

Ein knappes Dutzend Wedeler und Beinahe-Wedeler haben mir über die Jahre bei der Entstehung dieses Buches geholfen. Dank sei allen voran Stadtarchivarin Anke Rannegger ausgesprochen, ohne deren unkomplizierte Hilfsbereitschaft und Geduld das Buch nicht in dieser Form entstanden wäre. Viel verdanke ich auch Adolf Ladiges; leider kann ihn mein Dank nicht mehr erreichen. Die anderen wissen, dass sie gemeint sind.

Carsten Dürkob